淘宝客服

把任何东西卖给任何人

新突破电商 编著

電子工業出版社
Publishing House of Electronics Industry
北京·BEIJING

内 容 简 介

这是一本关于淘宝客户的图书，目前针对所有的淘宝经营者、客服人员。本书共15章，讲述了淘宝客户的全部工作流程。例如，淘宝客服职业在电商市场的走红；淘宝客服工作必备的心理学知识；客服工作的整个流程；赠送礼物的三种方法以及礼物的四种类型；淘宝客服在售中以及售后过程中对物流问题的处理；淘宝客服在工作过程中使用电话与客户沟通的技巧；如何获得客户100%好评以及如何处理中差评让客户修改成好评的方法。

刚刚从事淘宝客服工作的新手们会发现一个问题，从网上四处搜索资料得到的经验可能并不适用于自己。比如，你可能看到别家客服总是打招呼说“亲，有货的，直接拍就可以了！”或者是“亲，有什么可以帮你吗？”，然而如果你按部就班，也像这样做，结果却并不尽如人意。

针对这种情况，本书所总结的经典开场白针对具体的情景制定了特定的开场白方式，可以有效吸引住客户。例如，逢人就赶型的开场白适用于面对客户刁难的情景。比如，客户说你家产品太贵，你可以表示无法退让，然后让客户去别家看看，货比三家，然后再做出购买决定。一般来说，这种答案可以让客户信服，并成功促使其下单。

除此之外，本书还从掌握客户心理、产品介绍、赞美客户、消除顾虑、应对讲价、刺激成交、赠送礼物、紧跟物流、电话沟通、争取100%好评、处理中差评、处理退换货、处理投诉十三个方面展开讲述，告诉淘宝客服人员应该如何与客户沟通，如何用口才和技巧来处理与客户沟通中遇到的各种问题。淘宝客服人员可以有针对性地进行学习，有效提升自己的工作能力，并创造出出色的业绩。

图书在版编目（CIP）数据

淘宝客服：把任何东西卖给任何人 / 新突破电商编著. —北京：电子工业出版社，2017.3
ISBN 978-7-121-30893-2

Ⅰ. ①淘… Ⅱ. ①新… Ⅲ. ①电子商务－销售管理 Ⅳ. ①F713.365.2

中国版本图书馆CIP数据核字（2017）第022101号

责任编辑：张月萍
印　　刷：北京七彩京通数码快印有限公司
装　　订：北京七彩京通数码快印有限公司
出版发行：电子工业出版社
　　　　　北京市海淀区万寿路173信箱　　　　邮编：100036
开　　本：787×980　1/16　　印张：14.75　　字数：307千字
版　　次：2017年3月第1版
印　　次：2024年7月第17次印刷
定　　价：49.00元

凡所购买电子工业出版社图书有缺损问题，请向购买书店调换。若书店售缺，请与本社发行部联系，联系及邮购电话：（010）88254888，88258888。

质量投诉请发邮件至zlts@phei.com.cn，盗版侵权举报请发邮件至dbqq@phei.com.cn。

本书咨询联系方式：（010）51260888-819，faq@phei.com.cn。

前言

淘宝客服在一定程度上决定着淘宝店铺运营的好坏，并进一步影响了店铺的生死。一些淘宝店长没有意识到客服的重要性，随随便便找个亲戚朋友做自己的淘宝客服，结果他们工作不尽职，使得店铺的生意越来越差，最终面临倒闭的风险。

与之形成反差的是，一些淘宝店创业者兢兢业业，凡事亲力亲为，既做店主又当客服，最后让店铺的生意非常火爆。在“双十一”“双十二”这样的购物狂欢节，他们为客户解决各种疑难问题，基本顾不上吃饭睡觉，忙得不亦乐乎。

淘宝客服是一项非常有技术含量的工作，有时还需要与客户斗智斗勇。假设在做新品促销活动的时候，只要客户给全五分好评，就可以拿到五元返现，结果有一个客户收货后联系你，要求先返现才给好评，你会怎么办呢?

一位业绩优秀的淘宝客服是这样做的，她先向这位客户耐心地解释了返现活动的流程，表示所有的店铺都是先好评才给返现的。可是这位客户非常坚持先返现，并声称不给他返现就给差评。

知道和客户讲不通后，这位客服想到一个办法，按照那位客户的逻辑反问道：“您一定要先返现才愿意给我们好评吗？”客户回答说：“是的，我是一个诚实的买家，不会说话不算数。”于是，客服没再说什么直接给这位客户返现了五元到支付宝。结果，刚收到返现成功的通知，客户的差评就来了，不仅说产品不好，还说客服的服务态度恶劣。

但这位客服没有慌张，随即将聊天记录截图发给了淘宝小二，说明了事情的原委。就这样，这位聪明的淘宝客服轻松挽回了店铺的形象，没有让这位客户得逞。

这样机智的淘宝客服还有很多，他们对淘宝店经营发挥着重要作用。据淘宝网官方数据显示，淘宝网招聘求职论坛在开通不到一个月时间里，就有近 5000 家淘宝网店发出了 1 万个招聘淘宝客服的需求，这一岗位的平均月薪在 3000 元左右。

如果说电子商务是一列不断前行的火车，那么淘宝客服就是推动火车前行的动力源。“国民老公”王思聪的绯闻女友雪梨（原名朱宸慧）、瑞丽模特张大奕，大学时代就开始开淘宝店的赵大喜等都是淘宝客服行业的网红。连“2016 年第一网红”papi 酱也已经开了自己的淘宝店，兼职淘宝店长与客服，成为当之无愧的“2016 年第一网红淘宝客服”。

淘宝客服职业的火爆吸引了众多刚刚踏入社会没有工作经验的年轻人。对他们来说，选择这一行业可以积累电商创业的工作经验，更好地为今后职业发展做铺垫。

然而，淘宝客服的工作并不容易。客户总是以自己为中心的，他们希望以最低的价格买到最好的产品，以最快的速度拿到产品。这就对淘宝客服的工作提出了一定要求，能否掌握淘宝客服工作的秘诀决定了你能否成为一名优秀的淘宝客服。

本书首先对淘宝客服工作进行了简要介绍，随后通过分析客户常见的十大心理为大家揭开了客户的面纱，让大家看到客户真实的面貌。紧接着，本书讲述了客服工作的整个流程，包括通过开场白“勾引”客户、向客户介绍产品、通过赞美拉近与客户之间的距离、回答客户的问题从而消除客户的疑虑、应对客户讲价以及在最后关头促使客户下单等。学习完这些知识，拿到客户订单基本上就是小菜一碟了。

另外，你还能学习给客户赠送礼物的技巧、处理物流问题的方法、使用电话与客户沟通的技巧，以及获得客户 100%好评和处理中差评和投诉的方法和技巧。

这是一本助你练就超级口才的秘籍，还提供了丰富的实战案例供你借鉴。如果你是一名淘宝客服或者淘宝店运营者，相信本书能让你看清客户的真实面目，与他们有效沟通，最终拿下千万订单不是梦。

从本书你能学到什么

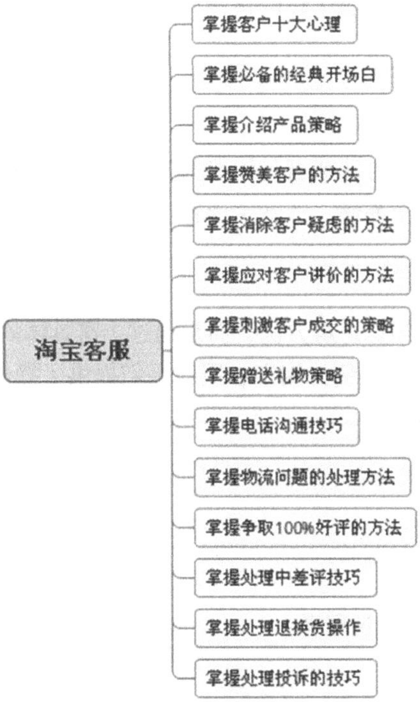

本书和其他淘宝客服书的区别

现在网络上与淘宝客服有关的书很多，但是大多数只是对淘宝运营的一部分进行提及，缺乏系统性。因此，读者很难从中获取真正的实战价值，无法用在实操过程中。本书与其他同类书的四大不同之处如下。

1. 实战性强

本书从掌握客户心理、个性化开场白、产品介绍、赞美客户、消除顾虑、应对讲价、刺激成交、赠送礼物、紧跟物流、电话沟通、争取 100%好评、处理中差评、处理退换货、处理投诉十四个方面展开讲述，告诉淘宝客服人员应该如何与客户沟通，如何用口才和技巧来处理与客户沟通中遇到的各种问题。淘宝客服人员可以有针对性地进行学习，有效提升自己的工作能力，并创造出色的业绩。

2. 结构清晰、系统性强

本书针对客服工作的所有重点内容展开讲述，力图将没有工作经验的新手客服培养为金牌客服。本书内容结构清晰，涉及客服工作的每一个环节，是网店创业人员、客服人员以及兼职人员的必备实操工具书。

3. 图文并茂，容易理解

在讲解过程中，凡是涉及操作方法或者具体数据的分析之处，都会附上详细的步骤以及图片，真正做到了条理清晰，通俗易懂，让新手读者也能直观地看懂。

4. 案例丰富，生动有趣

本书没有采用死板教条式的知识讲解方法，而是通过丰富具体的案例证明观点，让读者更容易接受。纵观全书，大量实战案例为淘宝客服新手们提供了操作模板，只要照猫画虎，就能成为一个像模像样的淘宝客服。

适合读者

- 电商行业创业者、经营者及管理者
- 网店客服人员和兼职人员
- 其他销售类工作者
- 电子商务、经济管理等专业的学生
- 对网店运营有兴趣的其他人士

目录

第 1 章　电商时代的新产物——淘宝客服

Chapter One

随着电商市场以及网购的兴起，网店经营成为非常火爆的一项新事业。三只松鼠、良品铺子、阿芙精油、韩都衣舍等都是因为淘宝而一炮走红的店铺或品牌。在网店经营中，淘宝客服作为一个全新的职业扮演着关键角色。无论是网店推广、产品销售还是客户维护，淘宝客服都发挥着极其重要的作用。本章大家首先来了解淘宝客服这个电商时代的新产物。

1.1　淘宝客服的定义

淘宝客服是指通过淘宝店铺为客户提供解答和售后等服务的工作者。淘宝客服的分工非常细致，有通过 IM（即时通讯）聊天工具、电话等解答客户问题的客服；有专门帮助客户挑选合适产品的导购客服；有专门负责处理客户投诉的客服；还有负责打包产品收发货的客服等。

淘宝客服既可以是兼职，也可以是全职，这都是根据商家要求而定的。当然，大多数商家希望客服的在线时间越长越好。下面为大家总结了淘宝客服的工作流程，内容如图 1-1 所示。

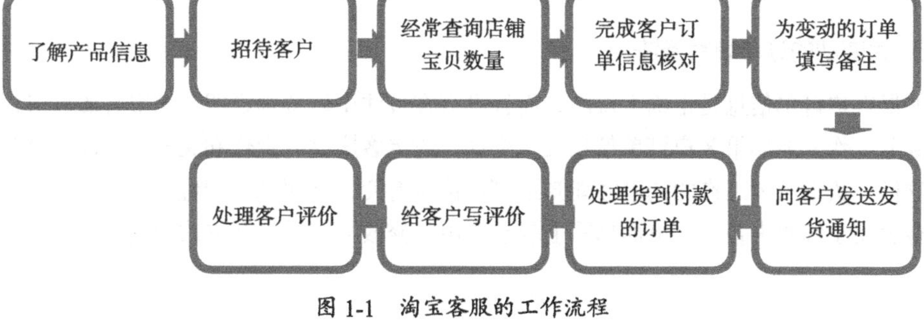

图 1-1　淘宝客服的工作流程

1. 了解产品信息

客户咨询的大多数问题都与产品有关，如果淘宝客服连自己的产品都不了解，就无法为客户提供服务。因此，淘宝客服首先要做的就是熟悉自己店铺的产品。传统公司在每一个新产品上市之前，都会对相关工作人员开展相关的产品培训。作为联系店铺和客户之间的桥梁，客服这个桥必须搭好，否则就会永远失去这个客户。对淘宝客服来说，对于产品的特征、功能、注意事项等要做到信手拈来，这样才能顺畅解答客户提出的各种关于产品信息的问题。

2. 招待客户

淘宝客服招待客户有两种方式，一种是利用阿里旺旺等即时通讯工具和客户进行沟通；另外一种是通过电话与客户进行沟通。大多数情况下，淘宝客服都是在利用阿里旺旺与客户进行线上沟通，少数时候需要接听客户打进来的电话。如果是接听客户的电话，淘宝客服需要更加具有灵活变通性，因为电话沟通没有足够的时间进行思考。

3. 经常查询店铺宝贝数量

有时候，你会在招待客户过程中发现客户看上的某款宝贝已经没有库存了，这就会导致订单损失或者延迟发货的情况，最终影响店铺口碑。因此，淘宝客服应当经常查询店铺宝贝的数量，看实际库存是否充足。如果发现宝贝库存不足，要及时补货，而不是等到库存为零时再处理。页面上的库存与实际库存是有出入的，所以客服需要到网店管家当中查看宝贝的实际库存量，这样才不会出现缺货发不了订单的情况。

4. 完成客户订单信息核对

有些客户经常帮朋友买礼物，这时就需要填写朋友的地址以及电话，然而一些粗心的客户会忘记这件事，默认为自己原来使用的收件信息。因此，在客户付款之后，淘宝客服需要和客户核对一下收件信息。这一做法不仅可以降低店铺损失，还可以让客户感受到贴心服务。在核对客户订单信息的同时，还要提供店铺提供的快递公司有哪些，让客户选择。如果客户没有明确表示，再发默认的快递。

5. 为变动的订单填写备注

如果客户订单信息是正确无误的，而且没有在备注中做特别说明，淘宝客服就可以省去这一部分工作。但如果客户订单信息发生变动，淘宝客服就有责任和义务将变动反馈出来。只有这样，负责后续工作的同事才能知道订单信息有变，从而采取相应措施。一般情况下，淘宝客服用小红旗来备注，里面填写上变动事由、修改人工号以及修改时间。

6. 向客户发送发货通知

调查发现，很大一部分客户在网购过程中都非常关注物流问题。不管发货快慢，在货物发出去之后，用阿里旺旺或者短信给客户发条信息，告诉客户宝贝已经发出，可以增加客户对店铺的好感。对于下单但是还未付款的客户，淘宝客服可以在截单前通过阿里旺旺告诉客户快到截单时间了，如果现在付款当天就可以发货。

对于客户来说，下单未付款有三种情况：第一种是忘记付款了；第二种是一时冲动拍下，但是没打算购买；第三种是重复拍单。下单未付款的三种情况如图 1-2 所示。

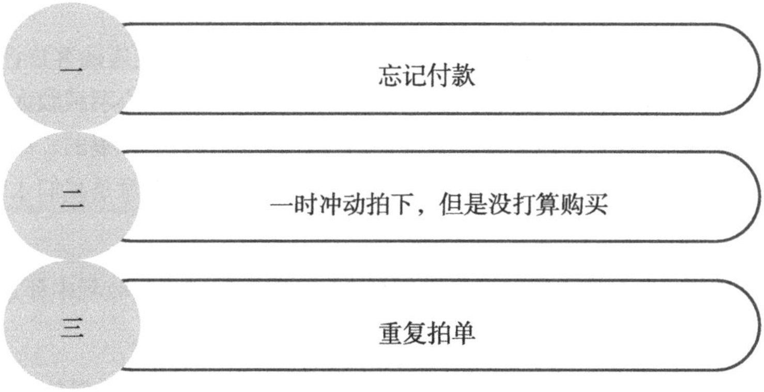

一
忘记付款
二
一时冲动拍下，但是没打算购买
三
重复拍单

图 1-2　下单未付款的三种情况

针对第一种情况，淘宝客服可以进行催单；针对只是一时冲动拍下的客户，淘宝客服可以手动关闭订单。尽管淘宝系统有自动关闭无效订单的功能，但是为了方便其他同事工作，需要淘宝客服手动关闭。针对第三种情况，淘宝客服也可以手动关闭。解决客户下单未付款的问题关键在于与客户联系，问清楚购买意向。

7. 处理货到付款的订单

一般情况下，用支付宝或者蚂蚁花呗付款比货到付款更加便宜一些。但是很多客户没有注意到这一问题，于是在购物的时候选择了货到付款。在这种情况下，客户收到货物的时候，发现需要支付的价格比网站上贵一些，于是自认为店铺欺骗了他们，选择拒收订单。如果仅仅是拒收订单，那还好一点，毕竟商家只需要多支付一些快递费用就好了。但如果客户认定商家在欺骗，那么店铺将损失一笔笔订单。

因此，淘宝客服在看到货到付款的订单后需要立即联系客户，告知其货到付款的具体情况。如果客户依然选择货到付款，那么就可以继续进行后续工作，否则就需要让客户重新下单。

一个淘宝服装店铺因为这项工作没有做好，导致很多货到付款的订单都被客户拒收。最后，该店铺一旦出现货到付款的订单，客服就会向客户打电话确认。在这种情况下，虽然店铺的电话费用支出增多了一些，但是正常情况下非快递因素的拒收率为零。

8. 给客户写评价

在交易结束之后，淘宝客服需要给客户做出评价。在评价客户的过程中，可以适当推荐自己的店铺，这相当于免费给店铺做了一次广告。

9. 处理客户评价

对于客户的好评，淘宝客服需要回复表示感谢。比如，某淘宝店铺客户评价说："衣服确实不错，款式很好，很暖和，值得好评。买之前还犹豫不决，担心羽绒服太臃肿，收到衣服穿上后发现很修身。"这时，淘宝客服给予了回复并表示感谢："亲爱的，感谢您的惠顾。我们付出真心，追求卓越！我们很荣幸可以与您一路同行，您的满意是我们永恒的追求！期待与您再次相遇，祝您生活愉快，万事如意！"

对于客户的中评，淘宝客服需要回复表示歉意。店铺经营过程中收到中评是非常常见的，这时客服不能抱怨泄气，而是需要解决问题，争取让客户更改评价。

客户给中评一般有三种情况：一是客户收到宝贝后发现不如自己想象中的好或者有色差，于是给出中评；第二种是质量有问题，但是不愿意与客服联系，于是直接给中评；第三种是客户故意找茬给中评，想要威胁客服谋取利益。对于前两种情况，客服应当与客户积极沟通，争取得到客户理解。如果很不幸是第三种情况，需要截图保存，在后期进行申诉，避免吃亏上当。

对于客户的差评，淘宝客服需要保持友好的态度，解决客户的问题。客户之所以给出差评，除了职业差评师的情况以外，一般都是因为产品出现重大问题，包括产品在物流过程中出现损坏、产品质量差、与描述完全不符等。此时，客服除了保持友善态度以外，还应该针对客户的问题给出解决方案，最大限度地让客户满意。

比如，某淘宝店铺客户差评称："衣服料子很薄，一刮就坏；做工不精致，有线头，还有开线出绒的地方。"于是，该店铺淘宝客服回复说："非常遗憾衣服没有让您满意，这款羽绒服采用优质的鹅绒作为填充物，因为是无胆布鹅羽绒服，有轻微钻绒是正常现象，对人体没有伤害。请参考洗水唛洗涤保养。如果还有任何疑问欢迎联系在线客服，很乐意为您服务。"

在淘宝店铺的经营过程中，客服与客户的交流与沟通是非常重要的。可以说，提升淘宝客服的服务水平是开淘宝店铺的关键之一。只有客服提供的服务让客户满意，淘宝店铺的生意才能蒸蒸日上。

1.2 让店铺人性化

一些淘宝商家为了吸引客户，将店铺装潢得非常华丽，包括各种漂亮的产品图、抓人眼球的广告语、各种五花八门的折扣优惠信息……然而，作为一个网店，你怎么让它提供人性化服务？

店铺装修漂亮点确实能吸引客户眼球，广告折扣宣传也是必要的，但是尺度把握非常重要。有些淘宝店铺给出的优惠让客户感觉不花钱随便拿似的，这就让客户产生了反感，于是不再停留。

对于淘宝店铺来说，最重要的不是装修、不是折扣，而是人性化服务。如果说人性化服务是网店的灵魂，那么淘宝客服就是人性化服务的源泉。假如客户来到你的店铺购物，那么怎样让他再来甚至向他身边的朋友推荐？下面看两个案例。

一、客户去某淘宝店铺购买衣服，下单后顺便询问：你们家有没有某某巧克力？最近工作忙没空去买，有的话也订一点。

第一个客服说：我们家只有衣服没有巧克力，抱歉了！

第二个客服说：我们家只有衣服没有巧克力，不过您说的那款巧克力我也很喜欢，我可以帮您问问看，抱歉了。

第三个客服说：这么巧，我也非常喜欢那款巧克力，正想去买一些呢！我知道有一家专卖店有这种巧克力，不仅是正品，而且价格也比别家便宜。我买好了和衣服一起邮给你。以后您忙的时候需要买些什么告诉我，我朋友那各种零食都有，很方便。（注：这位客服从不吃巧克力、没有认识的专卖店、没有朋友卖各种零食）

二、春节快到了，客户去某淘宝店铺购买食品准备过年带回老家。结尾的时候，客户问道：有适合年纪稍大的人吃的食品吗？我妈牙齿不太好，太酸太甜都吃不了。

第一个客服说：有的有的，某某产品在老年人中非常受欢迎，别人家过节都涨价了，只有我家是原价。

第二个客服说：有的有的，某某产品在老年人中非常受欢迎，酸甜适度，入口即化，非常适合牙齿不好的老人吃。

第三个客服说：有的有的，某某产品在老年人中非常受欢迎，难得过年回家，孝敬孝敬爸妈是应该的，我给你打个八折，算是一点心意。另外，我这还有一种适合老人吃的饼干，送两包给你爸妈尝尝，也替我问候一下叔叔阿姨。如果叔叔阿姨喜欢，下次再买。辛苦了一年，回家路上多保重。

两个简单的事例，将淘宝客服如何提供人性化服务体现得淋漓尽致。可以这么说，谁家的店铺专注于高品质的服务，谁家的客服用全身心去和客户真情互动，那么谁家的店铺就会成功。

对于淘宝店铺来说，单纯靠产品图片非常难获得客户信任的，毕竟美图秀秀的杀伤力尽人皆知。面对被美化过的图片，客户既看不到产品的本身，也看不到商家本人来了解产品的各种实际情况，因此往往会产生怀疑和距离感。在这种情况下，客服提供的人性化服务就让店铺增加了一丝丝人气。客户通过与客服在网上的交流，可以逐步了解商家的服务态度以及其他，从而对店铺建立人性化的印象。

这样，客户才能逐渐放下戒备，给予店铺信任。信任是当前社会最昂贵的东西，尤其做生意，获得客户的信任远远超越了产品的价值。

1.3 影响店铺成交量

影响店铺成交量的关键因素有四个，包括销量、描述、口碑和客服，如图 1-3 所示，本节重点讲客服。

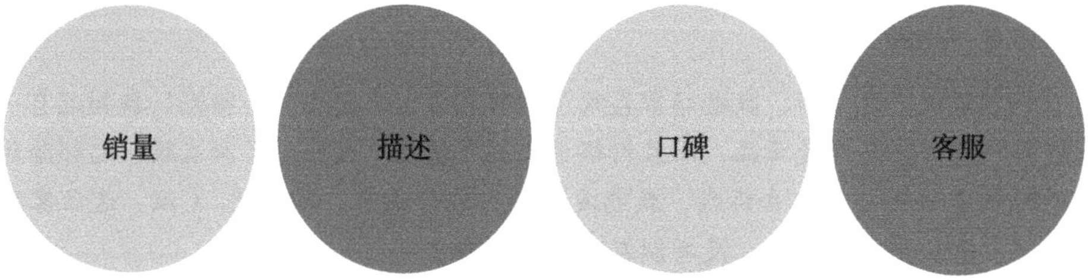

图 1-3 影响店铺成交量的关键因素

一般来说，客户不进行咨询直接购买产品的情况是比较少的，除非产品特别火爆，而且客户又非常中意。大多数情况下，客户会在购买之前针对不太清楚的内容询问淘宝客服，包括产品尺寸、优惠措施等。淘宝客服如果能及时地回复客户的疑问，可以让客户及时了解需要的内容，从而立即达成交易。因此，我们说淘宝客服在很大程度上影响着店铺成交量。

如果客户已经被你的产品描述打动，而且产品销量以及好评率也都可以，他就可能通过阿里旺旺联系你。对于一个淘宝店铺来说，这是极其关键的一步。因为到了这一阶段就说明距离生意谈成只差临门一脚了，这个阶段是决定能否成交的最后一个环节，占成交的比重中超过 90%。

因此，淘宝客服需要明白自己的三大任务，内容如图 1-4 所示。只有明白这三点，淘宝客服才能明确怎样将自己的基本工作做好。

一	把产品卖出去
二	让客户满意
三	增加关联产品的销量

图 1-4　淘宝客服的三大任务

1. 第一个任务是把产品卖出去

大多数时候，如果客户主动联系了客服，说明他是有购买产品打算的。这时，主动权掌握在客服手里。客服能否把东西卖出去，取决于两个因素：一是有没有掌握产品的专业知识；二是有没有掌握客服的交流技巧知识。只有同时掌握这两种知识，客服才能灵活应对客户的各种提问，比如客户担心的一些问题，或者一些客户不了解的问题，包括零风险承诺、包邮等。

2. 第二个任务是让客户满意

众所周知，口碑对店铺成交量的影响是非常大的。如果一个店铺的好评率低于 95%，那么客户有可能另选其他商家购买产品。为了提升店铺的口碑，客服需要为此付出努力。比如，通过良好的态度和服务让客户笑起来。只有客户开心了，在收货之后评价时才能“手下留情”，尽可能给你好评，这对于店铺打造好口碑有很大帮助。

3. 第三个任务是增加关联产品的销量

推销关联产品又叫做追销，即当客户买完自己需要的产品后，再向其推销另外一些相关产品，从而增加关联产品的销量和销售额。比如，客户买完洗发护发产品，客服可以询问是否需要沐浴产品，等等。这个任务的完成建立在前两个任务的基础上，毕竟客户只有购买了所需产品之后，才有可能购买其他产品。

一个优秀的淘宝客服不仅可以让犹豫不决的客户下单，还会让客户对更多的产品心动，从而提升店铺成交量。淘宝客服需要逐渐摸索这种能力，争取灵活掌握。

1.4　提供增值服务

对客户来说，他们不会拒绝增值服务，因为这是对他们有利的事情。对淘宝客服来说，提供增值服务可以增强客户的黏性，最终让客户形成成瘾性消费的习惯。下面看一个手工皂淘宝店铺的客服提供增值服务维护客户的案例。

媛媛是一家手工皂淘宝店铺的客服，由于很多客户对于手工皂知识不够了解，因此她需要在工作中一次次回答客户相同的问题。经这件事受到启发，媛媛为店铺建立了一个客户QQ群。

随着时间的推移，QQ群里面的客户越来越多，超过300多人。每隔两个星期左右，媛媛就会推出一些优惠活动，比如团购、优惠搭配等。而且，所有的优惠活动都是群内独享的，店铺里并未公开。这种方式体现了QQ群的价值，给客户一种VIP贵宾式的体验，满足了客户的精神和物质双重需求。

为了提供更多的增值服务，媛媛每天都会找一些与手工皂相关的干货发在群里。媛媛是如何做的呢？首先，媛媛在网上搜集了大量与手工皂、护肤美容有关的干货放在一个Word文档里，再根据类别放在不同的文件夹里。然后将这些干货备份到一个网盘里，而电脑上的发完一个就删掉，防止搞混。用干货维护客户的关键是干货分量要足，货要足够干，否则就无法满足客户的需求，客户不会看。

关于寻找干货的过程，有哪些需要注意的问题呢？首先，媛媛明确与手工皂相关的干货就是手工皂本身的知识。然后，媛媛将手工皂的知识分为四大类，包括品种、原料、加工、使用，接下来再把四大类细分为更多的小类目。寻找手工皂相关的干货时，媛媛将每个小类目作为当天的专题来分享。

除了手工皂的干货以外，护肤类也是可以分享的干货类型。关于护肤，包括的范围非常广。媛媛将护肤分为洗脸、洗手、饮食起居、护肤品选择、使用等依次来讲。在这个过程中，媛媛说到了护肤品，又引申到护肤品的介绍、护肤品的选择等各种细分类目。

通过以上介绍，大家可以发现媛媛通过客户QQ群为客户提供了众多增值服务。尽管每天为客户发送干货会花费一些精力和时间，但是这与产品销售是有关系的。如果客户因为QQ群记住了媛媛，那么在每次需要购买手工皂时第一个想到的就是媛媛，所以媛媛的业绩就可想而知了。

因此，淘宝客服为客户提供增值服务是必不可少的。这决定了你的店铺是否能为客户带来差异化服务和差异化价值，从而关联到店铺的最终盈利。

1.5 阿里巴巴平台托起的新职业

阿里巴巴带动的电商平台为我们的生活带来了全新的买卖方式，也给中小企业和无数个经营者带来了商机。与此同时，淘宝客服成为招聘市场较为普通却又急需的岗位。淘宝网官方数据显示，淘宝网招聘求职论坛在开通不到一个月时间里，就有近 5000 家淘宝网店发出了 1 万个招聘网上客服的需求，这一岗位的平均月薪在 3000 元左右。

阿里巴巴旗下淘宝公关部赵先生称："金融危机下就业岗位缩减，就业压力增大，每天淘宝网上新开网店达到 5000 家。随着他们的淘宝网店规模逐渐增大，许多店主单打独斗已经无法应对每天的交易。他们开始四处寻找网上客服。于是，一个新的职业从淘宝网上诞生——淘宝客服。"下面大家一起看某淘宝店铺关于客服的招聘信息，包括四个方面，内容如图 1-5 所示。

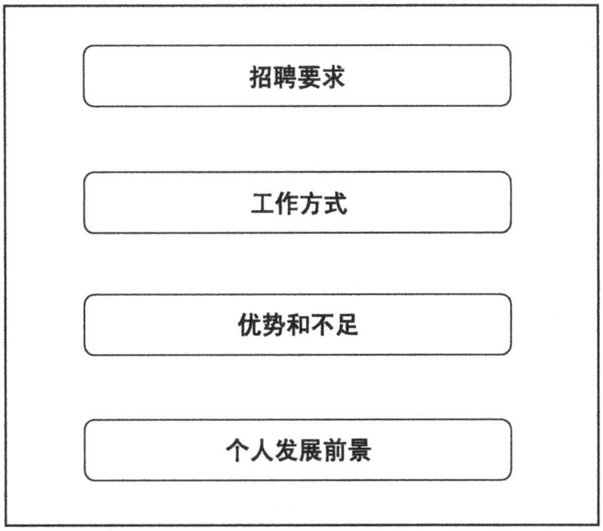

图 1-5　某淘宝店铺关于客服的招聘信息

1. 招聘要求

淘宝客服是一个基础性岗位，与传统意义上的零售行业有很大差异。淘宝客服具有一定的虚拟化特征，不需要与客户面对面交谈，对于学历、长相也没有特别要求。淘宝客服需要性格开朗，擅长沟通交流，还必须懂得使用电脑、熟悉网络。最关键的要求是必须耐心积极主动应对客户的在线咨询，进行产品介绍与推荐。

2. 工作方式

淘宝客服主要通过阿里旺旺客户端与客户沟通交流。如果客户来访，需要主动介绍产品，回答客户提出的各种问题。促进店铺的成交量，客服的文字表达需要具有专业性、快捷性以及友好性。

由于网购无法满足客户的用户体验需求，淘宝客服必须通过自己的服务弥补这一劣势。作为与顾客沟通的第一桥梁，淘宝客服需要用友好型网络语言留住客户，比如常见开头语“亲”。另外，回复客户时，文字需要简洁明了、即时、热情，最最关键的是诚信。做到这些，淘宝客服才能帮助店铺圈住流量、留住人气。

3. 优势和不足

淘宝客服的工作与传统意义上的公司客服有很大不同，因为淘宝客服为客户提供服务的全程都是通过网络文字交流进行的，由于来访客户没有时间地域的限制，屏幕上的文字就是面对面的窗口。

作为一个新职业，淘宝客服具有工作环境自由的优势，但是作息时间不固定是一个不足。但是淘宝系统已经为每一位网购者做好整个购物流程，整个购物行为简单快捷，按照客户自己下单的要求做好物流送递到指定的地点，并做好后续的工作。因此，淘宝客服既可以在整个购物行为中发挥主动作用，也可以简单地被动从旁协助。

从售前、售中、售后来看，淘宝客服在售前的作用是比较主动的，热情地对话可以激发客户的购买欲，从而购买产品。而售中、售后就不一样了。由于售中、售后都是处理客户的问题，因此淘宝客服在这两个环节中比较被动，当然良好地回访也会带来较好的口碑，带来人气。

4. 个人发展前景

当前的淘宝客服年轻化趋势越来越明显。对于整个市场来说，淘宝客服是网络购物发展的传递者，对于推动电商的发展具有不可替代的作用。尽管作为个人来说，淘宝客服的发展前景有一定的不确定性，但却可以通过工作积累为今后自己在淘宝网自主创业提供一定的实践经验。另外，淘宝客服还可以选择跨行业部门横向提升，包括淘宝店铺运营专员、商城的运营专员、网站推广专员等职业都是更好的方向。

淘宝网实物交易第一个四金冠店铺为“朵朵云母婴店”。“朵朵云母婴店”共有40多名客服，日发货量超过3000个，累计获得超过500万个好评，服务客服超过100万个。对于一个客单价并不高的母婴类C店来说，这一系列傲人成绩的取得都归功于一个个客服的不懈努力。

综上所述，淘宝客服虽然不是热门岗位，却是网络购物发展所衍生出的一个具有代表性的职业。对于刚刚踏入社会没有工作经验的青年人来说，选择这一行业可以积累电商创业的工作经验，更好地为今后职业发展做铺垫。

1.6 电商崛起，“2016年第一网红”papi酱都入驻淘宝

据艾瑞咨询统计数据，2015年我国电商市场的交易规模达到了16.4万亿元，与2014年相比增长了22.7%。其中，网络购物作为主要部分，是推动电商市场发展的重要力量。初步预测，我国2016年电商市场的交易规模会达到19.7万亿元；2017年电商市场的交易规模会达到23.2万亿元；2018年电商市场的交易规模会达到27.3万亿元。我国电商市场交易规模2016年到2018年的预测如图1-6所示。

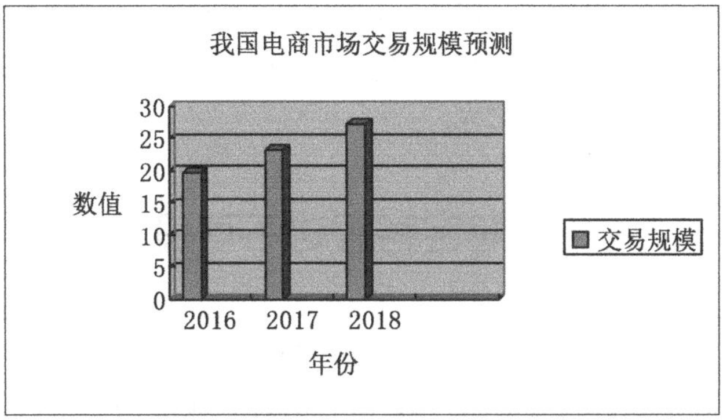

图1-6 我国电商市场交易规模预测

保持稳定增长的交易规模凸显了电商的崛起之势，在这种情况下，连“2016年第一网红”papi酱都忍不住插上一脚。

2016年6月13日晚，papi酱在微信公众号上推送了最新名为“papi酱的影评系列视频又来啦！我把《魔兽》给看了!!!”的视频。与以往推送视频一样，阅读量迅速达到10万以上。然而，这次有一些不同，在文章末尾，papi酱为自己做了一个小广告：“papi同款寡妇公会T恤，可在某宝店铺搜索‘papi酱心智造’，今日18：30准时发售。”

2016年6月13日晚上18:30，“papi酱心智造”的3款魔兽主题印花短袖T恤正式开卖，每款定价99元，限量99件。36分钟之后，papi酱宣布产品已经全部售罄。

对于papi酱开淘宝店，papi酱的合伙人杨铭表示：“papi酱在未来会不定期地在各系列视频中尝试销售产品，所有好玩的、可以和视频主题结合的产品，都可以成为销售对象，核心是趣味性。”

大家可以看到，papi酱开淘宝店卖“趣味性”的产品，是非常有讲究的。在《魔兽》电影热映之时，papi酱推出的“papi同款寡妇公会T恤”正好把自己的淘宝店与“魔兽”这个热门话题联系在一起，引爆了营销。

无独有偶，通过微信公众号成名的小网红莲莲也在淘宝上卖起了 89 元一件的 T 恤，T 恤上的创作内容是日语及其延展，调性是文艺内涵范。莲莲做日语教育起家，凭借过人的语言天赋和独具特色的教学方式，微信公众号上已攒了不少对日语有兴趣的粉丝，随后也走上电商的道路。

回到 papi 酱开淘宝店卖 T 恤这件事情上，大多数网友看的都是热闹，而业内人士则更多地关注到 papi 酱在网上越来越火，开始通过电商将粉丝变现的问题。

事实上，网红以及内容创业者的变现渠道主要有两种，一种是广告，另一种就是当下如火如荼的电商。从现有的数据来看，网红的电商市场是非常大的。其中，第一财经商业数据中心发布的《2016 中国电商红人大数据报告》中显示，2016 年网红电商产业产值可能会达到 580 亿元，可见电商市场的潜力之大。

1.7 “双十一”大战，淘宝客服功不可没

11 月 11 日因为四个“1”凑在一起而被人们形象地称为“光棍节”。光棍节是中国大陆年轻人独有的节日，以庆祝自己仍然是单身一族。然而，随着电商的火爆，光棍节开始成为商家炒作的对象，他们纷纷借此推出各种促销活动来吸引新老客户。

“双十一”购物狂欢节始于 2009 年的淘宝。自此之后，每一年的淘宝“双十一”购物狂欢节都刷新了电商领域的新纪录，创造了电商领域的巨大奇迹。2011 年到 2015 年淘宝在“双十一”当天全网交易额的变化过程如图 1-7 所示。

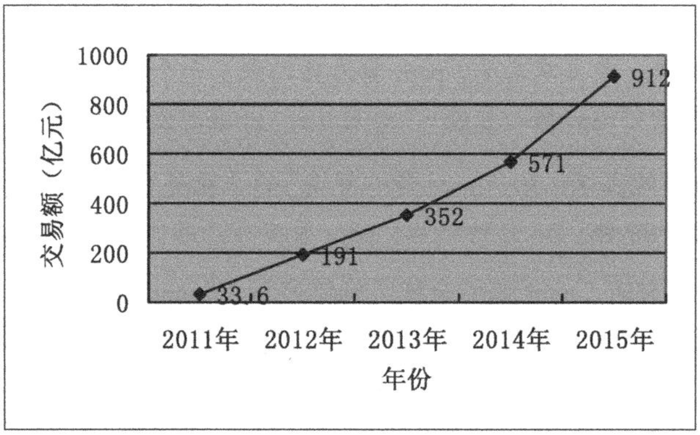

图 1-7 淘宝在“双十一”当天全网交易额的变化过程

在奇迹的数据背后，是无数个淘宝客服的辛苦工作。每年的“双十一”购物狂欢节都是对各淘宝商家客服进行考验。

每年的11月11日零点，“双十一”购物狂欢节正式开始。尽管网友呼吁网购狂人要“剁手”，但依然无法阻挡他们疯狂购物的步伐。面对无数的网购狂人们，坐在电脑前的淘宝客服们忙得不可开交。当天客流量最大的时候，一名客服甚至要面对400多名客户同时在线咨询。因此，淘宝客服们不得不使出浑身解数解答客户疑难。

淘宝客服还被人们亲切地称为“淘小二”，他们每天的工作就是在网上店铺里招呼客户、回答客户问题、协调发货。对淘宝客服来说，打字速度一定要快，否则赶上“双十一”购物狂欢节这样的活动，就难以应付巨大的在线咨询量。另外，作为一名多面手，淘宝客服还需要背过100多条快捷回复用语，这样才能比较容易地应对上百名同时咨询的客户。下面大家一起看韩都衣舍的淘宝客服如何应对“双十一”大战。

2015年11月11日凌晨，互联网女装品牌韩都衣舍的上百名淘宝客服守在电脑前应对源源不断的客户咨询，处理订单。其中，有一些客服是韩都衣舍为了应战“双十一”临时找来的。从11日凌晨零点到三点，韩都衣舍每名淘宝客服平均回答客户咨询1000多人次，是平时工作量的两倍多。最忙的时候，一个客服同时与400多名客户在线对话。在这个诞生于互联网时代，为消费者定制的节日里，消费者的热情与疯狂是非常惊人的。

作为互联网女装销售大户，韩都衣舍已经连续七年参加淘宝双十一。据韩都衣舍公布的数据显示，韩都衣舍旗舰店2015年“双十一”当天总交易额达到2.844亿元，而2014年则为1.99亿元。

在2015年“双十一”促销活动开始不到半小时的时间里，韩都衣舍旗舰店的交易额已经超过1亿元。截至当天晚上9点，韩都衣舍旗舰店交易额为2.567亿元。

值得注意的是，韩都衣舍淘宝客服在历年“双十一”大促中从未出现过问题。只要客户咨询，立即就有客服接待，不会出现长时间没有回复的情况。韩都衣舍的淘宝客服们是如何做到的呢？下面从四个方面解密韩都衣舍淘宝客服大战“双十一”的窍门，内容如图1-8所示。

1. 轮流值班，轮流休息

一般来说，从“双十一”到来的前一天开始，询单流就会明显增大，因此“双十一”的活动时间并不是24个小时，可能超过了36小时。从11月10日上午到11月12日凌晨，韩都衣舍的客服排班分为了三班，三班轮流值班，轮流休息。

在活动期间，所有的客服都没有离开韩都衣舍公司。在非排班时间，客服们都前往公司在附近寻找的地点休息。如果遇到短时间的询单高峰，休息的客服们便会立即动身，支援奋战在一线的客服同事们。

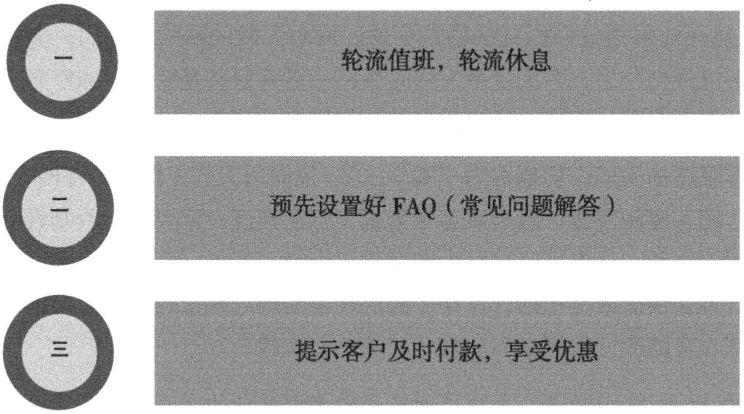

图 1-8 韩都衣舍淘宝客服大战“双十一”的窍门

从韩都衣舍以往的“双十一”接单情况看，11 月 11 日凌晨、上午 9 点、下午 2 点、晚上 8 点都是接单高峰。各淘宝商家可以根据自己的流量高峰增加客服排班轮次，缩短流量高峰的工作时间。

2. 预先设置好 FAQ（常见问题解答）

在“双十一”大促之前，韩都衣舍就将前期可能出现的问题和应对方法整理成了标准的 FAQ，并将快捷短语分类设置好。依靠 FAQ，客服在回答客户们的各种疑问时，可以一目了然看到问题关键，做到了一键转发问题答案，大大提高了接单效率。

各淘宝商家可以根据店铺实际情况设置 FAQ，尽可能涉及发货时间、物流选择、信息修改、退换货、突发状况等各个方面。为了防止客户多次询单，不同客服给出不同答案，活动期间应当统一话术，不能给出关于到货时间或大小方面的承诺。另外，淘宝客服们还可以通过自动回复信息将没有问题的客户导向自助购物，减小自己的接单压力。

3. 提示客户及时付款，享受优惠

在“双十一”大促中，韩都衣舍的客服通过催付有效提升了成交量。如果客户在询单之后没有下单，或者下单但是没有结算，那么客服的努力就是没有成果的。对客户来说，提示自己及时付款，享受活动优惠是一种温馨服务，因为自己可能忘记付款或者因为其他事情耽误了付款。

在“双十一”这天，由于询单量大，淘宝客服们可以通过人工统计询单未下单以及下单未付款的客户，利用阿里旺旺发送催付信息或统一发送催付短信。由于需要核对催付效果，

可以配备2到3个淘宝客服进行催付。

此外，各淘宝商家应根据店铺实际情况安排人员对客服进行订单审查，查看客服的订单备注，核对订单信息。如果发现无法满足客户留言，那么应当让客服联系客户，解释情况，询问客户能否接受。如果客户接受，则按正常流程发货，否则让客服指导客户进行退款操作。

在2015年“双十一”这天，与韩都衣舍销售同样火爆的还有安徽电商企业三只松鼠。截至2015年11月11日下午5点43分，三只松鼠淘宝店销售额超过2亿元，访客人数达到550万，客户数量将近200万名。其中，移动端销售量所占比例达到了78%。

在“双十一”到来的前10分钟，三只松鼠公司里的几百名淘宝客服纷纷躁动起来，他们准备好自己的工具，等待一场大战的到来。零点到来之后，三只松鼠的销售数据一次次刷新：6分钟销售额突破1000万元；11分钟超过2000万元；25分钟突破5000万元！……看着三只松鼠的辉煌成绩，淘宝客服们沸腾起来。

三只松鼠2015年的“双十一”显得格外不一样。如果你在这天去三只松鼠淘宝店里买坚果，接待你的客服很可能是位明星哦。如果你当天的幸运指数爆棚的话，还有可能随包裹收到明星们的亲笔签名呢！

原来，三只松鼠邀请了一群明星来到公司，让他们与网购狂人们一起度过这场购物狂欢盛宴。他们是广受大众喜爱的明星们，有明道、田亮、保剑锋、陈德容、苑琼丹等。11日凌晨，这些明星们有的被分配到前段产品岗位，有的在客串客服，还有的在体验物流工作的艰辛，帮助物流工人分拣、打包，为消费者们服务。

明道的任务是客串淘宝客服。在其他客服的帮助下，明道耐心地回答客户的提问。虽然非常生疏，但是他工作的认真态度丝毫不逊于其他客服，还在微博上和粉丝们打趣“求调戏、求轻虐”。

据统计，三只松鼠旗舰店是2015年淘宝“双十一”诞生包裹数最多的单店，达到200多万个。也就是说，三只松鼠平均每秒卖出的坚果为160多袋，坚果总数足以铺平60个标准足球场。

在消费者狂欢的背后，是淘宝客服们在电脑前24小时的苦守。无论对于淘宝商家还是对于每一位网购客户，最应当感激的就是淘宝客服。而对淘宝客服来说，能够与客户平等对话，得到尊重和体谅是非常难得的。在这里，呼吁整个社会，尊重和理解淘宝客服这个新行业。

第 2 章　欲“攻城”，先“攻心”：掌握客户十大心理

Chapter Two

淘宝客服是一项考验智商、情商的工作。这时掌握与客户相关的心理学知识，显得尤其必要。本章总结了客户常见的十大心理，通过分析，我们将会揭开客户的面纱，看到客户真实的面貌。

2.1　从众心理，抓住客户致命弱点

从众心理在人们的日常生活中有很多体现，比如人们在看一部电影之前，首先会参考豆瓣上电影的评分高低，然后再决定是否选择这部电影；APP 上的刷榜对于提高下载量有很大帮助；淘宝上乏人问津的产品肯定都是销量低、评分差的。

通常来说，群体里成员的行为都表现为跟从群体的趋势。在心理学上，就是指客户的“从众心理”。当很多人都夸一件产品好的时候，其他人就会觉得产品真的好而前去购买。即使产品并没有想象中那么好，也不会很失望，毕竟很多人都在用，肯定是有其突出之处的，即使上当也不是自己一个人。

美国作家和漫画家詹姆斯•瑟伯（James Thurber）在自己的作品中有一段描述从众心理的文字：

一个人突然在大街上奔跑起来，或许是他与情人的约会即将迟到。无论他在想什么，反

正他在大街上向东跑了起来。又有一个人跑起来，他可能是个充满激情的送报员。第三个人，一个胖胖的先生因为赶火车也在奔跑……十分钟后，这条大街上所有的人都跑了起来。大街上声音嘈杂，不过可以听见有人提到了“大堤”。“决堤了！”一个声音非常惊慌，可能是一个交警说的，也可能是一个小贩在喊，或许是一个小孩子在说。没有谁知道发生了什么，但是上千人都非常惊慌。“向东！”有人在喊，“东边离河远，东边安全！”于是，整个人群都在向东涌动……

通过上述案例可以发现，从众心理的作用是非常大的。如果淘宝客服在与客户沟通过程中抓住客户的从众心理，客户就有可能毫不犹豫地下单。例如，淘宝客服可以这样对客户说：“很多年轻人都来找这款护肤品呢”或者“我们的产品在老年人中备受欢迎”。这些话就利用了客户的从众心理，给客户一种心理上的依靠和安全保障。淘宝客服如何在沟通中引发客户的从众心理，促进销售呢？下面总结了三种方法，内容如图 2-1 所示。

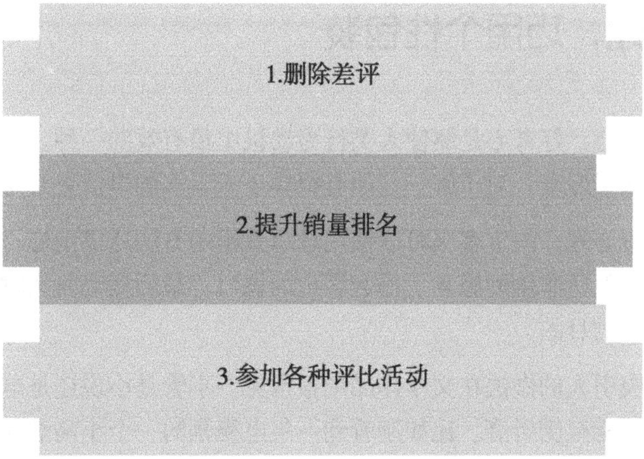

图 2-1　引发客户从众心理，促进销售的三种方法

1. 删除差评

在“好评为王”的时代，你的店铺但凡有一条差评存在，客户就会考虑是否要加入购物车。少数服从多数，百分百的好评有利于促使客户跟风购买。

2. 提升销量排名

且不论淘宝系统销量排名的功能是否公平，但我们无法否认的是很多客户购买产品时都会参考这一指标。如果客户想要购买一件产品，而且没有相熟的商家，这时销量第一的店铺就非常有优势。

3. 参加各种评比活动

《2016 年最受女孩欢迎的十大圣诞礼物》《2017 年度春季风衣销量排行榜》《某某化妆品横向评测》……很多客户相信这种评比，因此很多商家都会参加这种评比活动，尽管有可能会自评“最佳”或者是用技术手段干扰视听。告诉客户一句“3 千万女性都在使用的保养品”，客户是不是会一起跟着购买了？

不同类型的人，就会产生不同程度的从众心理。通常来说，女性比男性更容易受从众心理的影响；性格内向的人比外向的人更容易产生从众行为；社会阅历浅的人不如社会阅历丰富的人有自我。

需要注意的是，当今市场越来越崇尚个性化。在沟通过程中，你如果发现客户很有个性，喜欢与众不同，就无法使用以上方法，如果硬来有可能弄巧成拙。

2.2 好奇心理，巧用个性包装

人人都存在好奇心，好奇心是驱使人类行为动机中很有效的一种。对于自己不知道的东西或事情，人们普遍很好奇，对了解一些而有很多还未了解的事情更好奇。

针对客户的好奇心理，淘宝客服可以使用悬念营销的方法达成销售，即通过对事物或产品的掩盖给客户一种似懂非懂的感觉，吊起客户的胃口，最后揭晓答案时，给客户超强的冲击力，从而达到销售的目的。

这种通过悬念吸引人的做法在文学作品中很常见。不管是小说还是电视剧，一旦出现未完待续，人们就会感觉很受折磨。比如刚看到一集电视剧的一个小高潮就戛然而止了，第二天还是会如期守在电视前，这导致你天天在追电视剧，即便最后发现结局不令人满意。同样的，如果营销中激起了客户的好奇心，客户就会被企业牵制，企业就有机会发展客户关系，给客户创造需求，进而获得与客户交易的机会。

网购不同于传统实体店线下购物，客户只要在网上搜索一下，就可以看到海量的产品信息。对于商家来说，这种方式有利也有弊。好处是全国各地的客户都可以看到店铺产品信息进行购买，弊端是全国货源同质化严重，如果不能在同类商家里脱颖而出，就只能靠价格战吸引客户。

巧用个性化包装，让客户在好奇心理的驱使下进入自己的店铺，点开产品信息，从而引发购买产品是一种非常好的畅想。

2016 年 7 月 10 日，杜海涛熊先生秘制酱板鸭登录环球捕手，一天售出 5000 只，引发业内人士赞叹。这一成绩的取得不仅在于杜海涛的名人效应，还有一部分原因在于其新奇有趣的包装引发了很多客户的好奇心理。大家如果感兴趣，可以通过环球捕手购买一只杜海涛熊先生秘制酱板鸭，满足自己的好奇心。

除此之外，还有很多个性明显、新奇独特的产品包装让其产品在众多同类产品信息中脱颖而出，包括使用民间戏剧脸谱门神造型的“安然酒”包装、使用酒桶造型的“酒桶酒”包装、使用笑口常开的弥勒佛造型的“启齿笑酒”包装等。这些个性化造型包装通过强烈的视觉效果为产品引来了无数客户。

对于淘宝商家来说，应当想方设法让自己的产品神秘起来。随着客户的个性化需求增加，一些区别于传统产品的创意产品越来越受到客户青睐，包括定制的字母名字项链，情人节的毛绒玩具花束等。一些淘宝商家还会在特殊节日推出福袋活动，回馈新老客户，这也是利用客户的好奇心理促成产品交易的案例。对于客户来说，福袋里面装的是什么，是否花小钱享受了大优惠，都是非常致命的诱惑。

利用客户的好奇心理是一个很好的办法，每个人都有好奇心，而且越神秘的东西大家越喜欢一探究竟。现今流行都是可以制造的，大家都追求个性，普通的东西也更容易被大家所接受，因此在竞争越来越激烈的网购中，商家应采取一些方法，使店铺的东西充满神秘感。

2.3 逆反心理，不要强迫客户做决定

大家先看一个逆反心理的例子：

淘宝客服：首先我会为您介绍一下产品的各种功能，然后我们再讨论一下后期的维护问题。”客户：“现在就讨论维护问题太早了吧？”

客户的反驳可能只是想要获得此次对话的控制权，在这里，大家需要明确逆反心理不是真正意义上的反对，因此客服不能把它当成反对来处理。一些客服对客户的逆反心理没有深入了解，一旦出现上述状况，总是将其当作异议来处理。他们认为如果能解决了异议，客户的逆反心理就会自动消失。然而这种方法对于消除客户的逆反心理是没有作用的，因为你无法满足客户表现自我价值的需求。

对于逆反心理，社会心理学是这样解释的：面对一个人对外界发起的情感与行为，对方倾向于做出相反的心理反应并影响其后续行为的现象，称之为逆反效应。是什么因素导致客户产生逆反心理的呢？

客户逆反心理产生的原因经常是因为对立情绪。比如，客户对于主动打电话推销的人总

是充满了警戒心，本能地怀疑他们说的话，即使推销人员把自己的产品说得很好，客户也认为是假的。推销人员的热情对客户来说是虚情假意，只是为了骗自己的钱而已。

在实际销售过程中，很多淘宝客服喜欢对客户进行“狂轰滥炸”的推销，以为这样就能说服客户。然而，事实是客户的逆反心理控制了客户的行为，让客户拒绝下单。客户的逆反心理在具体网购过程中会有以下四种表现形式，内容如图 2-3 所示。

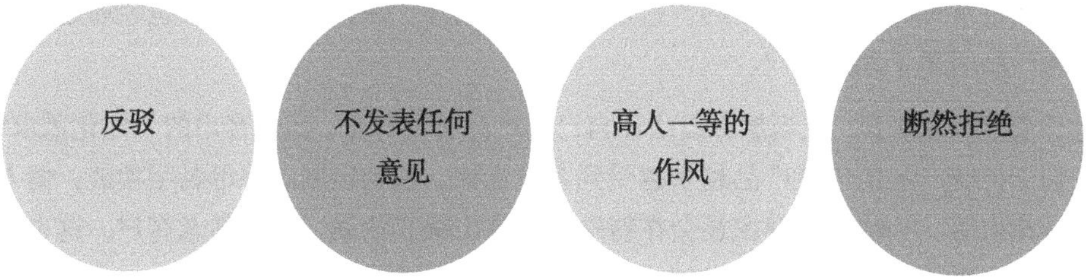

图 2-3　客户的逆反心理在网购过程中的表现

1. 反驳

有些客户会故意针对淘宝客服的观点提出反对意见，让客服无法下台，知难而退。

2. 不发表任何意见

客户有时在心里拒绝了淘宝客服的说服，但是却没有将拒绝直接说出来。所以不管淘宝客服怎么说，客户都保持沉默，冷淡地看客服做产品介绍，不发表任何意见。

3. 高人一等的作风

对于客户来说，淘宝客服说的所有话都可以以一句台词应对，那就是“我知道”。客户的潜台词是说，我什么都知道，你不用再说了。这时淘宝客服不应当再继续对其说明，以免引起客户更激烈的反抗情绪。

4. 断然拒绝

性格直爽的客户面对淘宝客服的推荐会坚决地说：“这件产品不适合我，而且我也不喜欢。”

知道客户都具有逆反心理，淘宝客服在推销产品时就应当注意不能滔滔不绝地说个不停。顾及客户的感受，就不会一次又一次地遭受到客户拒绝。下面介绍减小客户逆反心理的两个方法。

第一，用问题代替陈述。要想减小客户的逆反心理，首先要做到有效预防。如果淘宝客服可以不做那些导致客户产生逆反心理的事情，就可以避免其负面影响。在会话过程中，陈述是很容易引起逆反作用的。原因在于陈述通常代表了一个明确的观点和立场，很容易引起客户的反对意见。

比如，如果淘宝客服说“这件衣服非常适合聚会的时候穿”，客户就会产生逆反心理，反驳你说：“我从来不参加聚会。”

第二，转换立场。转换立场是减小客户逆反心理的另一个方法，这样你就可以得到想要的答案。比如，淘宝客服可以这样对客户说：“您不买我们的产品也没有关系”“抱歉，我浪费您宝贵的时间了”等。这些陈述句表面上都是负面的，但客户的逆反心理驱使其回答的结果却正好是我们所期待的，这就是立场转换技巧的运用。

“禁止抽各种香烟，连 555 牌也不例外。”这是英国 555 香烟的广告宣传语，结果却使其品牌在全球都表现出了不可小觑的影响力；一家钟表店在推销一种新上市品牌的钟表时，使用了“这种表走得并不准确，每 24 小时会慢 24 秒，请购买时谨慎考虑”的宣传语，结果这家钟表店生意火爆。这都是通过立场转换减小客户逆反心理的结果。

逆反心理是一种普遍的行为反应，只是程度有所不同。因此，淘宝客服需要意识到，客户的逆反心理是一种出于本能的机械反应，并不代表坚决地反对。淘宝客服在推销产品过程中要注意两个方面的问题：一要避免客户因逆反心理拒绝购买自己的产品；二要通过刺激客户的逆反心理，让客户产生好奇心，提升其购买欲望。淘宝客服要善于利用逆反效应的正、反两方面抓住客户的心，使销售工作获得成功。

2.4 求“实惠”心理，设计性价比

物美价廉是客户购买产品的永恒追求，这种求“实惠”心理普遍存在于客户群中。对于淘宝商家来说，只有尽量满足客户的求“实惠”心理，才能打开产品市场。比如，降低价格、提升产品性能、特殊节日进行有奖销售等都是提升性价比吸引客户的方法。

所谓性价比，即性能与价格的比值，是客户选购产品的重要参考指标。在竞争激烈的市场上，客户选择产品总是货比三家，目的就是以最低的价格去买质量最好的产品。例如在竞争激烈的汽车市场，建立在华而不实的配置基础上的汽车都无法受到客户青睐，而以性能、售后服务为优势的车型成为了车市中的主流。

不难发现，面对各种品牌和车型，如何选择一款性价比较高的汽车成为客户最关心的问题。杨哲是一名传媒公司的广告经理，由于业务需要想买一辆稳重大气的车。但是资金不是特别充裕，购车款限定在 10 万元之内。通过网上搜索调查，杨哲最后在某宝上的比亚迪汽车

官方旗舰店上购买了稳重、大气的比亚迪 G5 黑色款。到 2016 年底，杨哲购买这辆车已经有半年时间，对于汽车的评价，杨哲称非常满意，符合自己的要求。

杨哲的案例表明中国汽车市场正在逐步成熟，汽车行业的竞争已经从价格战发展到性价比竞争。业内专家指出："由于国内经济型汽车目前价位已与国际市场接轨，而生产远未形成规模，厂家的降价空间日渐缩小。因此，如何提高汽车质量和性能、减少汽车使用成本、提高汽车性价比等因素，将成为未来车市决胜的关键。"

对于追求性价比的客户来说，对产品的要求不是单方面的价格低廉，而是指物有所值，物超所值。一些淘宝商家为了凸显自己产品的性价比，拼命地打折促销，打来打去，即使货最终卖得很多，但却没有赚多少钱。等到无法承受的时候，也只好倒闭了。

对产品价值的塑造不是简单地说说而已，很多企业都说他们的产品是最好的，但几乎没有消费者会相信。企业必须对产品本身的卖点有一个清楚的了解，并且准确地把握消费者需求。马云创造阿里巴巴是为了满足互联网时代用户的电子商务需求，比尔·盖茨成就了微软是准确把握了个人电脑的未来需求；乔布斯成就了他的苹果霸业是以洞察年轻人的个性需求为基础的。

因此，淘宝客服推销产品时应当重点推销核心——产品部分，即推销产品的功能，要强调消费者购买这一产品后所能得到的满足。这样才能引起顾客的注意和兴趣，激起他的购买欲望，为最终成交打基础。

一位客户在天猫商城看苏泊尔电磁炉，而且是特价机。不知什么原因，客户向客服咨询了价格但是没有下单。

过了几分钟，客服说道："您可以了解一下我们的赠品。产品怎么样，您看我们的赠品就知道了。"

客户回道："有什么不同吗？"

客服接着说："我们的赠品是一个铁搪瓷汤锅，其他品牌的电磁炉是不会送给您的。因为他们不敢送，由于大多数电磁炉受热不均匀，用不了多久铁搪瓷就会坏掉。但是苏泊尔电磁炉就不一样了，传热均匀，您可以放心使用。另外，多用富含铁元素的锅，可以补血，有利于身体健康。最重要的是价格非常优惠，288 元还赠送苏泊尔原装汤锅炒锅。您考虑一下性价比，是不是很高？"

客户回了一个微笑表情默认，随即下单。

在这一案例中，客户关注特价电磁炉，说明客户属于追求实用、物超所值、购买力有限的消费者。这种类型的客户，追求产品的实用功能和质量，讲究经济实惠和经久耐用。所以案例中的客服在介绍特价机过程中，绕开了特价机产品同质化严重的问题，从赠品的独特性入手，详细阐述了赠品的各种优越性能，还不经意间打击了竞争产品，最终赢得了客户。

综上所述，由于大多数客户购买产品看中的是产品的性价比，所以，淘宝商家的营销活动都在做一件事情，那就是证明自己的产品物超所值。要想实现销售，就必须让客户认同产品的价值远远高于成交的产品价格。当客户意识到产品价值比价格高的时候，客户就会毫不犹豫地选择成交；反之，则不会。案例中购买电磁炉的客户就是看中了购买特价机还能得到铁搪瓷汤锅赠品的物超所值才爽快下单的。

2.5　求“便宜”心理，折价促销

从九月份开始，减肥就进入了淡季。然而碧生源减肥茶在天猫旗舰店里的销售量却没有下降。原来，商家计算了产品毛利率，在保证盈利空间的前提下做了折价促销活动。“买二送一、买三送二”的广告一打，产品的销售量大幅上涨，一天卖掉 3600 盒。由此可见，通过折价促销吸引客户购买的手段效果非常显著。

众所周知，价格是影响客户做出购买决定的主要因素，尤其是在网购带来的产品同质化日益严重的今天，品牌形象非常相似，服务手段也没有什么区别，客户就倾向于选择最便宜的那款产品。

针对客户的求“便宜”心理，淘宝商家可以采用一些促销手段，让“利”给客户，促进产品销售。促销活动是一种最原始最有效的销售手段，作为短期增长业绩、减少库存、加速资金回流的手段，被广大淘宝商家所使用。

天猫商城、唯品会等都经常通过向客户发送折扣券让客户在指定时间内到平台消费享受一定的折扣优惠，其目的都在于扩大影响力。商家发送折扣券的对象都是有选择性的，大多是曾在平台购物的老客户。因此，使用率也会相应提高。

促销活动给客户带来的“便宜”有很多种，以下列举三个最受客户喜爱的方式，内容如图 2-4 所示。

1. 折价促销

折价促销还包括三种形式，分别为折价、加量不加价、产品捆绑式打折。折扣对于客户来说是最大的利益诱惑，这是营销专家经过市场调查后得到的结论。然而，促销折扣如果设置不当，就会出现“杀敌一千，自损八百”的惨痛局面。

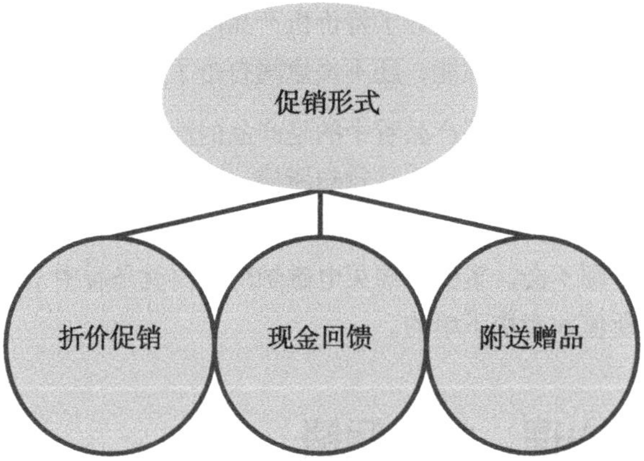

图 2-4 三种促销形式

淘宝商家需要根据不同产品的时间、顾客的消费习惯、消费心理采取不同的打折促销形式，才能把这个武器运用好。对于老客户来说，产品的折价就像特别馈赠他们的一样，比较能引起市场效应。

2. 现金回馈

现金回馈是客户购买产品以后在一定的时间内会得到一定金额的退款，一般是产品售价的几折。现金回馈是在客户购买产品之后得到的优惠，不容易使人联想到降价，更多的会认为是厂商对老客户的一种馈赠。所以很多品牌经常使用现金回馈策略进行产品促销。这种促销方式的好处是不会降低产品档次，对产品形象也没什么影响。

3. 附送赠品

如果产品的品牌知名度比较低，就算价格很低，客户也不一定买账。所以，作为同质性较强的产品，当知名度不太高时，应着重塑造品牌，可以用附送赠品促销代替打折促销。

在阿依莲天猫旗舰店里，一旦有客户进来，客服们就会通过阿里旺旺告诉他们有哪些服装款式新品刚刚上市，正在打折促销。而她们抛出的利益诱惑很多时候就会促使客户产生购买行为。如果店里有产品正在做促销活动，客服一定要将其推荐给咨询的客户，满足他们的求“便宜”心理。

有时，淘宝客服们会提前得知某一类产品即将折价促销的消息。这时如果有客户咨询该产品，客服应当及时告诉客户促销的消息，让他在产品促销时再买。这样，你的服务就能赢得客户的信任，从而提升其回头率。

2.6　求“安全”心理，派送试用品让客户先体验

在不了解产品的情况下，大多数客户都会对产品的安全性产生疑问。如果产品会伤害到自己或者给自己带来人身安全的威胁，那么没有客户愿意去购买这样的产品。所以，保证安全是淘宝商家需要首先解决的问题。

对于客户的“求安全”心理，淘宝商家可以采用派送试用品的方法让客户先体验一下再购买。此时，客户已经清楚产品的功效，如果满意的话，就会放心购买。

由于网购不像实体店一样，可以通过视觉、触觉等感觉器官对客户进行全面的刺激，全面详细地把产品展示出来，让客户对产品有更加全面地认知，所以派送试用品对于淘宝商家来说就非常重要。

2015 年 11 月 1 日，淘宝联合各大美容品牌开办付邮试用专场，派发 50 万份试用品，客户只需要支付 6 元运费就可以免费领取产品。与此同时，参加活动的商家按照统一格式印制了“双十一的约会卡”，很好地宣传了自己店铺在双十一的一些活动。此次活动的最大亮点就是派发的中小样试用品在随后“双十一”购物节当天均有正装销售，为商家在“双十一”大促打下了坚实的基础。

在此之前，百雀羚天猫旗舰店曾经举办 6 元付邮试用活动，10 万件套装在 3 个小时内被客户一抢而空，全店共售出 12 万件，当天营业额突破 83 万元。另外，不仅 10 万件付邮试用品全部售空，经典蓝色小铁盒产品的单日销量也突破万件。数据显示，百雀羚旗舰店此次活动的转化率超过 30%，其品牌在全网护肤品类目中由此飙升至第三位。

对此，一位参与了付邮试用活动的客户称：“面对淘宝上林林总总的产品，人们很多时候无从选择，担心买到假货，担心产品质量不行，担心服务没保障，担心效果不好。在疑虑及担心的过程中，这种先试后买的模式是非常有效的。尤其是化妆品行业，这关系到用户的面子，没有人会随随便便换一个品牌或者轻易拍下没用过的护肤类产品。因此，对于那些价格比较贵、又不知道效果的品牌，大多数用户都是望而却步，退而购买自己常用的品牌。先试后买的营销模式正好打消了这种顾虑，好不好用，先买回来试用一下。”

作为活动发起商家之一，吉思亚专卖店负责人称：“电子商务对比传统渠道最大的局限性就在于客户不能和自己心仪的产品亲密接触，缺乏了嗅觉、触觉等的消费者心理就如同迷失的羊群。而产品试用让原本在互联网上生硬呆板的产品图片和产品说明变得鲜活，让消费者感同身受，如同找到了阔别已久的感觉。最初我们的新产品上市市场认知率低，做了一期

试用活动后反响非常不错，接下来我们会继续开办付邮试用活动，让用户先试用后购买。”

电子商务不仅颠覆了传统购物方式，还正在日新月异地引领着人们的消费潮流。在网购平台上，每天都会诞生一些新鲜事物，也有一些过时的事物被淘汰。付邮试用就是一种网购平台上诞生的新鲜销售模式，这种模式通过满足客户的求“安全”心理，吸引了无数客户参与。这就是付邮试用，无论是什么产品，让客户仅出运费获得免费试用的机会，感觉效果好再进行购买的销售方式。

2.7 求“方便”心理，送货上门

相对于线下逛街购物，在线上网购的行为就有省时省力的特点，而求“方便”也是所有网购一族的主要动机之一。尽管很多女生热衷于逛街，但是谁都不能否认逛街是非常耗费时间的，有时候花费了大半天的时间好不容易把需要的东西买齐了，还得拎着大包小包的东西回家。而网购就不一样了，用户只需要一台电脑或者一部手机就可以浏览世界各地的产品信息，服务范围也是非常广泛的。另外，网络上的信息不仅非常全面，而且更新速度也很快，非常容易查找。

在淘宝店铺里，客户可以看到商家对产品的描述，有不明白的地方还可以询问客服，而且买过该产品的客户对产品的使用评价也具有一定的可信度。值得一提的是，在淘宝上购物不仅方便快捷，支付方式也比较灵活，客户可以直接使用支付宝支付，也可以使用蚂蚁花呗提前消费，更可以选择货到付款。对客户来说，下单之后就什么都不用管了，只需坐等送货上门，如果对产品不满意，还可以要求退货或换货。

可以说，客户之所以选择网购，一个非常重要的原因就是他们普遍具有求“方便”心理。然而，一些淘宝上的家具、家电商家提供的物流却没有让客户满意。针对大件物品难以送货上门的问题，客户称其为“最后一公里”问题。

小刘就是“最后一公里”的受害者。2017 年春节临近，小刘想要将家里的一套老旧家具换掉。由于工作忙，没有时间逛家具市场，于是从网上买了一套新家具。结果承诺送货上门的家具最后送到了楼下，让他“自取”。为了把这套家具弄上楼，小刘全家出动累得够呛。

一位做家居生意的网店店主也说，他经常因为无法承诺物流送货到家的问题损失客户。由于物流没办法达到客户指定的地点，一些客户最后会选择放弃订单。

事实上，很多物流公司都拒绝提供“大件”物流服务，而提供服务的物流公司又具有很多缺陷，即到货慢、不上门。一般来说，如果客户网购了家具、电器等，到货后，第三方物流公司会打电话让客户“自取”，不提供送货上门服务，除非是一些电器、家具的自营商会安排送货上门。

2015 年初，顺丰、申通、圆通等快递公司都开通了“大件”送货上门服务。以顺丰为例，顺丰对物流普运的营运模式、工具配置以及价格等多方面进行了升级优化，几百斤的大件物品都可以送货上门。顺丰的物流服务模式有三种，包括“门到站（上门收货）”“站到站（干线运输）”、“站到门（送货上门）”，如图 2-5 所示。

图 2-5　顺丰的三种物流服务模式

对于淘宝商家来说，如果使用顺丰物流，可以根据自己的需求进行组合搭配，不仅费用可以优惠，享受的服务也更加灵活。另外，如果与其他物流公司合作，也应当注意是否提供送货上门服务，毕竟这关系到客户下单时是否有“方便”顾虑。

台湾企业家王永庆就是一个靠“送米上门”发家的亿万富翁。16 岁时，他开了一家小小的米店，开始了自己的创业历程。那时电话还不普及，买米一定要上街。有时到煮饭时才发现没米了，然后再去大街上买米非常不方便。尽管这样，大多数米店的老板都是坐等客户上门，可是竞争激烈，生意非常惨淡。

王永庆在这一现状中却看到了商机。每次有客户上门买米，他就问：“您家在哪里，我把米给您送到家里可以吗？”面对这种热情服务，客户当然非常满意。王永庆送米的时候，总会拿出笔和纸，将客户家里的米缸容量记下，然后问客户：“您能不能告诉我一些简单的资料，比如您家有几口人，每天大概用多少米？”对于这些，客户一般都会非常爽快地告知。

拿到资料以后，王永庆根据这些数据计算出客户的用米量，然后在客户吃完米之前的两三天送到客户家里。靠着“送米上门”的服务，王永庆的米店客户越来越多，不久生意就壮大起来。后来，王永庆又开了一家碾米厂，成为真正的大老板。

对于淘宝商家来说，只有像王永庆一样为客户考虑，为客户提供真正的方便，才能让生意红火起来。要做到这一点，除了保证自己产品的价值和质量，最重要的就是送货上门了。只要你坚持为客户提供方便，就算价格比其他商家高一些，客户也是非常乐于接受的。因此，在价格公平的前提下，送货上门是非常必要的。

2.8 求“新潮”心理，推陈出新引领时尚

客户对于新事物、新产品都有一种先天喜爱的偏好，尽管新产品不一定是最好的。可在客户心中，新的比旧的好，拥有新产品代表自己站在潮流的前沿，这就是求“新潮”心理。

求“新潮”心理在年轻客户群中最明显。年轻人的特点是思想超前、富于幻想、喜欢尝试，这些特点反映在消费心理上，就是追求时尚和新颖。消费时尚就是在年轻人的带领下逐渐形成的。

在竞争强烈的电商环境下，淘宝商家要想成功赢得这群主流消费群体，就必须勇于推陈出新引领时尚。求“新潮”客户的真正目的是赶时髦，想要通过拥有新产品显示自己的优越或者不甘落后。要满足客户的求“新潮”心理，淘宝商家有两种方法可以使用。

第一，强调产品运用的普遍性。当产品或者服务已经被普遍认可，并且即将成为大趋势时，客户就会产生这样的想法：别人有的我居然没有，一定要买一个，不然就落后于人了。

淘宝客服向客户销售时，要尽量通过描述让客户意识到，这种产品已经被公众认同，普遍拥有，即将成为一种潮流。只要让客户认识到除了自己别人已经都有了，就会成功地抓住他们的心，使其拥有强烈的购买欲望。

李媛买了一件碎花裙，向同事小雪炫耀是ONLY的新款，花了八百多元。小雪表面上称赞她穿起来非常漂亮，其实心里在想如果是自己穿一定更漂亮。小雪有一次闲得无聊逛淘宝，无意中看到一套名牌的碎花裙装，比李媛的还要好看。咨询客服发现价格在1000元以上，于是因为价格太贵准备放弃。这时，客服说：“这是今年的最新款，非常流行。很多女孩都有一件碎花裙，如果您没有的话，应该赶快下单将它拿下。”

小雪动心了，心想：“李媛是一个非常时髦的人，她买了一件碎花裙说明真的很流行，或许我也应该奖赏一下自己。”这时客服又说：“很多女孩都从我们家买了碎花裙，由于市场很好，我们店的很多款碎花裙已经卖完了。您看中的这款是我们店新上架的，不仅漂亮，而且非常新潮呢！”最后，小雪一咬牙将裙子买了下来。

第二，强调产品的超前性。对于客户来说，强调产品的超前更容易激发起客户的求“新潮”心理，刺激客户的购买欲。上述案例中的客服不仅强调了碎花裙是女孩普遍拥有的产品，

还告诉客户产品是最新款，是最新最潮的产品，所以客户才下单的。

因此，在推销某个产品时，客服可以强调产品的超前性，即使这些东西对客户并不是很重要，客户都有可能购买。但是对客户来说，产品可能不重要，重要的是拥有产品就可以领先于别人，成为时尚的引领者。

2.9 求“面子”心理，品牌为产品加分

刘璐是在北京工作的年轻白领，年薪超过十万元。每次出国出差或者旅游，刘璐都会在海外各大奢侈品商店“淘宝”，比如法国的路易·威登（Louis Vuitton），意大利的芬迪（FENDI）。她身上的衣服、鞋子、首饰全都是价格不菲的国际大牌。

像刘璐一样的品牌爱好者近年来越来越多，这一类型的客户购买产品时追求“面子”，在产品消费上，他们需要产品带来的面子高于实用成分，正是这种求“面子”心理才创造了国内的高端市场。同时品牌商家，利用客户的求“面子”心理可以迅速获取市场，尤其是时尚产品。

追求“面子”客户，其性格往往非常外向。她们消费时可以不计得失，但有很强的虚荣心，她们希望通过产品表现自己，不管是表现有钱、地位高，还是工作能力强。比如，女人都爱携带手包，一些有钱的女士为了表现自己富有，愿意购买价值几千甚至上万的世界名牌手袋。

很少看到奢侈品降价销售，因为奢侈品卖的就是品牌高贵，一旦平价化，人人都买得起反而失去了奢侈品的价值。

Roseonly 是一个奢侈玫瑰品牌，作为中国专注打造爱情信物的品牌，制定了“一生只送一人”的独特规则。依靠“信者得爱，爱是唯一”的品牌主张，Roseonly 成为永恒真爱信物，受到广大消费者欢迎。

同样是玫瑰，市场上卖几块钱一只的玫瑰却乏人问津，而 Roseonly 卖几百一只，不优惠不打折依然是供不应求。Roseonly 成功的关键在于通过塑造品牌贩卖了玫瑰的引申意义。因此，就算 Roseonly 高高在上，价格高昂，依然有大量客户慕名而来，只为了满足自己的“面子”。

Roseonly 是鲜花中的奢侈品，与其相似的意大利汽车品牌玛莎拉蒂是超级豪华汽车领域中的奢侈品。不同的是，自玛莎拉蒂上线天猫后，成为天猫有史以来最高端的品牌。

近几年来，玛莎拉蒂将自己在赛车领域的研发成就应用于公路跑车的开发中，完美融合

了奢华与狂放不羁的运动天性。玛莎拉蒂通过一代代车型将舒适与富有激情的驾驶乐趣展现得淋漓尽致，凝结着独特的品牌精髓与内涵。

2016年3月23日，玛莎拉蒂天猫旗舰店开张，让人不可思议的是，100辆玛莎拉蒂Levante在天猫旗舰店全球首发，上线18秒内便被抢购一空。随后，玛莎拉蒂又追加了500辆该车型的预定名额。在玛莎拉蒂天猫旗舰店里，发生了这样一段对话：

客户：我拿到了人生第一桶金，想要买一辆跑车。听朋友说新上市的玛莎拉蒂 Levante不错，能帮我介绍一下吗？

客服：玛莎拉蒂的客户大多是像您一样年轻、有激情、拼命，而且特立独行的人。如果您对美有独特的追求，而且希望在追求成功的道路上得到他人的认可和尊重，更能实现自我价值，那么玛莎拉蒂就是一个很好的选择。

客户：不过，这款汽车的价格貌似不低。

客服：这部车子本身就属于奢侈汽车品牌，其潜在价值不是用金钱可以衡量的。因为玛莎拉蒂品牌定义的不仅是舒适、豪华和个性，更是一种人生态度、生活品位的象征。

客户：确实，这也是我非常满意的一点。我再考虑一下，稍后联系你。

随后，这位客户下单。事实上，100辆玛莎拉蒂Levante的客户都是名副其实的品牌爱好者。其群体特征如下：男性占有绝大部分比例；年龄层为18~29岁之间；80%以上都是本科及以上学历；职业多为白领或公司高层；具有很高的消费能力；主要居住在一二线城市；在汽车品牌中对玛莎拉蒂有特殊偏好。

对于这些成功人士来说，玛莎拉蒂可以彰显他们作为年轻一代的拼搏精神，让他们倍有面子，因此玛莎拉蒂成为这一人群的最爱。

香港大学心理学教授杨中芳提出："人类都有两种自我评价机制——内在的和社会的，而一般人更加注重社会评价，因此也就特别在乎面子。在消费选择上，就产生坐奔驰比坐桑塔纳的有钱，住别墅比住楼房的地位更高，打高尔夫球比打乒乓球更有品位等现状。商家可以利用这一点，让客户为自己的面子买单。"

很多产品都拥有自己的品牌，作为淘宝网店唯一与客户直接沟通的人，客服需要向客户传递足够的品牌信息，让客户全方位了解你的品牌优势，从而对产品产生独特的情感认同。

在介绍品牌的过程中，客服需要将品牌的象征意义告诉客户，争取让品牌的象征意义主导客户的选择。毕竟对于大多数客户来说，花几万购买一个LV包包，花上千购买一瓶香奈儿香水，目的不仅仅是为了产品的功能利益，更是品牌象征意义所带来的"面子"满足。

品牌与产品的根本区别就在于品牌通过独特的个性满足客户的心理需求，在情感上与客户进行沟通，满足客户提升自我形象的需要，而产品本身并没有这一效果。

2.10　对稀少产品的渴求心理，制造短缺现象

“物以稀为贵”就是因为人们对拥有稀少物品的欲望强烈导致物品价值上升的现象。人们对稀少产品的渴求心理在日常生活中有非常多的体现。比如，当超市打出最后限量 100 件的名义进行促销时，客户往往都会提高购买行为。

高品质产品经常因为原材料稀少并且制作工艺复杂，所以数量有限，比如爱玛仕手袋、香奈儿香水等，都因此受到了客户追捧。对于一些普通产品来说，就需要通过创造稀缺感来促进销售。

在日本街头品牌“A Bathing Ape”（简称为“Bape”）的东京店里，一次只招待 10 名客户，其他人都必须在店外排队等候。当店内客户离开后，下一批客户才能进入。这家商店之所以如此火爆，就是因为 Bape 牛仔裤每一个款式在全球只有几百件，而且只在固定的几家商店出售。就这样，每一条价格 600 美元的 Bape 牛仔裤变得炙手可热。

Bape 的创始人长尾智明（Nigo）是日本“东京性手枪（Tokyo Sex Pistols）”乐队的鼓手，他非常擅长为普通产品创造稀缺使其变得火爆。英国运动鞋生产商锐步公司看中了他的这种才能，邀请他为锐步设计一款运动鞋。于是，“Billionaire Boys Club”的限量版运动鞋品牌就诞生了，而且该品牌利用限量版运动鞋的由头为锐步赚取了高额利润。

在中国，这种为产品制造短缺现象的营销策略被称为“饥饿营销”策略。众所周知，小米是最擅长使用饥饿营销的国产手机品牌。

小米手机拥有相对较高的配置，价格几乎接近成本，发售量却很小。小米每次开售前都在网上进行大肆的宣传，客户想要购买都必须提前预约名额。在这种市场紧缺的氛围下，小米的潜在客户都非常恐惧，因为数量少，而争抢的人多，所以害怕买不到手机。这也就解释了为什么会有上百万的小米客户同时在线“秒杀”小米的壮观景象。

小米手机从来不会卖不出去，每次开发的几百万手机几乎一秒内就可以被抢光。而且小米是根据订单生产的，没有过多的库存。

小米的成功经验值得其他企业学习借鉴。抓住客户对稀少产品的渴求心理，制造市场饥饿的现象，就可以提高品牌占有率，减少库存。

目前，很多淘宝商家都运用了这种营销模式，越来越多的客户成为这种营销方法的体验者。比如，客户在犹豫是否购买一件衣服时，客服会透漏出这样的信息：“这件衣服是限量

版的，卖完为止，不会再有下一批。您如果不下单，就会被别人抢下。”客户听到这样的话，就会立即做出决定，一般会抓住机会，马上下单。

人们常常是对越稀少的东西越想要拥有它，饥饿营销就是利用客户对稀少产品的渴求心理进行销售的。一旦客户意识到产品的稀少、市场的紧缺，就不愿意错失良机，立即采取行动。

利用客户对稀少产品的渴求心理，为产品创造短缺现象，促使客户下定决心购买产品，有三种方法，内容如图 2-6 所示。

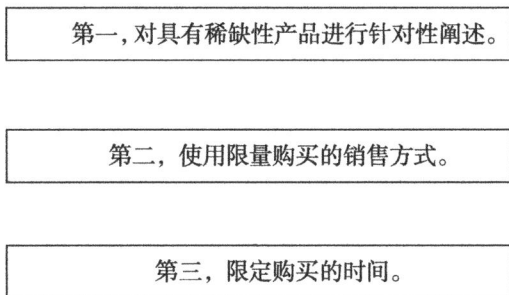

第一，对具有稀缺性产品进行针对性阐述。

第二，使用限量购买的销售方式。

第三，限定购买的时间。

图 2-6 为产品创造短缺现象的三种方法

第一，对具有稀缺性产品进行针对性阐述。一般来说，稀缺性产品是指具有排他性、难以复制性、不可替代性的产品。如果你的产品满足了某一个方面的要求，就可以提取产品的稀缺特质向客户加以描述，越是稀缺的产品就越不容易被客户讲价；若产品不具备稀缺性，那么就只能从产品的材料、质量、服务、价格等基本属性入手。只要抓住客户最看重的属性，客观而有技巧地进行阐述，表现出产品的差异化条件，一样能让产品显得与众不同。

例如，同一件产品在不同的地方稀缺性就不同。法国的依云矿泉水在法国是非常大众的，但是到了中国就很稀缺。如果你的产品是外国品牌，就可以将进口作为出发点，宣传产品在中国的稀缺。可以说，只要给产品找对地方，它就能变成稀缺产品。

第二，使用限量购买的销售方式。

限量购买是线下大型商场经常使用的手段，产品限量出售，每人限购几件，售完为止。限量购买的方式非常容易吊人胃口，客户担心产品少，自己买不到，而被其他人捷足先登，反而大家都争先恐后地抢着买。当客户对一件产品表现出好感时，客服就可以告诉他：“这件产品卖得很好，但是货源短缺，只剩最后一批了，特别抢手。”这样就可以最大限度地激起客户的购买欲。

第三，限定购买的时间。

限定购买的时间或者只有在指定时间内才享受优惠也是一种为产品创造短缺现象的方法。比如，告诉客户“今天是促销最后一天”，由于错过就没有了，客户就会感到焦虑，而这种焦虑会促使客户下单。淘宝商家可以在产品主页上发布产品限时促销的信息，给客户抢到就是赚到的快感。

由于短缺原理在塑造产品价值的时候起着重大作用，淘宝商家利用这种原理争取最大利益就再自然不过了。而且，这种营销策略几乎是百试不爽的。

第3章 “勾引”客户的十大经典开场白

Chapter Three

在一些淘宝小店里，最大的问题不是没有客流，而是顾客来了之后，客服没有通过开场白留住客服，导致客户流失。你可能看到别家客服总是打招呼说“亲，有货的，直接拍就可以了!”或者是“亲，有什么可以帮你吗？”，然而如果你按部就班，也这样做，结果却并不尽如人意。好的开场白对淘宝客服的工作是非常重要的，本章给大家介绍十种经典开场白，希望可以帮助你“勾引”客户。

3.1 套近乎型

何梅是一家淘宝服装店的店长，平时店里的客服工作也都是自己负责。将近十年的客服经验让何梅的成交率达到99%以上。本章所讲述的十种淘宝客服开场白全部来自于何梅在工作中的经验总结。

套近乎型开场白是最直接有效的开场白。那么，对于淘宝客服来说，如何得知更多与客户有关的信息呢？当客人发来信息时，你就应当开始观察，从客户的资料、头像上多多少少都能获得一些蛛丝马迹。比如，客户资料显示来自北京，你就可以和他说说故宫、后海、鸟巢。只要是当地的地标性建筑和古迹，都是可以说的话题。

再比如，客户的头像是一个美女，你可以夸她长得与某位明星很像，夸她的皮肤水嫩，问她是如何保养的；如果客户的头像是一个小孩，你可以夸夸孩子长得多么机灵可爱。总之，只要是赞美的话，客户都会喜欢听，毕竟没人不喜欢别人恭维自己。

你可能要说了，美女、孩子都可以夸奖，但是故宫、鸟巢自己根本没有去过，怎么和客户说？其实很简单，北京没去过，但是电视总看过，新闻总听过吧。

有一次，何梅遇到一位来自湖南的客户，于是开口说：“亲是湖南人？”对方答是，何梅又问：“您不会是长沙人吧？”客人说：“您怎么知道？”何梅没有回答她，直接说：“你们那的坡子小吃街很有名啊！”其实何梅根本没有去过湖南，只是在电视上的一个美食节目中看到湖南长沙有个坡子街，没想到在淘宝里却是派上了用场。

这样，何梅用几句话就和客户拉近了距离，最终非常轻松达成交易。

3.2 佩服惊讶型

何梅的旺旺叮咚一声又响了！客户一句话也没有说，直接发过来一个宝贝链接。如果是其他客服，这时候肯定已经乐开了花，以为客户就要下单了，然而何梅没有这样想。根据她的客服经验，一些客户网购时会向很多卖家发送其店里的宝贝链接，然后等待客服反应。

这时，客服最忌讳的就是与客户说客套话，比如“亲，谢谢你的光临，小店新开，有XXXX优惠”。对客户说这种客套话其实一点作用都没有，因为老练的客户在看产品的时候，更会到店铺里看看是否有优惠活动。

何梅是怎样回复的呢？这时，何梅用很惊讶和佩服的语气对客户说：“亲，您真有眼光，这款产品上周断货了，今天刚刚到了新货！”

一句非常平常的话但事实上却暗藏杀机。从表面上来看，何梅向客户传递了一个信息，这款产品卖得非常好，而且还是新货。如此，客户在心理上产生了一个冲击，认为自己的运气非常好，正好遇到了产品上新。另外，这句话还能显示出何梅从客户的角度出发为客户着想，让客户产生被重视感。客户会觉得店家生意很好，而且服务态度也不错，是一个好卖家。

当然，何梅的开场白很快得到了客户的回应，最终成功拿下这个客户。需要注意的是，这种开场白不能乱用。如果你的宝贝售出件数为零，而你还这样开场，客户大概理都不会理。

3.3 逢人就赶型

逢人就赶型的开场白当然不是说遇到客户就让客户去别家看，其实质应当是欲擒故纵。这种开场白适合在面对客户刁难的情景下使用。比如，客户说你家产品太贵，你可以表示无法退让，然后让客户去别家看看，货比三家，然后再做出购买决定。一般来说，这种答案可以让客户信服，并成功促使其下单。

此时，一名客户向何梅发了一个疑问表情，然后附带有一个宝贝链接，说："你家的产品为什么比别人贵，别人也是和你家店一样的东西，只要XX元，还有赠品送，你们这个价格也差太多了吧？"客户这样说话表明客户已经在别人店里看过了，比较过了，她对宝贝的价格、质量大概心里有数。如果客服现在向他介绍产品的功能、正品行货，以及七天退换货等服务只会引起客户的反感。

何梅是这样说的："您好亲，我们的产品在同行中确实不是最便宜的，但是，贵有贵的道理。您在网上购物千万不要急，一定要多看几家，毕竟货比三家才能保证自己不吃亏！您可以到其他店家看看，如果您看好别家比我们便宜的，您就在那里买！如果您觉得我们的好，我们欢迎您的光临。"

听完何梅的回答，客户最终选择了下单。一般来说，客户的心理是这样的：这家产品不仅比别家的贵，客服好像也不像别家客服一样哭着求着让我下单。别家的那么便宜，不会是假货吧？于是，客户下单的概率就八九不离十了。如果客户当时没有下单，真的向何梅说的一样去其他店家看，最后转来转去，还是会回来。因为这种逢人就赶型的开场白会让客户在潜意识里相信你的产品是最好的。

当然，这种逢人就赶型的开场白只适合产品优质，客服对产品有充分自信的时候说。如果自己的产品根本不如别人，还这么说，客服的工作估计就做不久了。

3.4 风趣幽默型

风趣幽默型的开场白不是谁都能用的，毕竟不是每一个淘宝客服都有幽默细胞。何梅是一个风趣幽默的人，在客服工作过程中爱和客户开玩笑。

比如，一个客户发信息说："店家，这个产品还有货吗？"何梅没有向其他客服一样打招呼，告诉客户有没有货，而是什么也没有说，直接发了一个晕倒的表情过去。客户看到这个表情当然会纳闷，自己只是问有没有货，店家犯得着晕倒吗？就在客户想着发信息问问是怎么回事时，何梅又发了一个捂嘴偷笑的表情。

这时，客户是真的蒙了，难道客服不在，有人在耍自己玩？在客户思来想去没答案时，何梅主动说话了："对不起亲，刚刚是我和老公在打赌，要是一分钟内有客户来咨询，我就把老公当赠品送出去。没想到您这就来了，那么，您要不要这个赠品？"

客户这才反应过来，店家是在和他开玩笑。对客户来说，能够遇到一个像何梅一样温暖风趣，充满欢乐的店家是非常难得的经历（想想你作为客户网购时的经历就知道了）。

接下来，何梅再向这位客户介绍宝贝，生意就变得非常好做。很多客户在淘宝购物都是抱着一个放松娱乐的心态，东西买不买并没有太大的关系，主要是开心就好。所以，当客户遇到一个快乐阳光、风趣幽默的客服时，她的心情也会跟着变好。这时，拿下客户不是很容易吗？

3.5 始终如一型

始终如一型开场白主要是针对老客户使用的。大多数淘宝商家都有老客户，因为人是习惯性动物，习惯在一个地方买一种产品后就不会轻易更改地方。就像客户在理发店理发，理发店很多，但是客户都有自己经常去的一家。因为理发的价格都差不多，而且和理发师熟了之后，不用多费口舌理发师就知道自己要的发型。

针对这种情况，淘宝商家需要重视对老客户的经营，切忌对老客户不理不睬，只是简单打一个招呼。久而久之，如果同行商家在价格和服务上比你更有优势，那么你就可能失去老客户。

因此，对于老客户，你不仅要热情地与他们打招呼，还要比对待新客户更加热情。毕竟新客户很可能购买一次就不会再次光临，而老客户却会重复购买。当你的店铺生意冷清时，老客户的到来会给你增添信心，支持你在淘宝上更加坚定地走下去！

何梅对老客户通常是这样的开场白：“欢迎光临啊，刘姐。您上次拿的保暖内衣怎么样，保暖效果好不好？我们昨天上了今冬新货，我给家人还预留了几件，我把链接发给您，您瞧瞧。”

看似无关痛痒的几句客套话，却会让客户觉得很亲切，让她知道你一直记着她！这样老客户就会被你牢牢地抓在手中！有了一个又一个的老顾客，生意想不好都不行了！

3.6 热心帮忙型

热心帮忙型开场白是一种非常特殊的开场白，因为这种开场白不是针对要买东西的客户说的。尽管如此，你还是应当热心接待他，因为你的热心帮忙很可能让他记住你，之后就会购买你的产品。

这天，何梅的旺旺叮咚一声响了，但是客户没有咨询店铺里的产品。客户说："真不好意思打扰您！"何梅感觉非常奇怪，顿觉客户不普通，非常有礼貌。何梅说："没关系的亲，欢迎到小店做客，您看上了小店的哪件宝贝了？"

客户又说："我不买东西，只是有些问题想要问问。如果店家没时间，我可以去问问别人。"何梅一想，不是来买东西的？反正自己也有时间，那就听听看吧！何梅回道："没事的亲，您有什么问题尽管问，只要我懂。"

经过几分钟的对话，何梅了解到，原来客户在别处买了同类产品但是不清楚怎么清洗，问店家又没有人理。于是，何梅向客户详细说了清洗方法。

后来，这位客户成为何梅店里的回头客之一。

3.7 东拉西扯型

大家看到东拉西扯型开场白，是不是想笑，觉得怎么会有这样的开场白？何梅的客服经验证明，这种开场白是有的。

客户的性格分为三种，一种是外向的，一种是内向的，还有一种是既不内向也不外向的。对于外向性格的客户，你还没来得及向他介绍自己的产品，客户自己就滔滔不绝地说起来了，就像领导人在演讲一样。等客户说完了，自己就会主动拍下付款，不会拖泥带水。对于内向性格的客户，网上购物通常是几句话："多少钱？能便宜吗？"如果能便宜，客户会爽快下单，如果不能便宜，客户会立刻走人。

对于既不内向也不外向的客户，客服就可以使用东拉西扯型开场白。事实上，这种类型的客户是非常难伺候的，因为他们的脾气不温不火，不急不慢。何梅是如何招呼这类客户的呢？

何梅的方法就是使用东拉西扯型开场白，即先不向客户提店里产品的事情，先聊一些不相干的话题。比如，何梅说："亲，听说没有？日本发生地震了。这年头也不知道是怎么了，每天都会发生点什么事，又有很多人失去了宝贵的生命……"然后，又发出一个叹气的表情。客人回了一句："是啊！"

何梅一看客户没了动静，于是又说："所以说，人活一辈子，也不知道是为了什么？拼死拼活的，最后都化为一缕青烟。"客人说："是啊，没意思。"

客户又没有动静了，何梅继续说："最后的结论就是，该吃吃，该喝喝，小沈阳不是说了嘛，两眼一闭一睁一天过去了，两眼一闭不睁，一辈子过去了！"客人发了一个大笑的表情，还没有等何梅多想，就继续说：“你说得不错，你那个 xx 产品不错，我想要买两件，还有……”何梅非常惊讶，心里乐开了花。

3.8 善于倾听型

善于倾听型开场白说简单非常简单，但是说难也难。因为这种开场白不需要客服说太多的话，主要是倾听客户的诉说，但是很少有客服能够做到。

一般来说，如果客户的网购经验不多，在咨询客服时就会提到自己以前的网购经历，包括以前卖家的服务态度、产品质量好坏、快递的快慢等。这时，你只需要耐心倾听客户的诉说，顺着客户的话给予肯定或者向他提供有价值的建议，然后询问他有没有兴趣看看你店里的宝贝就可以了。

这种新手客户很有可能会成交，只不过需要更长的时间才会下单。如果你遇到这种客户，千万不要嫌他啰唆，对他爱答不理。只要稍微耐心一点，促成生意都是早晚的事情。嫌客户说个没完，然后不再理睬，从而损失一单生意不是一名好客服应该做的事情。

3.9 关门打烊型

关门打烊型开场白当然不是说在即将结束一天工作时就拒绝为客户提供服务，让客户第二天再来。这样做的后果是客户百分之百不会再来，毕竟愿意在此时为客户提供服务的淘宝商家肯定不止一个。

在客服准备结束一天工作的时候，如果有客户咨询，十有八九是准客户。客服千万不能掉以轻心，放弃这单准生意。因为客户购物也是看时间的，很少有人会在半夜十二点还不睡觉逛淘宝。如果客户在夜里光临，说明他大概是白天实在没有时间或者是购买产品有急用。

何梅是这样对待每天最后一位客户的：“亲，您是今晚最后一位客户，如果您在十分钟内下单并付款，小店将赠送给您超值小礼品，谢谢您这么晚还照顾小店的生意！”

不用说太多话，因为这种客人对于网购非常熟练，几分钟内下单购买根本不是问题。另外，这种开场白还适合在早上开门接待第一位客户时说。

3.10 忽忽悠悠型

我们最后说的忽忽悠悠型开场白虽然也是一种非常经典的开场白，但是不像前面所说的九种开场白是极力推崇的，相反，是为了给广大客服提个醒，千万不要使用。

很多客服都避免不了这种开场白，一般都是客户一发宝贝链接，就开始王婆卖瓜说："我们是全淘宝最低价""我们的产品质量最好""我的产品是正品，别人的很有可能是假货"，等等。这种很明显忽悠客户的话千万不能使用，因为客户都不傻，把别人当傻子的人才是傻子。

本章所讲的九种有用的开场白，新手客户们需要学会，然后灵活运用，但不能生搬硬套。这样才有可能让开场白达到意想不到的效果，促进产品销售。

第4章　产品介绍，把握交易关键步骤

Chapter Four

淘宝客服的主要工作就是招待客户。面对客户咨询，通过有意思的开场白将客户留下之后，还需要说服客户下单。在这个过程中，向客户介绍产品是交易的关键步骤。介绍产品的技巧非常多，也有一些注意事项，本章将重点讲述淘宝客服应当如何做好产品介绍。

4.1　摸清客户需求，参考马斯洛需求层次理论

做产品介绍之前，如果能够知道客户的核心需求，就能选择重点信息告知客户。一旦客户听完产品介绍，发现产品可以满足自己的需求，就会爽快下单，无须客服进一步说服。马斯洛需求层次理论可以帮助淘宝客服们判断客户的核心需求。

马斯洛需求层次理论的提出者是美国心理学家亚伯拉罕•马斯洛（Abraham Maslow）。他把人类需求层次按照从高到低的顺序分为五种，分别是：生理需求、安全需求、社交需求、尊重需求和自我实现需求，如图 4-1 所示。下面对五个需求层次的特点进行分别论述，并分析其对应的消费习惯。

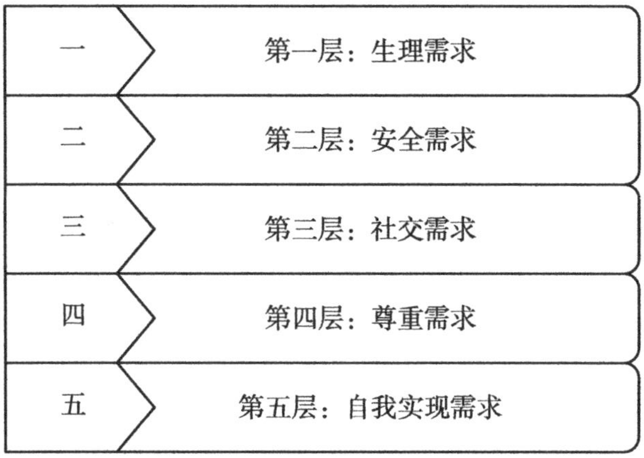

一
第一层：生理需求
二
第二层：安全需求
三
第三层：社交需求
四
第四层：尊重需求
五
第五层：自我实现需求

图 4-1　马斯洛需求层次理论

第一层：生理需求

生理需求属于最低需求层级，这一层级市场里的客户对产品没有太高的要求。一般来说，产品只要具有一般功能，就可以让这一层级市场里的客户满足。相对应的，这一市场里客户群的消费是价格引导型。

对于价格引导型客户，客服在介绍产品过程中应当使用这样的字眼，吸引客户成交。例如，“全部产品一律半价”“买一送一”“超低价大促”“清仓大甩卖”，等等。只有非常直白地把利益点抛出来，围绕折扣和低价去做文章，才能抓住价格引导型客户的心。

第二层：安全需求

安全需求属于第二层需求层级，这一层级市场里的客户不仅要求产品具有一般功能，还极其关注产品对身体的影响。相对应的，这一市场里客户群的消费是功能引导型。

对于功能引导型客户，客服在介绍产品过程中应当使用以下类型的字眼。比如，“纯天然无刺激”“草本配方，营养更安全”“舒适、凉爽、透气”，等等。需要注意的是，电商销售人员在与功能引导型客户沟通过程中，要围绕产品的功能特点或功效来说，不要过分强调价格或利益点因素。

第三层：社交需求

社交需求属于第三层需求层级，这一层级市场里的客户对交际有着显著需求，客户的关注点在于是否有助于提高自己的交际形象。相对应的，这一市场里客户群的消费属于情感引导型。

对于情感引导型客户，客服在介绍产品过程中可以使用以下类型的字眼。例如，“爱她就要呵护她”“孝敬爸妈的不二之选”“给宝宝最好的呵护”“送礼上品”，等等。明确客户的社交需求后，只要围绕人与人之间的关系情感包括爱情、亲情、友情等做文章，就能将情感引导型客户拿下。

第四层：尊重需求

尊重需求属于第四层需求层级，这一层级市场里的客户关注的是产品的象征意义，属于高端消费人群，他们的消费类型为地位引导型。为了满足自己的尊重需求，客户往往拒绝大众化产品，选择小众高端类产品。

对于地位引导型客户，客服在介绍产品过程中可以使用以下类型的字眼。比如，“高级量身定制”“全球限量”“新品全球首发”，等等。这些用语从彰显客户尊贵身份地位出发，为消费者添足了面子。

第五层：自我实现需求

自我实现需求是第五层需求层级，也是最高层级，这一层级市场里的客户拥有自己固定的品牌需求层次。比如，香奈儿（Chanel）就代表了女性对自我价值的永恒追求，因此任何一个成功女士几乎都有一款甚至多款香奈儿包包。

自我实现需求层级市场里客户群的消费类型属于品牌引导型。对于品牌引导型客户，客服在介绍产品过程中要突出自己的品牌价值，争取将客户变为品牌的簇拥者。

对于淘宝客服来说，由于不同客户群的需求层次是不同的，所以在推销产品时应当根据马斯洛需求层次理论制定不同的产品介绍技巧。

比如，你要把微波炉卖给不同需求层次的客户，对于因生理需求而购买微波炉的客户，你需要着重介绍微波炉可以制作食品的特点，包括使用范围以及所用时间等。

对于因安全需求而购买微波炉的客户，你需要重点突出微波炉相比其他饮具，制作食品更安全的特点。

对于处在社交需求层次的客户，你应当这样说：“当家人或朋友在您家中聚会时，微波炉可以让您大显身手哦”。

对于处在尊重需求层次的客户，你可以介绍说：“一般人是用不起这种豪华炊具的”；而对于处在自我实现需求层次的客户，你可以介绍说：“微波炉可以帮您实现制作美食的理想”。

分析马斯洛需求层次理论可以知道，需求层次越高的客户越是不在意价格，而对精神需要的在意程度越高。如果客服能把握这一趋势，在产品介绍中体现出对高层次需求的满足，通常能够发挥出难以估量的效应。

4.2 找到客户兴趣点，有针对性地介绍产品

上一节我们讲到在介绍产品之前，首先要判断客户的需求层次，然后根据客户的需求方向介绍产品。本节我们讲在介绍产品时要针对客户的兴趣点去说，并且根据客户反应调整推荐产品的方向。

下面大家一起来看一个通过挖掘客户兴趣点，成功达成关联销售的案例。姚丹是一名淘宝零食店的客服，她经常通过观察客户的购物车订单判断客户的喜好和兴趣点，然后有针对性地推荐和介绍产品。

比如，姚丹看到客户的购物车里有辣味牛肉干，由此判断客户是喜欢吃辣味零食的，所以马上按照客户的喜好和兴趣点推荐了一款川辣味的猪肉脯。当客户称一次买太多可能会吃不完浪费掉的时候，姚丹站在客户的立场出发，先说明了这两款零食的量其实并不算太多，而且辣味特别爽，一般一次吃一包才刚刚过瘾。解决这一问题后，姚丹又抓住客户网购最关心的运费问题，告诉客户买一包不包邮，买两包才包邮，而省下来的运费都够买半包肉脯了。最终，客户接受了他的推荐。

向客户推荐关联产品，千万不能一味地、毫无技巧可言地硬推，这样只会让客户感到反感而离开。在姚丹的案例中我们看到：姚丹在向客户推荐产品的时候，先是通过购物车查看了客户已经选中的产品，了解客户的喜好和兴趣点，然后才有针对性地做了关联产品推荐。

大家来思考一下，如果你是一名销售运动器材产品的客服，客户忽然进来咨询的第一件产品是一个跑步机，那么在这个时候你可以再推荐什么产品进行关联销售呢？走步机吗？当然不对！客户都已经表示要跑步机了，可见已经过了走步阶段，跑步机防尘罩、跑步机垫都是做关联产品推荐的不错选择！

现在开淘宝店创业的人越来越多，竞争异常激烈。因此，淘宝商家和客服需要积累非常多的知识和技巧。下面给出两种寻找客户兴趣点的方法，内容如图 4-2 所示。

寻找客户兴趣点	
第一	做一个信息收集高手
第二	查看客户的购物车

图 4-2　寻找客户兴趣点的两种方法

1. 做一个信息收集高手

作为淘宝客服，每当有客户咨询的时候，就应当先收集客户的信息，对客户做尽可能全面的了解。很多客服往往不知道怎样收集有用信息，或者是盲目收集信息，收集来的信息目的性不明确。要知道，搜集的准确信息越多，客服才能对客户有更深的了解，在谈话中针对客户的喜好和兴趣说话。比如，客户是一个热爱工作、家庭的人，那么客服就应当首先从客户的工作、家庭谈起，将产品与之联系起来。这样不仅能获得客户的好感，还能让客户对产品无法拒绝。

2. 查看客户的购物车

对淘宝客服来说，查看客户的购物车有着非常重要的意义。购物车不仅会显示今天被客户加入购物车的宝贝，还会显示 30 天内被客户加入购物车的宝贝，对于卖家了解客户的兴趣点很是方便。

要查看客户的购物车，客服首先需要登录 PC 端淘宝，然后在淘宝首页右上角点击“卖家中心”登录到卖家中心页面；其次，客服需要在卖家中心页面左侧菜单栏上找到“营销中心”这一栏，然后点击展开营销中心，就可以看到“会员关系管理”一项。点击“会员关系管理”进到会员关系管理页面后，在左侧的菜单栏从上往下拉，就可以看到“购物车营销”，点击进去，卖家就可以看到客户购物车里的宝贝了。

可以发现，淘宝客服针对客户的兴趣点展开话题非常关键。所以，淘宝客服应该在平时多培养一些兴趣，多积累一些各方面的知识，至少应该培养一些比较符合大众口味的兴趣，比如体育运动和一些积极的娱乐方式等。这样，等到与客户沟通时就不至于捉襟见肘，也不至于使客户感到与你的沟通寡淡无味了。

4.3　突出产品卖点，将优势放在开头

一般来讲，产品的卖点对客户有着主要吸引力。如果客户被产品卖点所打动，真正喜欢上了产品，那么就算价格高一些也是可以接受的。如果产品太普通，卖点不突出，那么价格再低客户都不会要。因此，客服在介绍产品的过程中，应当先把产品的卖点讲出来，将产品的优势展示给客户，让客户觉得这是一个好产品，多花点儿钱也没关系，然后你再适时报出一个合理的价格，那么离交易达成就不远了。

德芙（Dove）品牌知名度很高，英文译为“do you love me”，拥有一批品牌忠诚度很高的消费者。“你不能拒绝巧克力，就像，你不能拒绝爱情。”德芙巧克力一直关注消费者的情

感社交需求，试图引发消费者内心深处的悸动。

德芙巧克力的主要消费群体是年轻人。年轻人懂得时尚与浪漫，感情丰富。德芙便据此打出情侣篇和友情篇的广告，让德芙巧克力不仅成为爱情的象征，更成为一种情感的寄托。将德芙巧克力作为礼品相送不需要等到情人节等特定时间，日常生活中的很多时刻与场合都需要德芙巧克力来滋润彼此的情感。由此可见，情感意义是德芙巧克力的一大卖点。

2016 年情人节前几天，德芙天猫旗舰店的生意非常火爆，而在线客服始终应对自如，让每一位咨询的客户都满意而归。下面以某一个咨询场景为例，看德芙天猫旗舰店是如何让客户爽快下单的。

客户：我想了解一下你们的巧克力，打算情人节送给女朋友。

客服：我们的巧克力是年轻人最喜爱的巧克力品牌，很多消费者通过赠送德芙收获了美满的爱情呢！另外，巧克力拥有独有的心形，以及漂亮的礼盒形状和颜色，您的女朋友一定会喜欢的。

客户：那我应该买散装的还是礼盒装的呢，好像散装更划算一些。

客服：如果是送女朋友的话，我建议您还是购买礼盒装的比较好。毕竟礼盒装的德芙巧克力更加精致漂亮，而且漂亮的礼盒没有女孩子是可以拒绝哦！

客户：好吧，那我还是买礼盒吧！

客服：嗯嗯，预祝你们有一个甜蜜的情人节！

德芙天猫旗舰店的客服深知自己产品的卖点是情感意义，所以在介绍产品时没有从产品的口味功能出发，而是直接将产品与爱情联系在一起，突出产品卖点，恰好满足了客户需求。下面再看一个家具销售案例。

赵华在天猫家具商城相中了两把椅子，左挑右选不知道到底该买哪一把。赵华首先来到了价钱比较高的李慧家店里。

赵华将链接发给李慧，然后说："我看定价是 1260 元，能便宜点儿吗？"

几秒钟后，李慧回复："亲，价钱好说，您买椅子不就为了坐着舒服嘛，我先给您说说这把椅子的功效，您看看能不能让您满意。"

赵华一听，心想：了解清楚才能知道值不值嘛，再说了，不买的话还普及知识了呢！于是开始听销售员的介绍。

李慧："您肯定比我清楚，不良的坐姿会让人的脊柱发生侧弯，很多人的脊柱、颈椎或腰部出现问题就是长期坐姿不良导致的。所以，您选椅子一定要选那种能让您保持良好的坐姿，从而保护好身体健康的椅子，您说是不是？”

李慧接着说：“我们这把椅子就是根据人体的骨骼和穴位的特点来设计的，完全能够保证您保持标准坐姿而且不累不乏。另外，这把椅子光是弹簧就比普通椅子多上一倍，这样就能保证不变形、不走样。不仅如此，这把椅子旋转的支架也非常特别。您知道，如果支架坏了，那么整把椅子就报废了。因此，厂家把这把椅子旋转的支架设计成纯钢的，这样就不会因为过重的体重或长期的旋转而导致磨损、松脱。因此，这把椅子的平均使用寿命要比普通椅子多一倍，所以，您完全可以放心使用。”

听完这些话，赵华其实已经很动心了，自己平时工作一坐就是一整天，最需要的就是一把舒服、质量好的椅子了。但他还是试探地说：“那能便宜一点儿吗？我在其他店家看到一把也挺不错的，才 900 元。”

李慧：“您肯定比我识货，那样的椅子我们这儿应该也有，看起来差不多，实际上却大有不同。您对比一下材料和制作工艺就知道了。别的不说，光是里面多出一倍的那些高质量弹簧就价值 400 多元，那一个纯钢的支架 300 多元，不信您可以网上查一下。更不要说这把椅子其他的好处了。”

听了李慧的话，赵华心服口服地下单买了这把 1260 元的椅子，心想：“为了保护我的脊柱，别说只贵 300 多元，就是贵 3000 元我也得买啊，谁让质量好呢！”

当然，淘宝客服在诉说产品的优势，突出产品卖点时也需要注意一些问题，否则只会弄巧成拙。下面是淘宝客服介绍产品卖点时的三个注意事项，内容如图 4-3 所示。

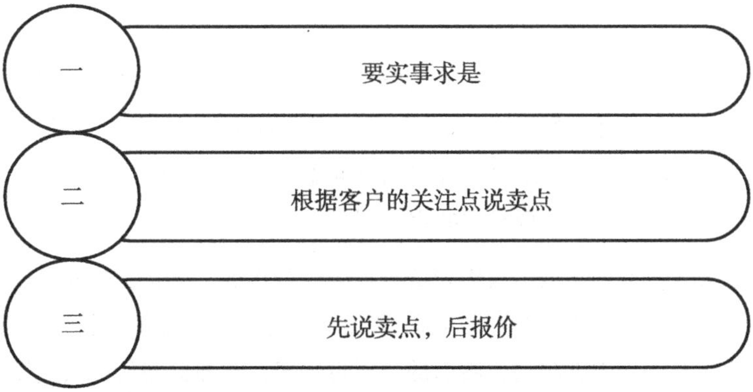

图 4-3 淘宝客服介绍产品卖点时的三个注意事项

1. 要实事求是

任何一种产品都有卖点和优势，淘宝客服可以通过强调产品卖点对客户发出主动攻势。

在介绍产品的卖点时一定要实事求是，不能夸大其词。否则，一旦客户发现你是在欺骗他们，他们就会产生反感，甚至终止交易。

2. 根据客户的关注点说卖点

不同的客户对产品的关注不同，有的客户关注产品性能、特征和用途，有的客户关注产品质量，有的客户关注价格等。淘宝客服在介绍产品的卖点时，不能把所有的卖点都介绍给客户，因为有些卖点可能不是客户所关注的。一名优秀的淘宝客服应会以敏锐的眼光洞悉客户的内心更倾向于哪一点，从而采用不同的说服方法，向客户重点展示他所看重的那一卖点。

3. 先说卖点，后报价

报价之前，争取让客户把注意力更多地放到产品的质量上，进而让其觉得你所报出的价格是相对合理的。这样，销售起来就容易很多了。在报价之前，你需要做好一件事，那就是突出产品的优势，向客户证明你接下来报出的价格是合理的，让客户对产品倾心。这样，客户花钱的时候就会少很多犹豫了。

让客户看到产品卖点，告诉他贵得有价值，能给他带来远超所值的好处，客户才会乖乖地掏腰包。前面的案例中，赵华正是被客服介绍的产品卖点打动才迅速下单的，就像赵华想的，只要东西值，别说贵 300 元，就是贵 3000 元他都买。

4.4 说明产品备受追捧，人气排名更有说服力

一些客户看中你店里的某款宝贝很有可能只是一个意外，不是特意搜索找到的。在这种情况下，向客户介绍产品时，你可以通过自己的人气排名向客户说明产品非常火爆。比如说：“您可能不知道，我们这款宝贝的人气排名非常高，很多年轻人都喜欢它。您只要搜索‘XXXX’就能在首页前十名发现我们的宝贝。”

在淘宝上，人气排名的高低不仅影响着宝贝的综合排名，还是影响商家销量的一个重要因素。因此，无论是普通店铺还是皇冠店铺，都希望自己的宝贝能够有长期较好的人气排名。人气排名高，宝贝的曝光率就越高，吸引的流量也更多，从而促使店铺快速发展。

那么如何提高淘宝人气排名呢？本节将为大家讲述三种方法，让你的店铺轻松超越竞争对手，成为淘宝上的人气黑马。在提升淘宝人气排名之前，大家首先要知道影响宝贝人气排名的主要因素。影响宝贝人气排名的主要因素如图 4-4 所示。

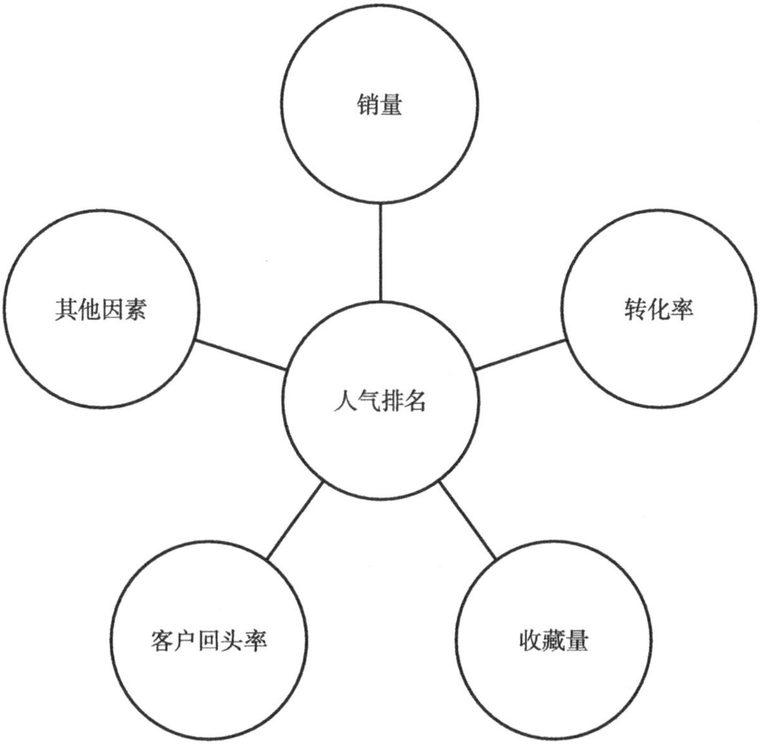

图 4-4　影响宝贝人气排名的主要因素

1. 销量

销量是反应店铺宝贝受欢迎程度的最直接因素。销量高，证明宝贝受欢迎程度高。销量又分销售总量和交易笔数，都可做参考。宝贝的人气值会参考最近 30 天的销售数据，并根据时间的因素进行加权。淘宝系统计算宝贝的累计销售量时只会计算最近 30 天的交易笔数。

2. 转化率

转化率是指真正完成交易的客户占总浏览客户的比值。淘宝可以跟踪到不同流量来源，并按照不同来源进行计算，也会分不同的类目来计算权重。所有的宝贝都是在宝贝所在行业内进行比较的。

3. 收藏量

一些客户有收藏自己感兴趣的宝贝或店铺的习惯，收藏后就有可能会购买。收藏量从侧面反映了宝贝的受欢迎程度，也是决定宝贝人气值的因素之一。

4. 客户回头率

客户的回头率越高说明宝贝的质量和店铺的服务越好，同时也证明店铺的客户转化能力好。客户的回头率越高，潜在客户就会越多，从而提升宝贝销量，在转化提升方面形成正向循环。

5. 其他因素

其他因素包括宝贝/店铺浏览率、宝贝好评率、服务评价分、发货速度评分、卖家信用等。人气值参考这部分因素主要是为了提升客户的购物体验。

人气值是一个综合分数，参考的因素非常多，然后基于统计分析拟合出一个数值。尽管有些客户质疑人气排名的真实性，毕竟商家很容易通过作弊方式得到，但是淘宝针对那些作弊的宝贝拥有非常强的识别度。在计算人气分的时候，淘宝会事先进行数据的去噪处理，一旦某些参数不符合统计规律，系统会自动识别过滤，甚至会降低某些分数。

如图 4-5 所示为淘宝上搜索“水杯”显示出的人气从高到低排名。很容易发现，人气第一的宝贝销量只有 93 人，而排名第二、第三、第四的交易量分别为 740、12142、27163。可以说，人气排名高低与宝贝销量多少并没有绝对关系。

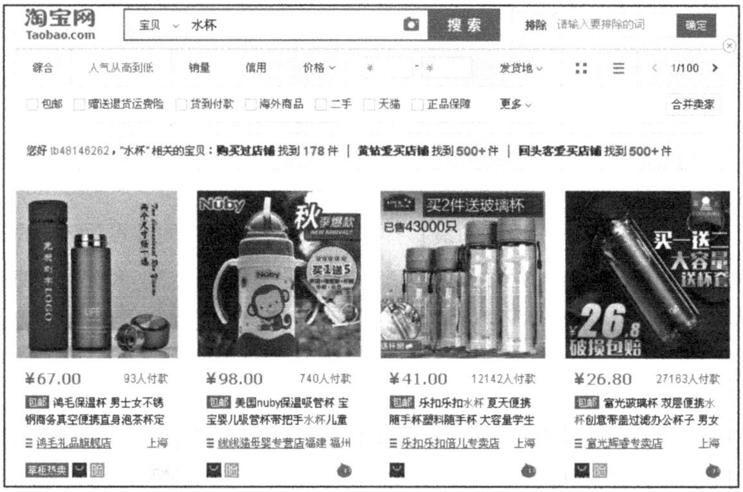

图 4-5　淘宝上搜索“水杯”显示出的人气从高到低排名

一些淘宝掌柜抱怨了：“凭什么他的宝贝只有 100 销量，人气排名却能排在我 700 销量前面？”淘宝小二给出的答复是：“销量仍然是影响搜索的最大因素，但是如果你让我解释为什么这个销量 300 的商品能排在 500 的前面，我也无从解释，因为搜索在看销量的时候，不仅看销量的数字，还看产生这个销量的 ID 和它在整个淘宝网的购物行为。”

如果站在淘宝平台的角度来想，你或许能够理解这种现象。淘宝搜索的人气排名最大的任务就是给客户推荐最值得购买的产品，而淘宝上每产生一笔交易都可以把它看成一个“推荐人”。

假如在现实生活中，你要购买一个产品，问了两个人的建议，第一个是内行，推荐你购买 A，第二个朋友是外行，推荐你购买 B。这时候尽管这两个朋友都是平等的“推荐人”，但是大多数人都愿意相信内行的建议，选择 A 产品。

淘宝搜索就是像大多数人一样把两个相同的“推荐人”不平等对待了。也就是说，淘宝产品的每一笔交易都相当于一个购买建议，由于给出建议的客户和购买行为不同，所以在人气加分上会有比较大的差异。因此，销量 100 的排名在销量 700 的产品前面是非常正常的。

另外，销量少的产品排名在销量多的前面不仅仅是因为客户和购买行为的不同，还有很多因素都会造成这一现象。

一是品牌打散原则。在人气排名中，每个品牌在单个结果页面展示的数量是有限制的，在 5 个左右。如果你的销量不错但是没有排到前面，你需要看看是不是前面页面里和你品牌相同的产品销量比你好。

二是低价屏蔽和个性化。当你搜索某个关键词，发现搜索结果页首屏里除了直通车产品，展示的产品没有低价的，都是高于某个固定价格的，这时候就算你销量高但是没有达不到“首屏最低价”也无法排到前面。

三是同价位竞争原则。同价位竞争原则是指每个宝贝需要去竞争的只能是相同价位段。淘宝搜索为了保证差异化的需求都能被满足，每个页面都会展示固定数量不同价位段的产品，所以价格高的产品就算销量不高也有可能排在前面，因为和你不成销量竞争关系。

四是活动销量剔除。淘宝搜索为了保证公平会把所有实际成交价低于产品标价的宝贝从搜索结果里剔除。从这个规则来看，参加活动对于宝贝人气值的负面作用大于正面。

知道了影响宝贝人气排名的各种因素后，接下来我们来分析如何提高淘宝人气排名。淘宝搜索结果的关键词人气排名=关键词转化率分+产品人气分+关键词匹配分。根据这个公式，下面讲如何有针对性地对人气排名进行优化。对淘宝人气排名进行优化的三种方法如图 4-6 所示。

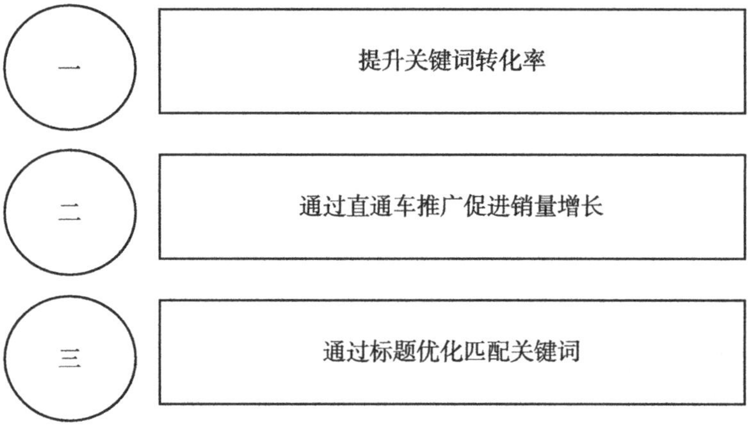

图 4-6　对淘宝人气排名进行优化的三种方法

第一，提升关键词转化率。

客户在淘宝搜索“男士衬衫夏白色”，通过搜索结果页进入到对应的宝贝并且产生转化，那么系统就会对“男士衬衫夏白色”这个关键词做质量分的加持，同时，还会对“衬衫”这个关键词做加持。因此，要做某一个关键词，一部分就是要做这个关键词自然搜索进来的转化率。而且，当你做某一个关键词的自然搜索转化的时候，也许还能带动其他相关关键词的质量分。

需要注意的是，钻石展位、直通车、淘宝客等付费流量是没有任何分值的。淘宝商家通过这些方式进行转化都不会获得这方面的分值权重，只有通过自然搜索进来的转化，才可以促进人气增长。

第二，通过直通车推广促进销量增长。

销量增长为产品带来的人气对于新上架的宝贝尤为重要。对于新上架的宝贝，销量七天同比和环比的增长几乎决定人气排名 30%的权重因素。在这里，人气值的增长取决于付费转化和自然搜索转化。作为一种付费转化，开直通车的意义在这里也就产生了作用，可以促进销量的增长。所以，在自然搜索销量难以控制的时候，要做好直通车的推广计划对确保销量人气增长有重要作用。

第三，通过标题优化匹配关键词。

关于通过标题优化匹配关键词，内行人士就会说：“高人气产品去长尾词做词根的拆分，去做热门的词；低人气产品去做精准的长尾词”。根本原因在于长尾关键词可以匹配加分，竞争小，但是搜索的人也少。

比如这里有两个产品的两个标题，产品A的标题是“秋季短款修身打底”，另外一个产品B的标题是“打底XX秋季XX修身XX短款”。如果有个客户在搜索框输入“秋季短款修身打底”，那么产品A的排名可能会比产品B高，也有可能会比产品B低，为什么？如果产品B的销量和人气远远高于产品A，尽管关键词不匹配，产品B的排名依然会高于产品A。但是如果产品B的人气只比产品A高一点或者相同的话，通过产品A的关键词匹配加分，产品A的排名就会高于产品B。

道理很简单，如果人气排名第一需要95分，而你的人气分足够强大，已经有90分，那么关键词匹配分只要稍微加一点就非常高。因此标题应当做长尾词根拆分，拆出更多的词根做更多的匹配。热销产品之所以不做长尾词就是因为本身人气高，不需要加太多关键词匹配分值，不如去做更多的覆盖量。但是销量低的产品就应当做长尾标题获得匹配分以提高整体分数。综上所述，产品销售的不同阶段应当用不同的关键词，以获取最大的分值，这是做长尾标题的目的。

根据以上给出的方法，如果你想做“男士时尚衬衫”的搜索排名，那就可以在你的标题里面做“男士时尚衬衫”的精准匹配。但这个词的搜索量是非常大的，所以你需要先做两个星期的关键词销量递增计划，使之保持稳定增长。如果纯自然搜索不能保持稳定增长，你还可以在这个关键词上加大直通车的推广，提升产品的销售量。

以上就是提高淘宝人气排名的三种方法，希望对广大淘宝商家提升自己的宝贝人气排名有所帮助。人气排名上去以后，向客户推销产品时才更有说服力。现在，你知道该怎么做了吗？

4.5　证明产品优质，具体案例可信度更高

产品到底好不好，不是靠淘宝客服的嘴巴说，而是要看实际效果。所以向客户讲述具体案例，借以说明产品的优质，更能让客户信服。

对淘宝客服来说，用具体案例证明产品优质是一个非常有效的方法。一方面可以使交流气氛变得更轻松、更自然些，另一方面可以增强说服力，增加产品的可信度。已经有越来越多的淘宝客服意识到，运用具体案例是一个非常有效的交流工具。

一位非常优秀的电脑显示器淘宝客服有段时间是这样向客户推荐产品的：“我现在怀着六个月大的孩子，但依然没有放弃客服工作，仍在店铺里忙活，不怕电脑显示器的辐射，不怕屏幕光对眼睛的伤害，那是因为我们使用的显示器便是自家销售的液晶显示器。它是正规品牌的液晶显示屏，做过国家的3C认证。3C认证的其中一项就是电磁干扰和辐射测试。另外，我们

的液晶显示器还通过了国标和世界其他标准，对人体健康的影响几乎可以忽略不计。”

客服这样说可比干巴巴地说“自己的产品如何好”的效果好多了，而且更容易让客户相信。如果客服没有亲身进行试用怎么办？问一问你身边使用过这款产品的朋友，实在不行，就问问那些曾经在你店里购买过产品的客户。那些优秀的客服常常会用“我的朋友也买这款产品，最初也有像您一样的疑虑，可用了一段时间以后他喜欢上了这款产品”的说辞，来打消客户在购买时的顾虑。

客服小江是一家灯具淘宝店的客服，向客户介绍产品时，他总是能够通过个人故事说服客户，让客户心甘情愿地下单。比如说“我家里装修的时候自己还没有做这个店铺的客服，结果我就买了一款花灯，您知道吗，现在我真的很后悔，花灯不但不好清洁而且真的挺费电的”“您相信我准没错，我做这家店的客服已经有三年多了，全国各地从我们这里买过灯的人有上万。跟您一个城市的也有人从我这里买过，像是XX装修婚房就全部用的我这里的灯，我们这都有记录的……”

故事虽小，其作用远远超过长篇大论。没有人愿意沉下心来听你讲一堆大道理，而具体的实际案例则不一样。因此，淘宝客服应当积累一些简短的案例故事，可以大大增强销售时的生动性和说服力。但是，在具体运用的时候还是会遇到各种各样的麻烦，比如，故事过长，没有代表性，或者不符合客户的期望值等，反而影响到预期效果。给对方留下一种“王婆卖瓜，自卖自夸”的不好印象。

运用具体案例来证明产品优质是需要技巧的，用得好会起到锦上添花的效果，用得不好则会与初衷背道而驰。因此，淘宝客服在选择具体案例时应当谨慎，按照一定的方法组织语言。下面给出了选择具体案例时需要遵循的三个原则，内容如图4-7所示。

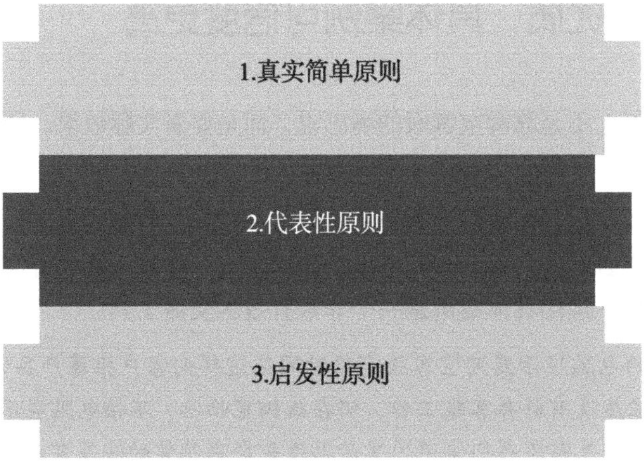

图4-7 选择具体案例时需要遵循的三个原则

1. 真实简单原则

淘宝客服要想通过具体案例说服客户，达成交易目的，所列举的案例最好是真实的，不易太长。既不要编造曾经购买过的老客户，也不要虚报客户的购买数量。因为虚假的东西很可能被揭穿，一旦客户发现被欺骗，对客服以及店铺的印象就会一落千丈，还会损坏店铺的声誉。作为淘宝客服，必须实事求是，诚恳地对待客户，否则就是自砸招牌。

一些淘宝客服向客户讲故事时总是虚构情节，肆意夸大其中的细节。表面上声称是为了增强说服力，实际上是在对客户撒谎。可能会有人反问，客户怎么会知道是真是假呢？正所谓的“说者无心，听者有意”，当你列举出具体案例后，客户一定会特别留意这些信息。更何况，现在淘宝开通了“问大家”这个功能，客户很容易对你所讲的案例进行求证。倘若当你的谎言破灭时，你所虚构的案例不攻自破，将会完全损失这个客户。

2. 代表性原则

代表性原则要求淘宝客服向客户列举的案例适用于当时的情景，是最有代表性和说服力的。在你的职业生涯中，可能有很多成功的销售案例，但是这些并不是所有的都适用在当时的情景下。这就需要你平时多思考、多总结，选出一些案例备用。在选择案例的时候，一定要选择那些具有代表性、具有强劲说服力的。比如，选择那些对产品做过重要评价或褒扬的客户或者是对大家有重要影响力的特殊客户等。

3. 启发性原则

通过具体案例让客户产生购买欲望，这才是运用案例的目的，这要求所选案例一定要具有启发性和鼓动性。产品到底好不好，在对方听了你的讲述之后，能够实实在在，清清楚楚地看到实际好处。因此，淘宝客服在向客户讲述实例的时候，要本着能够打消客户忧虑。为客户购买找到更多的条件、权衡各方利弊，促使客户做出正确决定的原则去选。

还有一点需要注意，尽管用具体事例的形式介绍产品可以起到事半功倍的效果。但在具体运用的时候要注意灵活运用。比如，为了便于对方更好地接受，在介绍产品时，不要在最开始就讲故事，而是要先了解客户的想法，分析客户的兴趣爱好、购买习惯以及购买能力等。之后，再想办法根据的客户实际情况有针对性地选择具体案例。

4.6　回答客户疑问，30 秒内回复

作为淘宝客服，最重要的一点要求就是速度。在介绍产品的过程中，如果客户有疑问，你应当在 30 秒甚至更少的时间内回复。当今人们的生活节奏和消费节奏都很快，客户的耐

心也很有限，他们不可能坐在电脑前或者拿着手机耐心地等你回话。如果你回答的不及时，客户就有可能另寻下家。毕竟回复速度在一定程度上意味着商家的效率，回复越快，发货速度可能就越快。客户当然更喜欢购买效率更高的商家的产品。因此，淘宝客服需要注意速度，保证在第一时间回答客户的疑问。

有些淘宝客服觉得自己的产品无论是质量还是价格都有明显优势，可客户就是不买，不知道是哪里出了问题，对于新手来说这种情况更为普遍。

仔细观察发现，其实淘宝客服的话术没有任何问题。基本的礼节、说辞表现地都很到位、对产品的介绍也比较客观，也基本上已经赢得客户的信任。可是一旦客户说："你觉得我买下这个划算，还是那一个划算？""你觉得我现在买划算，还是等半年再买合适"如果客服直接说："现在买合适"而没有解释为什么"现在买合适"，客户就可能会离你而去。

对于自己不熟悉的又关系到自己的切身利益的问题，大部分客户会通过网络或者向朋友询问，可是心里还是不确定。当客户在向淘宝客服提出疑问时，客服能不能给出让他们满意的答案显得尤为重要。

方圆是长虹天猫旗舰店的淘宝客服，有一天，一位客户咨询说："我家里的电视机坏了，你给我介绍一款新电视吧。"

方圆问："亲想要一台什么样的电视？"

客户："我也不确定，你给我介绍就行。"

听了这话，方圆判断这位客户个性爽快，是一位比较容易拿下的客户。于是，方圆给客户发过去一个新款电视机的链接，简单明了地向客户介绍了这种款式的各种功能和新颖之处。方圆说完之后，客户当即决定购买此款。

然而，客户下单即将付款时，他的朋友打电话告诉他有一家卖的电视机比这里便宜，客户马上就反悔了说："我还是不要了，朋友和我说别家的电视机比你家便宜很多。"

方圆马上意识到危机，立马对客户说："亲，其实我们这里也有更便宜的电视机。"然后给客户发送了四五个链接，接着说："您可以看一下这几款，价格都比刚才那一款便宜一些，但是区别也很大。"

客户："有什么区别吗？"

方圆回答说："前一款是长虹最新款 CHiQ 电视 55Q2EU。它不仅是一款曲面电视产品，同时也是一款采用国外著名设计师设计的超薄电视产品。CHiQ 电视 55Q2EU 机身最薄处仅为 14mm，比目前市面在售其他国产品牌电视机身更为纤薄，美观。香槟金搭配典雅灰配色边框采用金属拉丝工艺，极具质感。做工细节方面十分精细，整机没有出现较大缝隙、贴边等问题。CHiQ 电视 55Q2EU 相比平板电视而言更加适合人眼观看习惯，同时在观看过程中会营造出一种让人身临其境、置身画面之中的环抱式观影体验。其香槟金色底座、背板设计以及硬件接口部分等细节都凸显了这款电视的极致。而其他这些……”

方圆重点讲解了几款电视机的异同，突出了前一款的与众不同，然后对客户说：“从电视机的性价比来看，我给您介绍的那一款绝对最高，您自己应该也有判断。”

过了几分钟，客户回道：“好的，这款电视机我买了。”

打铁还要自身硬，客户问的问题可谓是五花八门，淘宝客服需要具有广阔的知识面才能做到敏捷应对。在销售的过程中，碰到客户提出疑问，客服最好是开门见山，直接回答客户问题。快速回答客户问题，解决客户心中疑问要求淘宝客服做出以下三方面努力，内容如图 4-8 所示。

1.掌握产品专业知识

2.积累本行业专业知识

3.了解各行各业知识

图 4-8　淘宝客服需要做出的努力

1. 掌握产品专业知识

这里指的产品不能局限在店铺里销售的产品，还要有其他店铺销售的产品。只有经常进行对比，才能发现各自产品的差异之处。一旦客户说：“你卖的这个产品，其他店铺也有，为什么要买你的？”这时怎么让客户选择你的产品，而不是其他店铺的产品呢？作为淘宝客服，这就需要你拿出自家产品的优势，有理有据地给客户介绍。如果只是一味地强调其他店铺的产品不行，客户是不会相信的，只有通过专业比较，拿出具体依据来，才能让客户满意。

其实客户一旦把其他店铺的产品说出来，大多是想让你给个合理的建议。一旦客户认可你的建议，交易自然就水到渠成了。

2. 积累本行业专业知识

如果只给客户比较同类产品，客户当然不会觉得你不专业，但是客户不会认可你是权威。因为其他店铺里的客服也会这样介绍、建议。但是，如果你能站在行业较高的高度去分析问题，解决客户心中的疑问，那么你在客户心中就扮演了专家的角色。因此，淘宝客服要尽量收集一些行业信息，以提高自身专业素养。

3. 了解各行各业知识

如果客户问的问题涉及其他行业，但是你却一问三不知或者是询问同事、店长，从而让客户久等，客户就会给你扣上“不专业”的帽子。一旦出现这个结论，成交基本上就没有了希望。

因此，淘宝客服平时应当尽量拓展自己的知识面，做到本行业的专家，多数行业的杂家。这样，面对客户的各种疑问，才能做到回答游刃有余。从而让客户认可你的专业性以及权威性，并爽快下单。

4.7 帮助客户理解，不使用专业术语

淘宝客服一般会对自己的产品比较了解，尤其是一些高科技产品。在介绍产品时，可能会有一些产品涉及专业术语，但是，客户不一定听得懂。客户听到自己不擅长的专业术语多半是像听天书一样，因此和客户沟通交流的时候，语言要通俗化，尽量少用专业术语，因为通俗性的语言容易被人们所理解和接受，否则客户可能会因为听不懂而放弃交易。

韩佳想要购买一套很有古风韵味的家具，于是便去了一家红木馆天猫旗舰店。客服听了韩佳的想法和要求后，便问韩佳关于家具的样式问题，包括是想要霸王枨还是罗锅枨，家具的接入方式是想要夹头榫还是插肩榫。可韩佳不明白这些名词是什么意思，被这几个专业术语搞得一头雾水，只好无奈地和客服说之后再联系。

据韩佳说：“我不大好意思承认自己搞不懂这些专业名词，算了吧，给自己留点面子，那我只能去别家看看了！”

金辉与韩佳有着相似的遭遇。金辉是一家药品公司的经理，由于手上有一些积蓄于是想要投保，他首先想到的是在天猫上一家保险公司的旗舰店里咨询。

客服丹丹了解了金辉的投保意向后，开始一股脑地向他炫耀自己是保险业的专家，一大堆专业术语丢给金辉。由于金辉从来没有投过保险，对保险一点都不了解。金辉听到最后只有一个感觉，那就是一个头两个大。

然而，客服丹丹一点都没有意识到这一点，依然接二连三地大力发挥自己的专业，什么“豁免保费”“费率”“债权”“债权受益人”等等一大堆专业术语，让金辉更是如坠入云雾

中。金辉虽心生反感，但还是耐心地听完了客服丹丹的介绍，当然最后肯定是拒绝了。

上述两位客服在向客户介绍产品时，都习惯用一些专业术语，如“霸王枨”“罗锅枨”或是“豁免保费”“费率”等。这些用语若用在同行之间，往往能发挥节省说话时间、加强彼此亲密感及提升效率等效用，但是普通客户却是难以理解的。例如，淘宝客服把“故障”说成“Trouble”，把“机械构造”说成“Machanical”，它使客户往往不明白整句话的意思。

在销售的过程中，淘宝客服应将深奥难懂的技术性或抽象性的理论问题具体化、形象化、通俗化。像上述红木馆旗舰店的客服以及保险客服丹丹就在不知不觉中误了促成销售的商机。大家仔细分析一下就会知道，这样的客服将客户当作是同仁在交流，满口都是专业词，普通客户怎么可能接受？既然听不懂，还谈何购买产品呢？如果你能把这些专业术语用简单的话语来进行转换，让人听得明明白白，才能有效达到沟通的目的，从而使交易没有阻碍。

其实在销售产品时，一些专门术语并不是淘宝客服刻意说出的，而是他们在接受培训，与同事交流时经常说这些专业术语，形成了习惯。但是在面对客户时，他们没有意识到这个问题的严重性，依然习惯说那些专门术语，一般客户就很难接受。因此，淘宝客服应当学会以大家日常使用的口语来说明自己的产品，这样不但让客户容易接受，还能让客户感到贴心。

有些淘宝客服为了表示自己具有丰富的专业知识或外语能力，所以在向客户介绍产品时喜欢穿插一些客户听不懂的专业术语或外语，然后再大费周章地向客户解释这些用语的意思。这样的淘宝客服或许沾沾自喜地认为自己非常专业，所以才会用这些别人听不懂的用语，却疏忽了这样介绍产品往往会降低客户了解产品的欲望。

对于淘宝客服来说，向客户介绍产品时用语越通俗易懂越好，这样才能让客户快速地了解到产品特质。因此在与客户沟通过程中，淘宝客服需要对客户采取试探、分析等方法，准备针对性的说辞。针对客户准备说辞的方法如图4-9所示。

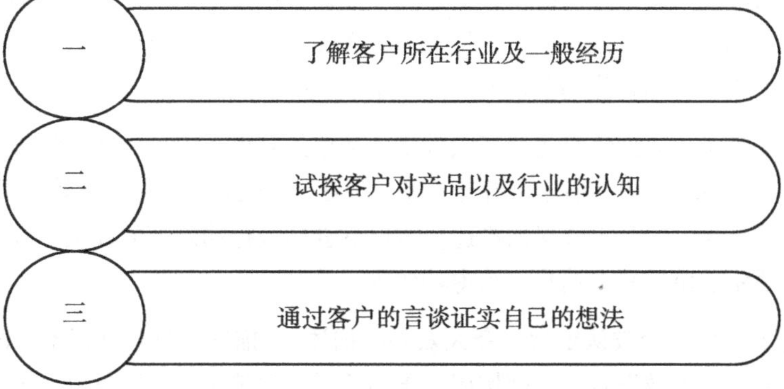

图4-9　针对客户准备说辞的方法

首先，了解客户所在行业及一般经历。在与客户沟通的初期，客户多会把自己的需求告诉你，同时一些个人基本信息也多在这时透露。例如客户所从事的行业、客户购买力等。在初期交流时，你需要通过客户信息判断客户的文化层次。

其次，试探客户对产品以及行业的认知。有些客户在其他行业称得上行家，但是对所要购买的产品可能了解不多甚至十分陌生。你可以试探地说几个行业内的专业术语，看客户的反应。如果客户没有反应或者表示疑问说明他对这个不清楚。针对此类客户，淘宝客服最好不要再用大量的行业术语。如果客户的反应透露自己对这个行业很熟悉，或者从事过此行业，那么，你可以直接拿出自己的专业术语与其交流。

最后，通过客户的言谈证实自己的想法。经过前两步，关于客户对产品所在行业的熟悉程度，淘宝客服就可以做出一个初步判断。此时，只需要进一步观察客户的言谈就能印证自己的猜想。

综上所述，淘宝客服需要根据客户对产品的了解程度判断自己要说什么类型的话。当然，你的根本目的就是让客户在最短时间内了解产品的功能、价格、特色等特点。你在这方面与客户配合越好，越能在一定程度上提高成交的可能性。

4.8 让客户信服，不夸大其词

一些淘宝客服在描述自己家的产品时，经常会有夸大描述的情况发生。为了吸引客户购买，他们所宣传的产品的使用效果很可能是实际使用效果的几十甚至几百倍。

淘宝客服的介绍是客户了解产品的最有效渠道。因此，你只有提供真实有效的产品信息，确保客户购买的产品与你说描述的信息相符，才能让店铺持续稳定经营。否则，经验多的客户很容易就能辨别信息的真假，从而拒绝交易，而经验少的客户有可能听信你的描述，然后发现自己吃亏上当，从而将你的店铺列入黑名单。

客服对产品信息或店铺信息进行夸大效果的描述具有以下特征：出现全网“最高、最低、最优、最热”等最高级的夸大描述；出现“假一罚万，考试必过、N天见效、无任何副作用、立竿见影、想瘦就瘦”等夸大效果的描述；对保健食品进行功效上的虚假、夸大介绍，非药品冒充药品，明示、暗示具有治疗、治愈功效等。

淘宝认定下列情形会被认定为“夸大效果的描述”，描述信息包括但不仅限于：治疗，治愈，主治，专治，无效退款、无副作用、永不反弹、立竿见影、不复发、根治、治愈率、包过考试、稳赚不赔、成功率高达100%、稳赚N倍，X次见效，X天见效，X天达到XXXX

效果等。

《广告法》第二条规定广告的含义为“在中华人民共和国境内，商品经营者或者服务提供者通过一定媒介和形式直接或者间接地介绍自己所推销的商品或者服务的商业广告活动”，广告主为“推销商品或者服务，自行或者委托他人设计、制作、发布广告的自然人、法人或者其他组织。”

《广告法》第九条规定广告主“不得使用‘国家级’‘最高级’‘最佳’等用语。”

《广告法》第二十八条规定“广告以虚假或者引人误解的内容欺骗、误导消费者的，构成虚假广告。”

淘宝商家就是广告主，因此在店铺经营和宣传过程中，同样要严格遵守《广告法》。作为最常见的虚假广告形式，夸大产品效果一般是滥用极限词，淘宝也在这方面展开了严查。

建议淘宝客服们认真阅读以上内容，学习了解淘宝对于“夸大效果描述”的管理情形和方式。在介绍产品信息时，淘宝客服应当尽量呈现对产品本身性状的描述，突出商品细节展示，提供其他客户在使用效果、功效等方面的真实用户体验。

与夸大效果描述不同，实事求是地介绍产品，不隐瞒产品缺陷的行为是值得提倡的。人无完人，金无足赤，任何产品都会不可避免地出现一些问题。作为淘宝客服，为了让客户购买你的产品，强调产品质量是无可厚非的。然而，如果能够适当的承认产品的某些不足，反而会取得意想不到的效果。可以说，如实告知客户产品的优点和缺陷一定比隐瞒缺陷的效果好得多。

客户陈义在天猫上看中了小何公司生产的一款针织提花布面料。通过简单的交流后，小何告诉陈义这款面料仓库有现货，于是做了报价单传真过去。陈义对价格比较满意，决定第二天到小何公司看货，先小批量的买一些，如果产品确实没问题的话，再大批量的采购。

第二天，陈义来到小何公司里，说：“因为这批货要得比较急，虽然花型有一定的差别，我们还是选择了你们能够提供的现货，我想问问货的质量怎样？”

小何回答：“这批货是我们一家合作了好多年的老客户做的订单，用于出口美国，可达到欧美标准。但是由于材料为涤纶加光丝，所以偶尔会有钩丝的情况，大概平均下来一条布有两到三处吧，您看下能不能接受。”

这时，仓库人员已经把几条布样拿出来了。在查布机检查发现，四条布中有两条出现了钩丝情况，但对面料的使用不会带来明显的影响。

随后，陈义对小何说：“本来我们这次过来只打算先带样布回去试样的，但是你的诚实打动了我，我相信质量一定是没问题的。这批货要得比较急，等下我让车过来直接把货带回去。希望我们以后有更多的机会合作！”

优秀的淘宝客服一定会为产品说话，但是他也会承认自己的产品有不足之处。一些仅宣扬产品优势，掩饰和隐瞒产品不足的淘宝客服们很难得到客户的信任。当然，要承认产品的不足不是简简单单地将所销售产品的所有问题都罗列在客户面前。销售过程当中固然要对客户保持诚信、勇敢地正视产品不足，但是这也需要讲究一定的技巧。

有时候，就算你已经将产品的所有真实信息都坦诚给客户，但是客户仍然认为你讲的话有水分；还有一种情况是当你冒冒失失地将产品的某些缺陷告诉客户的时候，客户会因为接受不了这些缺陷而放弃购买。掌握一些介绍产品不足的技巧可以使客户对你及你所销售的产品更加信赖，从而产生更加积极的反应。下面为大家讲三种介绍产品不足的技巧，内容如图 4-10 所示。

一	主动说出产品不足
二	选择性的说产品不足
三	欲扬先抑介绍产品不足

图 4-10　三种介绍产品不足的技巧

1. 主动说出产品不足

客户都有明确的认知，绝对没有十全十美的产品。如果你自始至终将你的产品夸得天花乱坠，而丝毫没有提到产品的不足，那你推销的产品不仅不会在客户心中得到美化，反而会引起客户的更多疑虑。客户可能会认为你王婆卖瓜，在心里暗暗猜想产品的真实情况，也可能会因为你的吹捧而放弃购买你的产品。

为了让客户信服你没有夸大其辞，最好可以主动说出一些产品的不足之处。另外，说产品不足的时候，态度要认真，让客户感受到你的诚恳，而且这些问题必须在客户的接受范围内，对产品的整体功能没有什么影响。当你主动地将产品存在的问题说出来之后，客户就会认为你更值得信赖，不仅不会挑剔，还有可能爽快下单，就像上述案例中的客户陈义一样。

2. 选择性的说产品不足

在告诉客户产品有不足之处时，淘宝客服也不是在任何情况下，对任何客户都全部实话实说。这就要求淘宝客服具有一定的甄别能力，判断哪些问题可以说，哪些问题不能说，哪些问题可以说一半。另外，对于一些没有购买诚意的客户，就算你客观事实地说了产品的优势和不足，也是难以达成交易的。

在这个过程中，淘宝客服需要格外注意，千万不能说出有关商业机密的问题。一些淘宝客服为了博得客户一时高兴就信口开河，这很有可能犯下大错。

另外，淘宝客服还可以使用声东击西的策略转移客户的焦点，比如："关于您说的价格问题其实并不是什么大问题，毕竟越是优秀的产品制造投入自然越高。试想，如果您贪图便宜买到质量劣质的产品，是不是非常烦躁，而我们的产品质量是绝对可以信赖的。"

3. 欲扬先抑介绍产品不足

如果客户意外发现产品的不足可能会感到失望和气氛，但是如果淘宝客服事先向客户渲染产品的"最坏情况"，当客户看到真正的产品并没有想象中那么糟糕时便会觉得无伤大雅，从而忽略这种缺陷。

有一个毛绒玩具店的淘宝客服非常厉害，他经手的客户只要成交全部都给了好评。许多同事都很好奇问他是怎么做到的。他向大家讲述了其中的奥秘。原来，他在销售之前，只是先彻底了解客户的需求，掌握客户最重视哪些方面，然后再向客户指出一些无关痛痒的缺陷。

有一次，一位客户想要买一个毛绒玩具熊送给闺蜜，向他咨询熊的大小。他对客户说："虽然这款玩具熊的产品信息写明是 1.2 米，但是由于测量误差以及熊腿较长的原因会让实物看起来比较小。不过，其他方面都是非常完美的。如果您介意的话，可以再看看其他店铺的款式哦！"

客户依然选择了下单，受到货后发现玩具熊并不小，闺蜜也非常喜欢。于是，对玩具熊非常满意的客户立即给了好评。

如果客户知道产品不足，决定不购买产品时，淘宝客服不能带有情绪，更不能指责客户。客户没有下单一定有原因，你应当设身处地地表达出你的理解和关切。第一次沟通只是交易的开始，即使客户不购买，只要给客户留下深刻的友好形象，不愁他不会再来。

第 5 章　巧用赞美，拉近客户距离

Chapter Five

大家都喜欢被别人夸奖，这代表着自我价值得到了别人的认可。除非是超脱世俗的高人，否则人们都会被赞美影响，从而做出一些平时不会有的行为。淘宝客服学会巧用赞美，拉近与客户之间的距离，从而赢得客户的订单的一种好方法。当你成功地对客户进行赞美，激起客户的购买欲望，你的销售业绩就会大幅度提升。

5.1　通过赞美让客户得到被重视感

有一位业绩突出的淘宝客服向同事谈及销售经验的时候说，他在与客户沟通时经常谈一些客户引以为傲的事情。他说，每个人都喜欢别人赞美自己，如果能够恰当地利用这些赞美，就会让客户的心情非常愉悦。并且，虚荣心越强的人越喜欢听别人夸自己，奉承这一招儿的效果也更加明显。因此，对于淘宝客服而言，学会赞美是一门很重要而且是必修的功课。

一位事业有成的商人乔山，计划为自己的家乡捐建一所学校，并要置办一批课桌。在网上简单沟通以后，乔山与某家具旗舰店的客服小林约好了线下商谈。

见面后，小林进行了简单的自我介绍，于是就真诚且自然地开始了赞美。

小林：“乔先生，我在等候您的时候顺便参观了一下您的办公室，真是让人羡慕啊，我要是能有这样的办公室该有多好，这真是我见过的设计得最为巧妙、合理的办公室。”

乔山：“这个办公室很漂亮吧？这是我当年亲自设计的，这里面的布局也都是我精心安排的，花了一番力气和时间呢！”听完小林的一番话后，乔山神采奕奕地说。

小林仔细倾听了乔山的话后，走过去用手摸了摸壁板。

小林：“这应该是用意大利橡木做的吧？和英国橡木有一些不同。”

乔山：“没错，这是从意大利运来的橡木。我朋友了解木料方面的知识，所以为我挑选了这些材料。”

小林：“乔先生，一看您就对这方面比较有研究，哪天我可得好好请教请教您啊。”

接下来，乔山开始滔滔不绝地介绍起他设计的房间格局、墙壁的颜色以及装饰的图案。当他们谈及室内的一个手工木雕时，乔山放下了茶杯走向小林身边，亲切地表明自己打算捐建一所学校，以此回报家乡的人民。于是，小林又恰当得体地称赞了乔山奉献爱心的义举。

小林从上午九点钟进入乔山的办公室，到中午十二点的时候他们还相谈甚欢。最终的结果可想而知，小林成功地拿到了 30 万元的大订单。

在案例中，小林开始时就观察出了乔山喜欢听赞美的特征，甚至有些虚荣，所以聪明地找到应对方法，通过赞美让乔山得到满满的认同感和被重视感，最终成功地完成交易。

小林表示：“人人都会有虚荣心，而且都喜欢被赞美，特别是一些虚荣的客户，更要对其进行巧妙的赞美。赞美的话客户听了会非常舒服，有种被他人重视的感觉，这对销售是百利而无一害的。”

对淘宝客服来说，赞美是拉近与客户之间的距离的一种有效方法。如果你能夸到点上，简单的几句话就可以让客户敞开心扉，客户就会对你信赖有加。因此掌握一些赞美客户的技巧，你将会有意想不到的收获。赞美客户时需要注意的问题如图 5-1 所示。

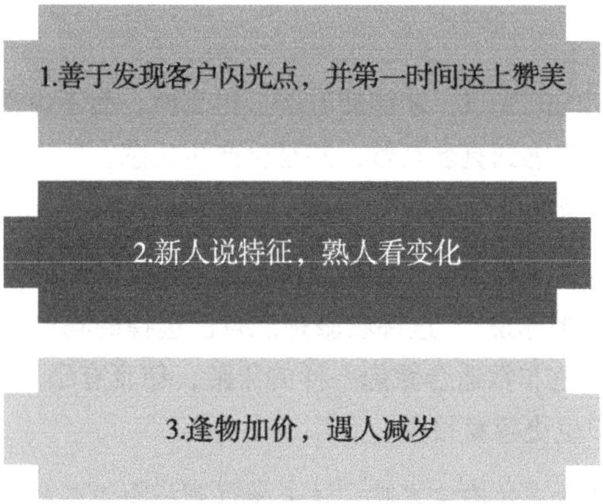
1.善于发现客户闪光点，并第一时间送上赞美
2.新人说特征，熟人看变化
3.逢物加价，遇人减岁

图 5-1　赞美客户时需要注意的问题

1. 善于发现客户闪光点，并第一时间送上赞美

闪光点应当是客户独有的优势，只有发现了客户的与众不同，才能把赞美说到客户心坎

里面去。比如，夸赞客户的学识丰富，见识多，这种夸赞是非常表面的，只有说出客户具体在哪个领域学识丰富，见识广泛，并且做出了什么让人敬佩的事才能让客户感到你是真的重视他，发现了他的与众不同之处。另外，赞美是有有效期的，过期作废。只有及时送上赞美才能发挥锦上添花的效用。不及时的赞美显得有点不合时宜，而且吃力不讨好。

2. 新人说特征，熟人看变化

对于新客户，可以寻找他的闪光点对其进行赞美。但是对于第二次光临的客户以及老客户，要学会寻找对方的新变化对他进行赞美。这样的赞美表明你时时刻刻关注着他，对他的一点点改变都非常了解，客户会因为你的重视而感动，从而对你的产品更加忠诚。

3. 逢物加价，遇人减岁

“逢物加价，遇人减岁”的意思就是当客户让你判断他的某物品的价格时，你应当尽可能往价格高的方向去判断，这会让客户觉得自己有眼光没有吃亏，买到了超值产品；当客户让你判断他的年龄的时候，你要尽可能地往岁数比较小的方向去判断，这样会让客户感觉自己很年轻，心里非常开心。

如果你的赞美说到了客户的心坎上，满足了客户的认同感和被重视感，那么对方就会有一种遇到知音的感觉。接下来，再与客户谈订单就会显得非常容易。

5.2 真诚的赞美最难以抗拒

只有找到与客户贴切的闪光点，才能使赞美显得真诚，而不虚伪。毫无根据、虚情假意地赞美客户，常常会令客户感到莫名其妙，甚至会产生反感。所以，淘宝客服在赞美客户的时候一定要基于事实进行赞美。

比如，你打算赞美客户的眼光好，如果只说“您的眼光非常好”就显得非常笼统，客户可能感触不大。但是，如果你说：“这件衣服是您自己选择的吗？这是店里最新上架的款式呢，材质也是上乘的，颜色非常适合像您一样的年龄，您真有眼光”，这样的赞美就能更好地显示出你的真诚，客户也更容易接受。

白然是某个人护理专营店的淘宝客服，这天她遇到一个难缠的客户。

客户先发来一个闪屏，然后问：“那个瘦脸按摩器有货吗？”（这种客户属于急躁型客户，一般都是很难缠的。）

白然：“亲，您好，呵呵，有货的哦。”

客户："68元包邮怎么样？"白然的瘦脸按摩器原价68.8元，而且该客户属于偏远不包邮地区，快递费应当是10元。白然自是不会答应客户的要求，先拿出3分钟时间淡定，忙其他事情去了，等客户再次来访。

果不其然，客户紧接着说："70元包邮怎么样？"

白然："亲，抱歉哦，我们产品本来都已经对折在卖了，真的没什么利润的。亲可以看看我前面的成交记录，全部都是原价出售的哦，亲，望谅解。"

客户："你就70卖给我吧，效果好的话我再推荐朋友来买。"（这是客户还价经常用的说辞。）

白然："亲，如果我的产品有足够的利润空间我肯定会便宜的，谁不想赚钱呢？可是，您说的价格让我都赚不了钱了，我还怎么做生意呢？亲，您要理解我们哦。"

于是客户截图给白然看同类产品的价格，然后说："你看，这个瘦脸按摩器比你的好看也才50元一个，还有这个，比你的漂亮，也才60元啊。你就便宜点吧。"

白然："亲，我们从来不打价格战的，我们带给客户的产品是要长期使用的，而不是一次性或者两次性的。所以，亲，我相信您是有选择能力的。"

客户："算了，服了你了，我也懒得去其他地方了，在你那里买了算了。"

白然："呵呵，好的噢，谢谢亲对我们的支持。"

客户："包装要给我包装好点，质量要注意……"

白然："恩，亲请放心，发货前我们肯定严格检查质量的。亲真可爱哦，是美女还是帅哥呢。"

客户："我是男的。"

白然："亲，男生也这么可爱这么省钱的，第一次见哦，亲真是个优秀的男生哦。"（换做客户说是女的，白然肯定说"亲，您以后肯定是贤妻良母哦，谁娶了亲肯定很幸福的哦。"

客户被白然逗乐了，付款后还和白然聊了起来。在客户收到货后第一时间给了好评和不少赞美的话。

在上述案例中，白然对客户真诚的赞美可谓是点睛之笔。如果没有最后的赞美，客户收到货后很可能会因为白然的死板而给差评。但是因为白然的赞美拉近了与客户的距离，让客户从还价失败的郁闷心情中走出来，所以最后得到了好评。接下来，我们再看白然是如何应付难缠的女客户的。

客户："60块钱给我吧，我买一个。"（直接说出目的，语气似乎不太好。）

白然："亲，您好，这个产品我们已经是半价在卖了，所以，不能便宜了哦。"

客户："你确定？信不信我给你个差评。"

白然第一次遇到如此极品的客户，心里想："没关系，你买吧，如果你买了后给差评，我还有截图保存着呢，到时候可以去客服那投诉。"然而，理智占据上风，白然害怕失去这个客户，于是说："老大啊，我看你是一个直爽的人，就像当初的我一样，做事很有魄力哦，呵呵。"随后，白然发送了一个飞吻的表情给这位客户。

客户："呵呵，你这样我都不好意思了。"

白然："老大啊，混淘宝这么久，第一次见如此真性情的人，我们可以做个朋友吗？亲应该是女孩子吧？"

客户："恩，是的，所以才买你们的瘦脸按摩器的哦。"

白然："那我以朋友的身份告诉你，这个瘦脸按摩器效果挺好的，还有一些男客户来买，我们真是没有赚什么钱，呵呵。"

客户："那我拍下了。"

客户付款后，白然说："老大啊，你的宝贝已经给您包装好了啊。质量是我亲自出马挑选的，你可以完全放心，嘿嘿。"

客户："嗯，放心。好的话我还会再来的。"

对于此案例中的女客户，白然察觉到了客户直爽的性情，并进行了幽默的赞美，最后将其成功拿下。从白然的案例中可以发现真诚的赞美具有三个特征，内容如图 5-2 所示。

图 5-2 真诚的赞美具有的三个特征

1. 真实不虚假

要根据事实去对客户进行赞美，用语不能夸大，更不能杜撰。在赞美语中如果无中生有、言过其实，便会有阿谀奉承、溜须拍马之嫌，让客户怀疑你的企图。因此，对客户进行赞美要力求做到真实。

（1）寻找一个可以用来赞美的点

赞美客户需要一个附着点，这个点应当是能够进行赞美的点。你不能凭空捏造出一个点来赞美客户，捏造出来的点客户也不会接受。只有在现实的基础上对客户进行赞美，客户才能从内心深处感受到你的真诚，即便客户明知这是一个美丽的谎言，也会非常喜欢。

（2）赞美的点最好是客户自身所具备的一个优点。

作为一名淘宝客服，你应当在与客户沟通的过程中发现客户身上所具备的优点。这个优点就是你可以大加赞美的地方。客户的优点可以从多个方面来寻找，可以从客户从事的职业、客户的语言、客户的生活品位等。当然你赞美的必须是客户的优点，如果你不带有任何判断地赞美了客户的一个缺点，那么你的赞美就会产生负面效果。

（3）所赞美的客户优点应当是一个不争的事实。对于事实的赞美和陈述属于对事物的基本判断，不会让客户感到反感。如果你所说的优点对客户来说不是优点，那么客户就不会接受你的赞美，反而认为你在讽刺他。

2. 自然不虚伪

夸奖客户时要做到不虚伪、不做作，一定要自然，让客户觉得这是对他的一种肯定而不仅仅是一种奉承。只有自然做出由衷的赞美，客户才会受到感染，产生共鸣，才能对销售起到促进效果。

要想用一种自然而然的方式表达你的赞美，就需要在赞美之前组织自己的语言。如果你对客户的赞美都是一些非常华丽的词藻，那么客户就会认为你是一个太过做作的人，对你的话，产生的信任也会大打折扣。因此，用自然朴实的语言组织赞美之词将是一种非常好的表达方式。

另外，赞美要在适当的时机说出来，这时你的赞美才是最自然的。同时对于客户的赞美可以适当加入一些调侃的话语，这样更加容易调节气氛，让客户感到舒服。

3. 适度不夸张

凡事过犹不及，夸奖客户也一样。言不符实的赞美不仅不会赢得客户的支持，反而容易让人觉得虚情假意，从而适得其反。所以，在夸奖客户时，不要把客户说得好像“天上有地上无”一样，毕竟客户知道自己究竟有几把刷子。态度诚恳、言辞适当是夸奖，夸大事实就显得有阿谀奉承的味道。

总之，淘宝客服要学会真诚的赞美客户。只要把握好时机和适度，通过赞美之语为客户带来愉快的心情，那么订单就在自己的眼前了。

5.3 有针对性的赞美：头像、身材或所在地

客户在逛淘宝购物时往往会精挑细选、精打细算。有些客户只是过来逛一逛看看市场流行趋势，有些客户是因为款式、质量或价格等原因不如意而未能成交的，这些都会导致淘宝客服出现忙得像热锅上的蚂蚁一样，却没有做成一笔订单的尴尬局面。面对这种状况，身为一名优秀的淘宝客服，就要善于说服客户，打消客户的顾虑，促成交易。

小丽来到一家服装店买衣服，她看中了一条牛仔裤，但是看了很长时间都没有下单。

客服倩倩："您真有眼光啊，这条牛仔裤是我们服装店里刚到的新款，颜色和款式都非常时尚。"

小丽："真的吗？其实我也很喜欢这条牛仔裤，但是好像颜色有点儿浅啊，浅色裤子很容易脏的……"

客服倩倩："嗯，颜色比较浅的裤子确实容易脏，但是现在天气开始回暖了，浅色的裤子穿起来才会感觉清爽啊，而且在夏天这样的裤子通常是要两三天一洗的，其实您也不用担心脏的问题的。"

小丽："呵呵，说的也是啊。"

客服倩倩："不过，您方便说一下您的腰围吗？我看有没有适合您的尺码。"

小丽："一尺九。"

客服倩倩："您的身材真标准，您拍26号的刚刚好。这款裤子最能凸显人的身材，您穿上肯定非常漂亮。"

最后，小丽高兴地买走了牛仔裤。

客服倩倩面对小丽提出的"浅色衣服容易脏"的问题，不仅用"夏天本来就要勤洗衣服，不用担心脏的问题"轻易地反驳了小丽，之后更是对小丽进行了"您穿上一定非常漂亮"的夸奖，让小丽在赞美声中高兴地买走了裤子。上述案例中，客服倩倩主要针对客户的身材进行了赞美，下面大家一起看一个对客户所在地进行赞美的案例。

程亮是一家建材店的淘宝客服，有一天，一位女客户向他咨询一款白底雕兰花的地砖。程亮见状马上对女客户说："您的眼光真好，这款地砖是今年的新款，也是我们公司的主打

产品，还是我们店上个月的‘销售冠军’呢。”

女客户听到自己的眼光被肯定，高兴地问道：“多少钱一块啊？”

程亮：“这款瓷砖打折后的价格是220元一块。”

女客户说：“有点贵，还能便宜吗？”

程亮没有回答女客户能不能便宜，而是问女客户：“您家在上海哪个小区？”

女客户说：“在东方绿洲。”

程亮说：“我就说您的品位不凡嘛，东方绿洲可是市里很不错的楼盘。我可听说这个小区的绿化非常漂亮，而且室内的格局都很科学、环保，那边的交通也很方便。能够在这么好的地方买房子，您一定有一定的经济实力。好马配好鞍，高档的小区、高档的室内格局也得配上高档的地砖才完美。我想您这么有品位的人一定宁愿多花点儿钱也不想在这些地方留下瑕疵吧。不过，您很幸运，我们近期正在‘东方绿洲’小区做一个促销活动，这次还真能给您一个团购价的优惠。这样就既能满足您的格调要求，又能让您少花钱了。”

女客户兴奋地说：“可是我现在还没有拿到钥匙，具体面积不清楚，怎么办呢？”

程亮说：“这样刚好了，您要是现在就提货是无法享受优惠的。因为我们的促销活动按规定要达到20户以上才能进行下去，加上今天您这一单已经有16户，还差4户。不过，您可以现在先交上订金，我给您标上团购，等您面积出来了，再告诉我具体面积和数量就可以了。”

就这样，女客户开心地交了订金。两周之后，这笔订单成功搞定。

程亮在销售过程中有很多优点值得大家思考。最重要的是程亮的赞美技巧用得非常好。“您的眼光真好，这款地砖是今年的新款，也是我们公司的主打产品，还是我们店上个月的销售冠军呢。”这句话不一定是真话，也可能所说的这款产品是上个月销售最差的产品。但是有一点，客户喜欢才是真理。既然客户喜欢，你为什么不能为客户的喜欢提供一些证据让客户更喜欢呢？“新款”“公司的主打产品”“上个月的销售冠军”就是对客户选择最好的也是最有力的认同。

“东方绿洲可是市里很不错的楼盘。我可听说这个小区的绿化非常漂亮，而且室内的格局都很科学、环保，那边的交通也很方便。能够在这么好的地方买房子，您一定有一定的经济实力。好马配好鞍，高档的小区、高档的室内格局也得配上高档的地砖才完美。”如果是你，能不能想到这样去说？或者只是说“我们正在那个小区做促销。”

程亮是这样处理的：先赞美客户购买的小区非常棒，也就是间接地赞美客户有品位，再告诉客户不该省钱，让客户感到住好的小区用好的地砖是理所当然的，然后，再告诉客户店里正在做促销。在这种情况下，做促销实际上是给了客户额外的惊喜。团购价的来之不易更让客户获得了超值的心理感受。

“买卖不成话不到，话语一到卖三俏”这句话在销售中非常流行。作为销售行业的一种类型，淘宝客服也需要学会用赞美使客户心情愉悦，以此赢得客户的订单。有时候，可能就是因为你的某一句“赞美”之语，让客户的购买理念发生转变，从而赢得客户的支持，让客户对你的指导“言听计从”，最后购买你的产品。当然，通过赞美赢得客户的前提是赞美能够让客户信服，这就要求你的赞美必须有针对性。下面列举了进行有针对性赞美的三种方法，内容如图 5-3 所示。

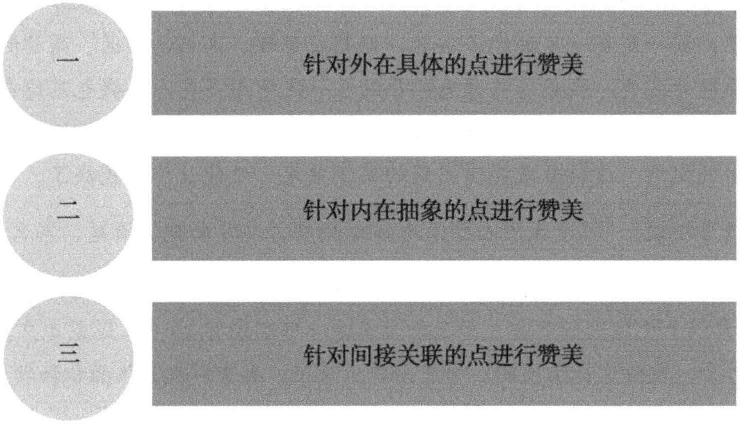

一
针对外在具体的点进行赞美
二
针对内在抽象的点进行赞美
三
针对间接关联的点进行赞美

图 5-3　进行有针对性赞美的三种方法

1. 针对外在具体的点进行赞美

外在具体的点即客户的硬件，包括头发、身材、皮肤、眼睛、眉毛、穿着、手表、鞋子，等等。比如：“我看您的头像这么年轻漂亮，您穿这条裙子一定更能凸显您的青春活力”再比如：“您长得和 XX 明星很像，皮肤真水嫩，是怎么保养的呢？”

2. 针对内在抽象的点进行赞美

内在抽象的点即客户的软件，包括学历、经验、品格、作风、气质、气量、兴趣爱好、特长、处理问题的能力，等等。比如：“先生，您对于车辆的了解非常全面，肯定是一位资深的汽车爱好者吧！您开的老款伊兰特，那可是一款性价比非常高的车，保值性也不错，您当年选择它一定经过了周全的考虑，眼光非常不错哦！”

3. 针对间接关联的点进行赞美

间接关联的点即客户的附件，具有间接赞美作用，包括所在地、工作单位、职业、亲人、朋友、养的宠物、下级员工等。

在销售过程中，如果不宜直接赞美客户，或者在客户身上找不到什么赞美的地方，就可以赞美与客户相关的人物，这样的赞美方式同样可以得到客户的认可。比如，面对女性客户，淘宝客服可以赞美她的丈夫和孩子。

一位客户的头像是一个非常可爱的小宝宝，热情的淘宝客服对她说："您的宝宝真可爱，看着就招人喜欢，这么聪明伶俐，将来一定有出息！"事实上，这比直接赞美客户本人还能令她高兴，因为这样的赞美方式能够让她感觉到你会从她的角度思考问题。

成交的机会往往是稍纵即逝的，细心留意客户的行为，准确判断客户的选择，再加上有针对性的赞美之语往往能够推波助澜，让客户感觉舒服，打动客户的心。

5.4 通过第三方赞美增强可信性

第三方赞美是一种间接赞美的方法，包括赞美第三方而间接赞美当事人或者转述第三方的话赞美当事人。与直接赞美客户相比，第三方赞美更容易让客户接受。比如说："您好，杨总，听盛年公司的姜总讲，您可是这个行业中的翘楚，拥有丰富的专业知识，见解独特，而且平易近人，特别喜欢培养后辈人才。"或者"王经理，您好！我是赵先生的朋友，经常听他提起您，说您聪明能干，不到 40 岁自己就开了家大公司，而且管理得也很好。今天我来的目的就是向您介绍一下公司的职工意外健康保险……"

下面一起看一下白然使用第三方赞美获取客户好感的案例。

客户："这个我买两件，给包邮吧。"

白然没理会，过了两分钟后，说："亲，抱歉，我们的价格已经最低，不能再便宜了。上次有个北京客户一次买了 20 个都没有包邮哦。"

客户："我怎么知道你说的是真是假，包邮吧，我懒得还价了。"

白然："亲，不好意思，我们原本是每增加一件宝贝运费加收一元的，我可以免掉加收您的那一元，行吗？这个是底线，我们真的不能再便宜了。"

客户："你看我都买了两件，你就包邮不行吗？"

白然："亲，真是太对不起了，我们从来不在快递上赚取一分钱的。快递收我们多少，我们就收您多少。不仅没有一点利润，有时候还需要再贴点。所以，亲，希望您理解我们，我们也是有原则的。”

客户：“算了，我下单了。等下发货后单号发我 QQ 上。”

白然深知这位客户非常难缠，估计很难拿到好评，于是就上客户的空间里去看。然后，白然对客户说：“亲，空间里的照片是您吧？我同事看了都说您长得非常英俊呢！”

客户被白然的赞美给逗乐了，发了一个害羞的表情。最后，客户收货后给了白然很不错的评价。

下面一起看通过第三方赞美客户的两种方法。

第一，通过赞美第三方而间接夸赞当事人。这里的第三方是指与客户有紧密关系的第三方，包括客户的爱人、孩子、朋友等。比如：“真是羡慕您爱人，上辈子做了什么好事，竟然能嫁给像您这样的好老公啊！”“这是亲的朋友推荐的吗？品位真不错，不愧是亲的朋友呢！”这方面的话术有很多，大家可以根据实际情况来去组织语言。

第二，通过第三方的话而间接夸赞当事人。这里的第三方是指与你有关系的第三方，包括你的同事、客户等。比如：“刚刚与您聊天的时候，我同事过来，不经意间看到亲的头像，就说这个美女怎么可以这么可爱，我都不知道怎么回事。结果看了一下电脑屏幕，才知道原来是说亲呢，还真是挺可爱的。”

通过第三方赞美客户往往比直接赞美客户的效果更好，淘宝客服应当多积累一下相关的赞美语言，对促进销售一定有积极作用。

5.5 赞美要把握分寸，恰到好处

有些淘宝客服可能通过一句简单的赞美就成功拿下客户的订单，但是赞美是一件好事，却不是一件容易的事。审时度势，投其所好地赞美可以满足客户的虚荣心，然后促成交易，但是没有技巧和分寸的赞美客户很有可能将好事变坏事。所以，在赞美客户前，一定要掌握一些赞美的技巧。

那么，对于淘宝客服来说，在工作中如何赞美客户才能做到恰到好处，最终有助于销售呢？首先一起看赞美不同年龄阶段客户的不同着眼点。

赞美 10 岁以下的客户，应当从理解层面上展开。尽管处于这一年龄段的人群在淘宝上购物的可能性很小，不是淘宝客服经常面对的客户群体。但是这一群体的父母大多是淘宝客服现实中面对的客户。从理解层面上赞美客户的孩子，夸奖他们“有礼貌”“懂事”“学习努力”，偶尔给客户赠送一些小零食或者小文具可以间接帮助你与客户建立其彼此较为信任的关系。

赞美 10 到 20 岁的客户，应当从认同的层面上展开。10 到 20 岁年龄段的人群已经初步具有网上购物能力，尽管该年龄段的人群不是淘宝客服面对的主要客户群体，但是学会从认同的层面上赞美他们，不仅可以得到客户的信任，还能为店铺带来更大的后续爆发力。比如，夸赞他们“体贴父母”“独立思考”“有主见”“有个性”等。如果客户有处于该年龄段的孩子，他们一定对教育问题表示头疼。如果你能借助自身经验为客户提供一些建议，帮助他们与孩子建立融洽的亲子关系，客户就会与你建立较为融洽的客情关系。

赞美 20 到 30 岁的客户，应当从欣赏的层面展开。针对这一年龄段的客户群体，淘宝客服应当扮演客户朋友的角色，与客户分析探讨问题，为其提供最适合的购买建议。如果你的建议能够帮助客户提升生活品质，那么客户对你的信任度就会增加。面对此类客户，你可以赞美其“职业规划做得非常完善”“人生目标规划得长远”“未来一定能成就一番事业、有所作为”等。

赞美 30 到 40 岁的客户，应当从求教的层面展开。30 到 40 之间的客户大多已经成家立业，并且初步建立了自己的事业。此时，赞美客户应当从“年轻有为”“专业”等称赞客户事业成功的角度出发，同时以后来者的口吻向客户求教获得成功的方法。这对于客户来说是最难以抗拒的赞美方式。

赞美 40 到 50 岁的客户，应当从崇拜的层面展开。这一年龄段的客户群体已经达到了人生顶峰，有着深厚的成就感，虚荣心最强。面对此类客户群体，你应当表现出深深的崇拜，满足客户的成就感。通常，你可以这么说“听君一席话，胜读十年书”“哦，原来如此，您理解的比我深刻多了”“我对您佩服得五体投地”等。

同时，这一年龄段的客户大多比较固执，喜欢“倚老卖老”。淘宝客服如果能够看透客户的这种心理，在与客户沟通过程中让客户充分地展示自己，并表示出自己的崇拜，客户就会买账。女性淘宝客服最擅长这种赞美必杀技。

分析完赞美不同年龄阶段客户的不同着眼点之后，接下来看适当赞美客户的三个步骤。适当赞美客户的三个步骤如图 5-4 所示。

首先，选对赞美点。

其次，把握时机。

最后，因人而异。

图 5-4　适当赞美客户的三个步骤

首先，选对赞美点。有很多淘宝客服知道赞美客户有助于成交，但不管三七二十一盲目赞美。

比方说，女孩腰围二尺四，身材走形，某淘宝客服却说：“你穿上我们的牛仔裤可以凸显您的身材，让别人看到您的小蛮腰。”一位客户斤斤计较，非常爱讲价，某淘宝客服却说：“亲您真豪爽！”一位客户已经四五十岁，某淘宝客服却说“这款帽子会让您增添气质，显得更加年轻时尚”。可想而知，这些赞美不仅不能打动客户，反而会让客户认为你虚伪。

所以，在与客户沟通过程中，一定要根据客户的资料信息，言语分析客户的兴趣爱好、个性特征等，然后再选择恰当的赞美点。比如，对一个热衷于广场舞的客户说“您跳广场舞应当非常好哦！”这样的赞美一定会引起客户的兴趣，让客户打开话匣子。

对于斤斤计较、爱讲价的客户，你应当说他会理财，而不是大方。对于买东西从来都会杀价的客户来说，你说他大方就是在讽刺他。因此，赞美客户一定要选对赞美点，切中客户要害，这样才能让客户喜欢你。

其次，把握时机。阿里巴巴创始人马云说：“想提高自己的情商，就要放下架子，抬高别人，不失时机地赞美他人。”的确，赞美也需要把握时机，在不对的时机赞美客户无胜于有。在与客户沟通过程中，一旦发现可以赞美的点，淘宝客服就要立刻进行赞美，否则可能与交易失之交臂。

最好的赞美时机是什么时候？应当是与客户聊到某一个问题时，做出符合时下情景的赞美。比如当你与客户在谈论产品的优劣势时，你可以询问客户对产品的判断。当客户做出判断时，你就能趁机做出适当的评价：“对的，您的判断非常深刻！我们老板也是这样认为的。”这样的赞美是客户想要听到的。当客户对问题说出自己的看法后，对客户的见解或行为加以赞美好过那些盲目地赞美客户真厉害、真懂行的赞美。

最后，因人而异。赞美客户要注意对象。一般来说，对女人，要赞美她们美丽、有魅力、有女人味；对男人则赞美他们英俊潇洒、成熟有事业心、有责任心等；对年轻人要赞美他们勇于创新、富于幻想，说他们年轻有为、敢想敢做；对老人要赞美他们引以为傲的事物，包括事业、儿女、健康的身体等，可以说他们教子有方、老当益壮、老骥伏枥等；对老板可以赞美他们有魄力、有理财能力、体贴员工等。

都说恋爱中的人智商会降低一半，事实上，被称赞的客户智商也会降低一半。淘宝客服如果能够学会赞美客户的技巧，将其巧妙地运用在日常营销工作中，能够在很大程度上提升自己的成交率。

5.6　给客户戴高帽，让客户走进“圈套”

在一个毕业典礼上，某学生向自己的恩师告别。老师问他以后的打算，学生开玩笑说：“社会上的人都喜欢戴高帽子，所以我打算去卖帽子。现在我手上就有 100 顶可以卖的高帽子。”老师听完，非常严肃地说：“你刚从学校毕业，应当踏踏实实地做事，堂堂正正做人，这样才能得到社会的认可，卖高帽子可不是一个好方法。”学生回答：“现在社会上像老师一样真诚待人，诲人不倦的人非常少，老师的临别赠言学生会谨记一生，时刻都不敢忘。”

老师听完笑了，再一次勉励他要踏实努力。学生最后说：“老师，我的一百顶高帽子现在已经卖出去一顶了。”

上面的小故事表明人人都喜欢被赞美，喜欢戴高帽子。给客户戴高帽子利用的是人们好面子的心理弱点。当你给客户戴的高帽子给客户添足了面子，客户就会用订单来回报你。

王晓盼是一家高档男性服装专卖店的淘宝客服。有一天，有位客户选中了一套西装，但是总是认为价格太贵而迟迟没有下单付款。在这种情况下，晓盼对客户说：“先生，这可是名牌，当然会贵一点，但对您来说，这应该不算贵。您既然能够一眼看中我们这套西装，说明您是一位见多识广的成功人士。像您这样的身份，只有这样高档的衣服才配得上啊！”客户没有说话，回复了一个微笑的表情，最终下单付款。

还有一次，一位客户挑来挑去，最后相中了衣服的款式，却嫌衣服的颜色深，迟迟做不出决定。晓盼脑子一转，马上就说：“颜色深能显成熟。要知道成熟美可是男性综合魅力中最耀眼的闪光点哦！如果您穿上这套衣服，不知道要有多少女士被您的风采迷住了。”如果客户嫌衣服颜色太浅，晓盼会这样说：“颜色浅能显得人朝气蓬勃，充满活力，给人一种帅气冲天、魅力四射的感觉啊！”

晓盼总是能够应付各种各样的客户，给他们戴高帽子，从而让这些客户心甘情愿地购买他的衣服。对于嫌价格贵的客户，晓盼称其为“成功人士”，并说“高档次的衣服”才配得上“有身份的人”，就算那位客户没有什么身份，估计也会“打肿脸充胖子”，毫不犹豫地买下那身“名牌”。当客户不满意衣服的颜色时，晓盼会针对客户的爱美心态，将衣服颜色的优点展示出来，从而促成了生意。归根结底，晓盼非常擅长给客户戴高帽子，从而做成了一笔又一笔的生意，这值得每一位淘宝客服借鉴和应用。

马思思是某化妆品品牌旗舰店业绩最好的一名淘宝客服。马思思经常说：“我们要了解化妆品的本质，化妆品不是生活的必需品，可以归入生活奢侈品。所以，在推销时更要花工夫，多利用赞美的语言，让客户产生爱美之心，而且很乐意做个美人。”

有一次，一位社交型客户向她咨询化妆品。当马思思报出价格后，这位客户表示太贵要去别家看看。马思思突然发现这位客户的头像里是一位太太提着一只女用高尔夫球袋时，立刻话锋一转说：“您的头像里是您本人吗？”

客户回答：“是啊！”

马思思赞美道：“那个高尔夫球袋真漂亮！”

客户说：“这是我去年到欧洲旅游时在巴黎买的。”

马思思说：“高尔夫球可是中上阶层的娱乐活动啊。”

客户：“可不是，为此我可花了不少钱了。”

马思思紧接着说：“是的，这种化妆品不是便宜货，的确贵一点。所有使用它的女士也都是上流社会的高雅之人。”

然后，客户没有了拒绝的借口，买下了一套化妆品。

在淘宝上，一些店铺的产品看起来相差不大，业绩却相差十万八千里的情况并不少见。问题出在哪里呢？

在销量高的那家店铺里，当客户说：“你们的这双皮鞋做得和进口货一模一样。”

此时，客服就会答：“只有像您一样眼光独到的人才能看得出来。”

于是，客户会欢欢喜喜地买下这双鞋，不但成为店里的老客户，还经常介绍朋友也来这里买。

当同样的情况发生在另一家销量低的鞋店时，其客服答道：“这您就错了，我们卖的本来就是正宗的意大利鞋呀！”

结果就是客户生气离开，从此再也不会来这家店铺看，最终造成店铺生意冷清，只能关门。很多时候，如果你的业绩非常差，销量越来越低，这时，你不妨检视一下自身，你是如何招待客户的，与其他店铺相比是否有竞争力。

对于一部分客户来说，面子远远比金钱重要。淘宝客服一旦抓住客户的这个软肋，适当给客户戴高帽子，成交自然水到渠成。给客户戴高帽子时，你想让客户成为什么样的人，就应当赞美客户是什么样的人。比如，你赞美客户非常有气质显得高贵优雅，他就不好意思购买便宜的产品，而是购买价格高的产品；如果你赞美客户大方慷慨，他就不好意思与你讨价还价，而是原价购买你的产品。

5.7　积累常用的赞美语言

一名优秀的淘宝客服都擅长站在客户的角度上思考问题。既然客户喜欢赞美，你又何必吝啬自己的语言呢？毕竟赞美是一种不需要付出任何金钱成本的销售方式。因此，你应当每天把 100 顶赞美的帽子送给客户，在这样的积累下，成功的机会就会离你越来越近。下面总结了一些关于赞美的话语。

一、赞美女性客户漂亮

1. 您穿这件衣服真是太显气质了！
2. 您皮肤好，穿黑色显得很高贵。
3. 首先赞美客户“您长得真漂亮”；如果客户长得普通，可以赞美她“您长得好可爱”；如果客户不够可爱，可以赞美她“您的气质真好”；如果客户缺乏气质，可以赞美她“您真的很有个性”。

二、赞美客户的脸部

1. 您的脸型一看就是富贵之人的脸型。
2. 您的眼睛真大，看起来非常有灵气。
3. 眼小的人都很有智慧。
4. 您的眉毛就像是漂亮的柳叶。
5. 您的耳垂很大，一看就是个有福之人。
6. 您的胡子就像是艺术家的一样。
7. 下巴兜兜，一生无忧。
8. 长相如佛，难怪这么发达。

三、赞美客户的笑容

1. 您的笑容真迷人。
2. 您笑得真灿烂。
3. 您的笑给人一种特别的感觉，你绝不是一般的人。
4. 您的笑容将你的衣服衬托得很华贵。
5. 您的笑让我有沐浴春风的感觉。

四、赞美客户的身材

1. 您学过健美吗？身材怎么这么好。
2. 要我说您真是魔鬼身材。
3. 您平时肯定很注重饮食和运动，要不然肤色和身材怎么会这么好。
4. 您已经当母亲了！您的身材怎么恢复得这么好，一点都不像生过小孩的人。

五、赞美客户的房间布置

1. 我看过许多办公室，唯独您的办公室布局典雅。
2. 门面的招牌好耀眼、好醒目。
3. 这幅画好有品位，是哪一位画家画的？
4. 您家真气派，整理得这么有序而干净，一定是太太的功劳。

六、赞美客户的公司

1. 贵公司是家颇有历史的公司，外界对贵公司的评价也很高。
2. 贵公司的规模在行业里也是佼佼者，很多同行都说要迎头赶上，但结果不仅没赶上，反而和你们的距离越来越远。
3. 很多客户私下都说贵公司的竞争能力太强了，他们根本无法与你们抗衡。
4. 听说贵公司的产品管理在这个行业里做得非常好，不仅产品周转率高，而且不良库存为零，其他单位一直都无法追赶上，真是令人羡慕啊。
5. 贵公司是本地区高收益企业的典型代表，大家对贵公司的评价都非常好。”

七、赞美客户的领导能力

1. 您的领导能力非凡。
2. 您给人感觉到一种权威和力量的存在。
3. 您经手的业务没有不成功的，足见领导魅力不一般。
4. 您处事的果断足见您的领导魄力。
5. 像您一样考虑问题这么细，不成功都难。
6. 从您的谈吐就知道您是一个做事认真负责的人。

八、赞美客户的成就

1. 王总，您取得了这么大的成就，工作还这么努力，我得好好地向您学习呀！
2. 董事长，这个行业里的人都说您是采购领域的专家呢。
3. 像您这么有魄力、能干的领导，把这么多人的部门带得整整有齐，对待下属又那么热心，难得啊！

九、赞美客户的专业

1. 先生，您对于车辆的了解非常全面，肯定是一位资深的汽车爱好者吧。
2. 先生，通过您的谈吐，您和您的朋友一定都是受过良好教育的成功人士，与您一样，很多高素质人群都会选择我们 XX 车型，您请看……
3. 先生，您已经有接近 10 年的驾龄了，之前一定阅车无数，开车肯定非常稳健吧。
4. 先生，感谢您参加我们的试乘试驾活动，您的驾驶技术非常高，开车很平稳，相信您的家人坐在您的车上一定是一件非常惬意的事情。
5. 先生，看得出来，您一定是一位理财高手，针对速腾这款车，我们特地为您准备了……的分期购车计划，您请看……
6. 您受过这么高的教育，什么东西能骗过您的眼睛。

十、赞美客户的品位

1. 您是一个很有品位的人，有品位的人都很会享受。
2. 越有内涵的人越虚怀若谷，像你这样有内涵的人确实少见。
3. 您所看到的高度是我们达不到的。

4. 先生，您的衣着非常休闲，又很得体，看得出来，您一定是一位热爱休闲运动的时尚人士，正如我们高尔夫一样，时尚又富有动感……

5. 先生，您开的老款伊兰特可是一款性价比非常高的车，保值性也不错。您当年选择它一定经过了周全的考虑，眼光非常不错哦。

6. 先生，您看问题非常透彻，迈腾的车顶的确与其他车型不同，就像您非常注重车辆的安全性能一样，迈腾使用了43米的激光焊接……

对于淘宝客服来说，销售都是从沟通开始的，而最好的沟通方法就是掌握客户的人性弱点。喜欢被赞美是人类最普遍的人性弱点之一，因此，从赞美出发，将自己的客户变成朋友，那么任何销售都将变得简单有效。

第 6 章　客户迟疑，给客户吃下定心丸

Chapter Six

客户表面上是对产品或者服务表示怀疑，实际上是对淘宝商家的不信任。所以，处理好客户怀疑问题的关键是要取得客户的信任，让客户相信你所说的话。用简单、空洞的语言向客户解释问题，很难取得客户真正的信任，只有一针见血，找到问题的根本所在，提出问题的解决方案才能让客户吃下定心丸，从而做出最后的购买决定。

6.1　产品质量有无保证

一般来说，由于淘宝上的产品价格普遍比实体店低，客户自然会怀疑产品的质量差，没有保证，然后对客服提出质疑。

卓诗尼天猫旗舰店的客服杨鑫就遇到了这样的情况。

客户："为什么你们的鞋子价格比专柜低，是不是质量有问题？"

杨鑫回道："直接在工厂进货是本店的优势，商品为原厂正品。更不用说中间少了多少环节，没有实体销售门店所产生的经营成本，我们出售的价格自然比专柜正品的价格低了很多！但不管是什么货，只要在本店购物您都可以放心，因为我们的采购验品人员都会严格把关。"

如上面这样回答，大部分客户就不会纠结于质量问题，基本上就可以成交了。

如果换成"您放心吧，质量都是一样的。""都是同一批货，不会有问题的。""都是一样的东西，怎么会呢？""都是同一个品牌，没有问题。"等这样笼统的回答，客户就难以信服。

还有一种情况是客户经常对特价款的产品质量提出怀疑，认为产品是有质量问题才降价

处理的。这时，你可以坦诚地告诉客户产品特价的真正原因，以事实说服客户，同时以特价商品实惠、划算作为引导客户立即购买的催化剂。当你的语言真诚，并且表现出敢于负责的态度时，客户往往就会更容易信任你。

对于特价款，你可以采用以下语言回复客户的担心。比如说，“对于您的这种想法我可以理解，毕竟您所说的情况确实是真实存在于我们行业中的。但是，我可以负责地告诉您，尽管我们这款产品做特价销售，但是它的质量没有任何问题。由于店里积压的库存太多，为了给换季进新货留出更多的空间，我们才决定进行特价销售的。产品的实际质量一样，但是现在的价格却是比以前优惠了很多，所以现在买真的非常划算！”

再比如说，“对于您的这种想法我可以理解，但是我可以向您保证，这些特价款之前都是正价商品。我们只是为了回馈老客户，吸引新客户才做特价促销的，而且质量完全一样，您完全可以放心挑选。所以，现在买这些商品真的是非常划算，您完全可以放心地拍下！”

在销售过程中，客户如果对于产品的质量问题产生疑虑，就不会轻易做出购买决定。对于有疑虑的客户，淘宝客服必须针对客户的疑虑做出解释。那么，淘宝客服该如何消除客户对产品质量的疑虑呢？下面介绍消除客户对产品质量疑虑的五种方法，内容如图 6-1 所示。

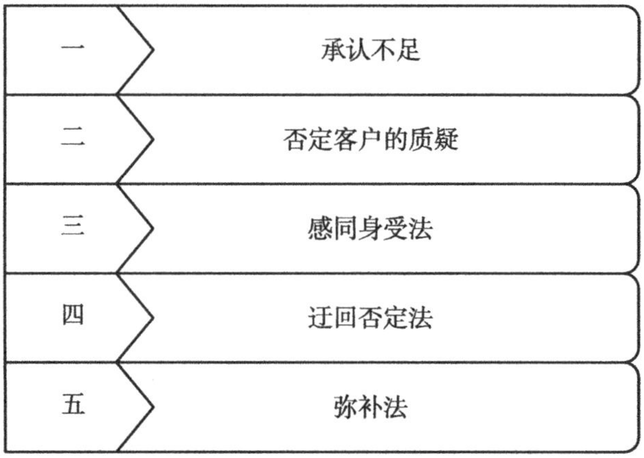

图 6-1　消除客户对产品质量疑虑的五种方法

1. 承认不足

在传统线下销售过程中，承认法适用于客户的质疑与销售拜访所探讨的话题没有什么关系的情况。这时客户的质疑只是为了发泄其内心的不平衡或不愉快的心情，那么销售员就要对客户表示认同，停顿一下，不发表意见，然后继续讲下一个话题。

比如，一位客户说：“你愿意花 20 元钱买这么一小块木头吗？”这时销售员可以这样回应客户：“是的，木头是它们的原料成本。”稍停顿一下后，说：“现在请您看看这上面的花纹、光滑程度和韧性，这样的梳子不仅看起来美观，而且还耐用，用它来梳头发特别舒服。”

对于淘宝客服来说，承认法适用于你的产品确实有瑕疵，所以有降价销售的情况。此时，你一定要对客户事先说明产品的质量情况，否则就容易引起后续纠纷。比如，你可以这样说，“我们在发货前都会经过质量检查，但部分产品还是会有细微瑕疵存在，这属于正常现象。但是我们的产品价格比专柜价格低很多，所以性价比是很高的。如果您是追求完美者，建议去专柜购买。”

2. 否定客户的质疑

在传统线下销售过程中，直接否定法适用于客户的质疑是基于不完整或不准确的信息的情况。此时，销售员可以直接提供信息或纠正事实来回应客户。

比如，客户说：“我没有兴趣听你介绍你们的化妆品，你们公司最近被质量监督管理局立案查处产品的质量问题，我不想和这样的公司做生意。”

这时销售员可以这样回应客户：“我不知道您是从哪里听说的这些传言，据我所了解的，这样的传言绝不是真实的，我们公司从没有出现过质量问题，我们的质量是有保证的。如果您能告诉我消息的来源，我保证公司能澄清这件事，您会不会把别的公司听错为我们公司？”

对于淘宝客服来说，如果客户称：“你的产品比别家店铺里便宜那么多，质量肯定无法保证”，你就可以和客户说：“关于质量保证问题，您可以放心，我们已经通过了 XXXX（国家检验机构）的检验，并由 XXXX 出具质量证明书，以解决你的质量担忧。其实我们的生产厂家是国内的知名企业，他们的产品已送达到很多国家，包括日本、韩国、俄罗斯等。您第一次来我们这买东西，担心也是正常的，但是当您收到我们的货后会感到非常满意，希望我们可以建立长期的合作关系”。

3. 感同身受法

感同身受法处理客户质疑的顺序为“我能理解您的这种感觉……别人也会这么想……不久，他们就发现……”当客户说出的疑虑是大多数客户都会有的疑虑时，你就可以告诉他们，其他人在试图选择产品或服务时，也曾经不相信我们的产品，但是拿到产品后发现真的是物超所值。在使用这一方法时，如果能够借用客户的评论，那就更容易让客户信服。

比如，客户说：“这么花哨的冰箱，质量哪里说得准呢？”你可以这样回应：“我非常理解您的感觉。XX 女士就住在广州 XX 小区，一年前她购买我们的冰箱时，也有这样的感觉。但是，冰箱到现在从来没有出过一次问题。两天前，她又买了一台，说是给她父母用。”

4. 迂回否定法

迂回否定法就是说用柔和的方式来回应客户的质疑，先承认客户的质疑很重要，然后引入一些潜在的证据反驳客户。比如，客户说："XX 品牌的洗衣机比你们的洗衣机出故障的次数要少一些。"你就可以回应他："我明白您为什么会有这种感觉，如果是五年前，您这样认为完全正确。但是近两年我们进行了技术改造，有了新的质量保障体系。去年，北京市质监局评估数据显示，我们在同行业中低故障率的企业中排名第一。"

5. 弥补法

每件产品都有自己的长处与短处，明智的淘宝客服会承认客户就产品不完美之处提出的质疑，并说这种质疑言之有理，然后用另外一种属性带来的优势弥补质疑属性带来的劣势。比如，客户说："你们的机器只有 4 个喷口，而 XX 品牌的产品有 6 个喷口。"此时，你应当这样回应："您说的没错，它是只有 4 个喷口。而我们设计的喷嘴更易于维修，您只要移去四个螺丝，就可以拆掉过滤纱。其他的大多数样式至少要拆开 10 个螺丝，螺丝多会增加维修时间，同时我们的产品比 XX 品牌便宜将近 200 元。这些也正是您所十分关心的，不是吗？"

当你向客户介绍产品时，很多客户都会对产品质量提出自己的疑虑。他们所担心的质量问题可能是心理作用导致，也可能是客观存在的。无论是什么原因，淘宝客服在处理客户疑虑时，都必须认真对待，采取主动的方式，及时发现客户的疑虑，并请客户讲出来，把销售当中的这个障碍当成向客户提供更多信息的机会，从而使客户消除疑虑，愿意购买产品。每位淘宝客服都不能忽视这个问题，但不能一味地只求销售成功，应把解决客户问题作为一项重要内容来看待。因此，淘宝客服都需要在消除客户疑虑方面进行有效的训练。

6.2 产品颜色是否有误差

客户对产品色差的担心大多发生在购买服装时，很多退货退款纠纷案例都是因为产品图片与实物有色差导致的。

当客户问道："衣服图片与实物时否有色差？"淘宝客服一般有两种回答，一是声称产品没有色差的回答："本店所有产品 100%实物拍摄，保证与实物一样。如您收到产品发现和细节有出入，我们将无条件退换。"

二是声称产品色差难以避免的回答："网上购物色差是无法避免的，每张照片我们都会根据实物校对过颜色，但在不同的环境灯光，显示器下都会有色差问题。如果您完全不能接受任何色差，请考虑清楚后购买，此类问题不能作为中差评、投诉、退换货的依据。"或者

“本店的图片都是实物拍摄的，色差很小喔！当然因拍摄过程中轻微偏色或者不同显示器呈现难以避免完全没有色差问题，最终以实物为准的，色差不属质量问题哦!”

女人对色彩有着天生的敏感，一个红色可以细分成橘红、桃红、玫红、西瓜红、粉红等。而服装类商家为了迎合客户，更是绞尽脑汁将颜色描述得非常好听，比如：香芋紫、清新绿、玫瑰红等。然而，对于客户来说，再好听的名字也没有用，因为色差是任何淘宝服装店都难以避免的。

本节我们对色差进行深度讲解，让大家明白什么是真正的色差。大多数淘宝商家将色差产生的原因归咎于分辨率，其实这并不是所有的原因，拍摄的光线、明亮度，图片的后期处理等都会造成色差。

当你将出售的衣服拍成照片放到店铺里，由于拍摄的光线不同、每个用户显示器明暗亮度不同，就会造成同一张图片在电脑上看见的与拿到手里时有一定的颜色差异。如图 6-2 与图 6-3 显示的就是店铺里衣服图片以及客户提供的收到实物的图片。两图对比，商家店铺里的衣服图片看起来是大红色的格子衬衫，但是客户的实物图看上去衣服红色并没有那么鲜艳。

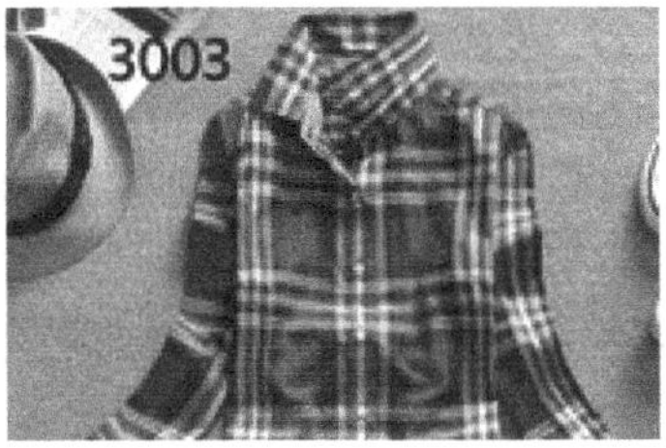

图 6-2　店铺里衣服图片

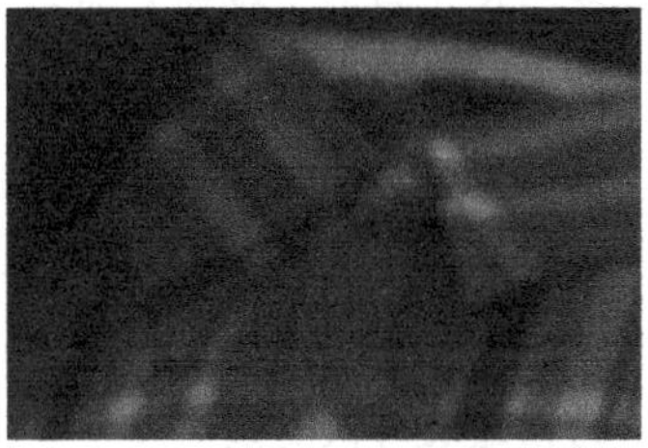

图 6-3　客户提供的收到实物的图片

那么，遇到这种情况怎么办呢？首先，我们要明确色差问题的判定。如果拍下的商品是红色的，结果收到是绿色的，那肯定不是色差问题，而是发错产品了。确定不是发错产品后，那么就是色差问题了。如果淘宝商家拍摄的照片没有过度曝光以及修饰，那么这种色差属于正常范围内的色差。

在上述判定任务中，大家可以明显看出商家的照片光线比较亮，而客户的照片光线有点暗，因此颜色看上去有一些不一样。这种情况下的色差在大家普遍可以接受的范围内，因此责任认定不在商家。

对于淘宝商家来说，为了避免色差，尽量还原产品真实颜色，要求在美工修图的时候不要过度去调整产品颜色。另外，在宝贝描述中使用的图片尽量保证有室内和室外两种类型的图片，或者是厂商提供的模特图与自己实物拍摄的图片做对比展示给客户。

对于广大客户来说，为了避免购买产品收货后发生色差问题的纠纷，看见非常绚丽多彩的图片时应当多与淘宝客服沟通确认颜色的情况。而且，电脑显示器或者手机屏幕不要调的太另类，亮度适中，方便挑选。

现在很多客户在购买衣服后都喜欢把自己收到衣服的照片在评论中晒出来。客户可以结合其他客户评论的照片判断衣服的真实颜色，然后就可以做到心中有数再下单了。

事实上，关于色差的问题，每个人的看法都不一样。而且，同一件衣服，不同作图工具修饰出来的效果可能各不相同，而不同商家的文字描述更是五花八门，本身每个人对颜色的看法就不一样，那么如何帮助到买卖双方去确认究竟是色差问题还是颜色不符？也许，淘宝商家在拍摄产品图片时可以在产品旁边放一张 100 元纸币，让客户做个颜色参考。

6.3 产品尺寸如何选择

娇娇在一家女装淘宝店里买了一件大衣，但收到货物后却发现，虽然衣服整体感觉很漂亮，但实物尺寸与网上描述不符。

娇娇与该商家客服进行了沟通，在了解客户所描述的实际情况后，商家主动提出，店铺加入了淘宝消费者保障计划中的“如实描述”服务，如果出现产品与店铺内描述不符的情况，商家可以给予退换。而且，客户可以直接选择退货退款，商家会进行视频测量，如果确实像客户反映的一样，愿意给客户全额退款，且承担客户寄回货物的运费。与此同时，商家会把店铺中的描述及时做更改。

对于该商家的处理，娇娇不太满意，毕竟自己花了不少时间才挑中了这件心仪的衣服。如今只是因为产品的实际尺寸与网上描述不完全一致有些许不满，并不想退货。于是，娇娇告诉商家自己不再追究了，商家了解情况后却主动表示应该承担自己的责任，愿意退一小部分货款给她表示歉意，同时会补发一份小礼物。

对于该商家的贴心服务，娇娇非常满意，最后还给了该商家一个中肯的好评：“衣服质量很好，做工也不错，只是尺寸与描述有些差异，卖家的服务很好，这里要狠狠地赞一个。”该商家表示：“经营店铺就要本着全心全意为客户服务的理念，尽管因为尺寸上的一些小问题让客户不是很满意，但也不想因此错过了一个客户。”

对于产品尺寸问题，不仅有些客户不懂得其中的门道，不会选择适合自己的产品，一些商家也不够精通尺寸测量，导致尺寸描述与实际不符，出现上述案例中描述的情况。下面我们为大家揭秘经常出现在衣服尺寸介绍里的名词到底是什么意思。

1. 肩宽：由后背左肩骨外端顶点量至右肩骨外端顶点，软尺在后背中央贴紧后脖根略成弧形。

2. 胸围：皮尺在胸部最丰满位置水平环绕一周。
3. 腰围：腰部最细位置水平环绕一周。
4. 臀围：在臀部最丰满位置水平环绕一周。
5. 衣长：由前身左侧脖根处，通过胸部最高点测量所需长度，一般视款式特点而定。
6. 袖长：由左肩骨外端顶点量至手的虎口，按款式需要增减长度。

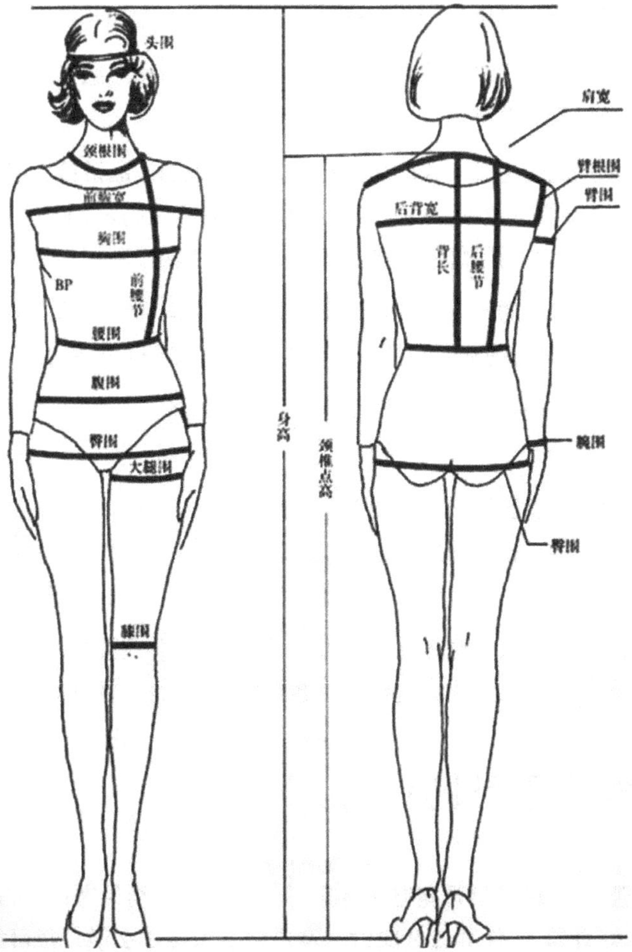

图 6-4　人体测量数据

如图 6-4 所示，表示了大部分人体测量数据。要帮助客户选择适合的衣服尺寸，首先要了解客户身体各部位的尺寸。在量体时需要提醒客户，尽可能贴身，不留余量，尺子与地面平行。其中，胸围要经由胸的最高点；腰围要量腰最细的部位，约肚脐上方三厘米处。很多人喜欢穿低腰的裤子，所以还要量低腰周长，一般取腰围线到臀围线三分之一的位置；臀围要过臀部最宽点。

了解了客户身体各部位的尺寸后，就可以根据客户自身尺寸选择大小适宜的衣服了。如果是有弹性的衣服，那么上衣只需要比净胸围多出两厘米，裤子比净臀围多出两厘米。如果衣服没有弹性，那么需要适当宽松些。以衬衣为例，一般收腰、贴身的衬衣胸围可以比客户的净胸围多出 6~8 厘米，腰围可以多出 8~10 厘米。如果是大衣，那么胸围应当比净胸围多出 12~16 厘米。通常裤子腰围是没有放量的，也就是说与腰围相等即可。

现在，你知道如何为客户推荐最合适的尺寸了吗？下面总结了当客户询问建议尺码时，淘宝客服回答应当注意的五点。

第一，询问客户说的是哪一款产品。打开客户所说的产品链接，然后询问客户的身高、体重、肩宽、胸围、腰围等数据，根据客户给的尺码对照尺码表。此时，你可以这样说："亲，您说的是哪一款宝贝呢？请问您的身高、体重、肩宽、胸围和腰围是分别是多少呢？"

第二，当客户对自己的各方面数据不清楚时，可以问客户"请问您平时穿什么尺码的衣服呢？""亲，根据您平时的穿衣习惯，建议拍 X 码，希望我的建议可以帮到您。"

第三，当衣服为宽松款或者是对胸围和腰身无要求时，我们就可以只根据客户的身高和体重推荐尺码。

第四，当客户询问衣服尺码表数据准不准或是是否标准的问题时，你可以回答说："亲，每款衣服的版型不一样，相应的尺码也有差异的，具体参考尺码表为准，每件衣服均为平铺测量的，数据真实可靠，但是不也排除存在轻微的误差，误差一般控制在 1~2 厘米之间。"

第五，当客户问建议尺码时最好不要肯定地告诉他们，要以委婉的建议形式，否则一旦客户搞错自身尺码，而你又给出肯定建议，客户就会把责任推给你。

6.4 产品样式是否过少

当你坐在电脑前盼星星盼月亮终于等来了一个客户，结果客户开口说："你们产品样式太少了，没什么好看的。"你会怎么应付？客户之所以会这么说，很可能是之前已经浏览了很多产品，导致对产品产生审美疲劳。对于任何一家店铺来说，客户如果不了解产品的具体特点，都会认为产品样式少，觉得没什么好看的。

针对客户提出产品样式少的质疑，淘宝客服首先应当对客户表示理解，然后将客户的思路引导到什么样的产品可以满足自身需求上来。这样不仅可以轻松转化客户的注意力，而且给足了客户面子，还能进一步了解客户的真实需求。

你可以这样说："我明白您的意思，您是想要一款功能简捷、品质高、安全性好、实用且耐用，能充分展现您的个人选购眼光的产品吧！"这一回答将客户提出的问题进行了有效转化。

你还可以通过客户提出的问题将话题转移到产品介绍上来，比如说："亲，很感谢您对我们提出的意见。您说的没错，我们店里的产品的样式确实不多，因为我们一直坚持贵精而不贵多的经营理念，每款产品都有它的特别之处。请问您是想要经济实用还是功能性多一些的产品呢，我帮您介绍两款吧？"

还有一种解释产品样式为什么少的回答，比如说："亲，您说的样式少这个问题确实存在，之前也有客户这样说过，不过最后他们都很满意的选购到了合适的产品并下单购买。"

停顿一下，接着说"说真的，厨电的样式是比其他家电的花样少。因为厨电品牌五花八门，杂牌较多。样式设计上雷同较多，不过虽然产品风格类似但是安全性能完全不同。真正品质好的品牌几乎都是样式较少的，只有小品牌才样式多样因为都是仿造的。可以试想一下，仿造产品只能仿造外观，却无法仿造功能、品质、安全系数等。所以我们的产品样式不像杂牌一样多种多样，毕竟只是注重外观，是没有任何保障的。我为您推荐几款安全性较强且性价比绝对让您满意的产品吧。"

下面针对客户提出"产品样式少，不好看"的异议，给出了化解技巧。首先，认同客户的意见，说"店里产品样式确实少了点儿"，给足客户面子。其次，了解客户真实的想法，问客户"你是要功能多的还是实用性强的呢？"；第三，根据自己的经验给客户介绍满足客户需求的具体样式。第四，巧用"但是"等转折词将话题过渡到产品介绍上来。

6.5　产品是否包邮

关于包邮，无论是淘宝商家还是客户都有说不完的话。对客户来说，好不容易看上了一件产品，结果却是自付运费，当然非常郁闷。而对商家来说，本来与客户沟通的非常顺利，结果到了包邮问题上，客户觉得自己承担运费不合适，让商家把运费免掉，但是商家的利润空间低，没办法包邮，最后客户因没有包邮而流失了。在淘宝上，产品有包邮的有不包邮的，那么怎么看待这个问题呢？

包邮产品指的是商家对所售产品承担大陆地区（指除香港、澳门、台湾地区以外的中国所有省、直辖市和自治区）首次发货的运费。接下来商家就要注意了，第一，部分偏远地区不包邮的，商家必须在运费模板中设置该区域的相应运费，且在商品详情页面备注说明不包邮的区域。第二，如果商家设置全国包邮，宝贝描述中就不能要求部分地区加运费，否则客户向淘宝平台投诉时，淘宝会按照违背承诺规则对你进行扣分处理。

当客户向你咨询包邮问题时，你首先需要问清楚客户的收货地址，比如说："您好，请问您发货到哪里呢？"当客户回答之后然后去运费模板看一下运费到底是怎么样的，再进行回答。

如果是包邮地区，你可以回答："您好，这款产品现在做活动是包邮的呢。喜欢的话尽快拍下方便我们为您安排发货！"

如果是不包邮地区，你可以回答："您好，这款产品目前价格已经最低了，没有办法给您包邮了呢。不过咱们现在有 XX 赠送，购买还是很优惠的哦！"

当然，不包邮有不包邮的道理。本来可以通过包邮吸引客户，但是商家却没有包邮，这说明商家的利润少，所以才无法包邮。但是，大部分客户都不愿意接受不包邮的产品，即使自己非常满意。商家如何解决在运费承担上的矛盾呢？下面就讲一下如何利用客户心理来赚回运费。

大部分淘宝商家都有自己固定合作的快递公司，例如中通、申通、韵达等。而且，快递的首重均价基本上在七八元左右。如果你的一件产品毛利在 20 元以内，除去运费、推广营销成本、人员开销、货物积压等一系列费用后，真正到手的利润是非常少的。

为了最大程度上兼顾客户的满意度与店铺利润，你可以采取以下措施：

第一种措施是收取少量运费。大部分客户都清楚，快递省外的首重一般是 8~10 元/kg。如果你设置收取客户 5 元/单快递费，客户就会明白 5 元的快递根本不够，你需要垫付 3 至 5 元。这种收运费的方法更容易让客户接受。但是这个方式有两个弊端：一是客户在淘宝上购物会着重选择包邮类产品，如果你的竞争对手销售与你一样的产品，而且使用包邮策略，那么他就会将你比下去；二是有一部分客户会直接告诉你 5 元运费没有多少钱，如果你为他抹掉运费他就会下单，如果你拒绝他的要求，他会认为你不通情理，太死板，从而选择别家。

第二种措施是通过设置组合销售为客户提供包邮。使用这一方法的商家应当对自己销售的产品有充分的了解，如果你主卖的产品价格在 100 元左右，那么设置客户达到包邮标准的总价应当在 120 元左右。包邮要求一般是两件或者三件，最好不要超过三件。另外，组合销售包邮要求两种产品有关联性，而且价格搭配合适。如果你店铺主卖产品为 100 元，最低价产品为 60 元，而且两者之间关联不大，那么使用这种方法就不是一种上策。下面看一个实际案例，具体品牌涉及商业机密不便透露。

某品牌天猫旗舰店，主要销售两款商品：A 款盒装 500g（50 袋，10g/袋）售价为 88 元，B 款瓶装 210g 售价为 42 元。因为该店铺需要保持 30%以上的毛利，如果包邮，毛利只能达到 20%到 25%。因此，该店铺设置了 AB 两款产品均不包邮，运费 8 元。应对方法如下：

新上架产品 C 款散装 12g/袋（成本为 1 元/袋），旗舰店售价 2.2 元/袋，10 袋为一组，每组 22 元。

购买 AB 两款中的任一款产品+C 产品一组，可以享受全国包邮

此时，客户有两个选择：

方案一：A 产品 88 元+8 元运费=96 元（获得 500g 产品）

方案二：A 产品 88 元+C 产品 22 元=110 元（获得 500g 产品+12g 产品 10 袋，共计 620g 产品）

客户一般会这样算，（110−96）/96≈15%；（620g−500g）/500g≈24%，客户感觉多花了 15%的钱，但是多得到了 24%的产品，性价比骤然呈现。因此，大多数客户都会选择方案二。对商家来说，AB 两款产品任意一款与 C 产品搭配都不会超过 1kg，商家的快递成本没有上升。C 产品一组所得利润为（2.2 元−1 元）*10=12 元，抵销 8 元/单运费后，商家每单的利润实际上增加了 4 元，整体毛利率维持在 30%以上。

不仅如此，在组合销售的刺激下，C 产品的销量一直上升。于是该店铺将 C 产品上线销售，而且是 3 组起售+8 元运费，5 组包邮。目前，C 产品在该店铺的每日销量已经达到 100 组以上。

如果你正在因为是否包邮的问题而苦恼，那就给自己和客户另外一个在双方承受范围内的选择。比如上述案例中该店铺通过组合销售为客户提供包邮，这个方法需要注意产品的关联性，还有就是关联产品的毛利应当足够充当运费。

6.6　发货时间是否在 24 小时内

莹莹在旺旺上询问某化妆品旗舰店客服 XX 产品是否可以当天发货，客服表示下午四点之前的订单都可以当天发货。于是莹莹拍下该产品，并使用了货到付款的付款方式，并提醒该客服当天发货。结果商家因为快递原因没能及时发货，最后引发纠纷。

在此提醒各位淘宝客服，在回答客户发货时间问题时，请注意问清楚买家需求，切勿随

意答复。作为一名淘宝客服，你首先要做到的是熟悉店铺里销售的产品，对于哪款有货，能够保证及时发走，哪款缺货需要等待多长时间要做到心中有数。当客户询问什么时候发货时，你需要看一下当时的时间是不是在当天发货的时间范围内，然后再回答客户。

针对当天可以发货的情况，你可以这样说："亲，您现在拍下我们当天就可以为您安排发货的；这样您也可以尽早收到产品方便亲早点用上哦!"

针对当天不能发货的情况，你可以这样说："亲，今天的快递已经取件走了呢。不过您现在拍我们明天一早就会为您安排发货的，咱们这边是按照付款的先后顺序发货的。"

由于来自全国各地的客户性格各种各样，而且货物运输等物流因素是商家难以控制的，所以商家很难避免与客户出现关于发货时间问题的纠纷。对淘宝客服来说，如果能够以和平的方式解决问题，那么就不要与客户争辩；如果真正遇到居心不良或特别顽固的客户，也可以拿起淘宝的合法武器去据理力争、奉陪到底。

比如，当客户因为没有当天发货而得理不饶人时，你可以说："拍下物品付款后，我们都是尽量安排当天发货的，当天发不上的只能是次日发出。您在拍下时并没有表明是急需，而且需要的产品品种比较多，颜色比较复杂，我们能够在第二天发货已经是非常不容易了。如果早点知道您是急需，我们不会让您下单的。对于给您造成的困扰，我们深感抱歉，也请您体谅和谅解我们!"

为了最大程度上避免发货纠纷，淘宝商家应当本着"发货一定要快，急客户之所急"的原则为客户服务。试想，如果是你自己在淘宝上买东西，也是希望付款后尽早拿到产品。与此同时，一定要慎重选择快递公司。否则，你就有可能因为快递公司不可靠的原因得到客户的差评。

6.7 到货是否及时

一些客户在淘宝上购买产品时可能有急用，这就要求产品必须在几天内到达客户手里。比如，客户想要在某服装品牌旗舰店里购买一套服装，希望可以在五天之后的相亲大会上穿。这时，客户就会询问客服是否能够保证在五天之内到货。如果该客服给予模棱两可的答案，那么客户很有可能就不会下单，就会重新选择一家发货快、物流快的店铺。

在到货时间上，淘宝客服应当实事求是，不能为了拿到订单欺骗客户。一旦货物延迟耽误了客户的要事，客户就会投诉商家或者将店铺加入客户的黑名单。

某参加聚划算的淘宝店铺设置了发货到货时间问题的统一回答，内容为："聚划算活动是统一七天内发货的。活动期间，发货量比较大，但为了让亲们能早点收到货，在活动结束后第二天开始计算，我们尽快在两天内全部完成发货，所以亲们可以放心购买！也不要催着急发货哦！本店默认申通快递，包邮只包本店默认快递，不发其他快递哦！一般情况下，发货后 3 天左右可到，偏远地区五到七天左右，具体快慢要看快递公司的安排。”

当客户询问三天内是否可以到货时，淘宝客服需要先询问客户的收货地区是哪里，然后再进行判断回答。切记不要对客户说模棱两可的话，比如“应该可以的，大概是”等。

你可以这样说：“我们无法保证三天内到货，因为快递路上可能会有些其他情况。当然，大部分时候都是可以到的。我能保证给您按时发货，但是快递公司如果延误了一点时间也是很正常的哦。”

一般来说，客户问几天可以到货都是想当然地提问，但是你不能想当然地回答。快递公司一般发到客户那里需要多少时间你应该大概知道，那你就可以告诉客户说：“如果没有特殊原因，一般三四天可以到达。”跨省远程的快递一般是三四天左右，如果是省内，你可以将回答改成一两天。

只要你不和客户胡乱保证哪一天哪一时刻一定可以到货，就可以避免在到货时间上的纠纷。毕竟你不是快递公司，你可以根据一般快递公司的运输速度推断到货时间，但是你不能代替快递公司做出时间上的保证。

6.8 产品是否包退换

如果客户下单前问：“产品是否包退换？”淘宝客服一般可以这样回答：“本店支持 7 天无理由退换货，收到货如果您不满意，请在 48 小时内联系我们退换货，产品质量问题我们承担运费，但是由于您个人原因如不喜欢、尺码不合适、没有想象中的好等造成的退换货，需要您承担来回运费。另外，请当着快递面检查快递件无误后再签收。”

关于退换货的一些问题，淘宝客服需要向客户解释清楚。一般需要说清楚以下三点，内容如图 6-5 所示。

第一，表示可以退换。首先需要肯定地表示可以退换货，比如说：“如果您收到货后不满意或者有质量问题，请第一时间与我们的客服联系，在不影响二次销售的情况下，是可以进行退换的。但是如果时间太久或者穿过洗过的，我们不再进行退换。”

第二，解释运费问题。很多退货纠纷都是因为运费问题导致的，因此在客户下单前解释清楚运费问题有利于避免退货纠纷。比如说：“非质量问题的退换，您需要承担退货运费。

质量问题或者发错货等退换，我们承担来回运费。”

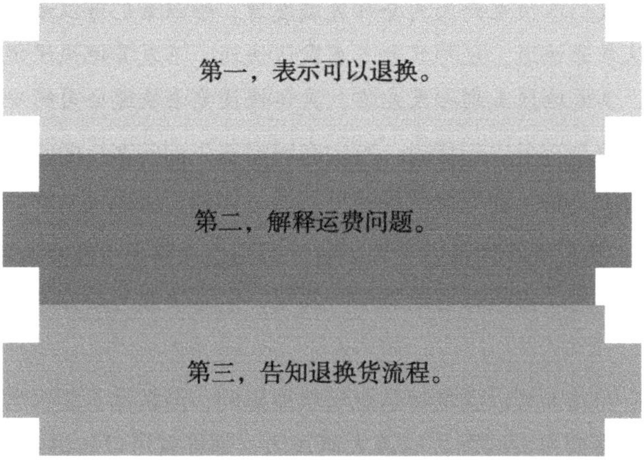
第一，表示可以退换。
第二，解释运费问题。
第三，告知退换货流程。

图 6-5　退换货问题的回答

第三，告知退换货流程。大多数淘宝店铺走的都是软件发货，如果没有订单产生，很难调货出库。因此，退货和换货是分开进行的。如果客户需要换货，可以先申请退货退款再重新下单。

最后，淘宝客服需要提醒客户：“以上规则下单之前还请亲搞清楚，接受不了的亲，请考虑清楚再下单哦!”将退换货服务解释清楚可以在很大程度上降低后续过程中出现退货纠纷的几率，对商家与客户来说都有益处。

6.9　售后问题是否能及时处理

网购的售后问题一直为人诟病。对于一些特定产品来说，是否具有良好的售后服务对客户来说是非常关键的，包括数码产品、电器等。客户在淘宝上购买这类产品时，必定会特别关注上阿里所提供的售后服务。商家与客户在交流售后服务方面的话题时，应当本着实事求是的原则直观准确地告知客户可以享受到的售后服务内容以及保障时间。

经过一系列讲解后，眼看客户就要被说服下单，结果客户有心无心地说了一句：“你们的售后服务怎么样？售后问题能够保证及时处理吗？”你是说“我们的售后服务非常好”还是说“不够完善”或者说其他的呢?

下面列举了一些淘宝客服的错误回答，大家需要避免出现这种说法。

1. “与其他店铺一样。”

2. “您放心，我们的产品质量非常好！”

3. “放心，一定会保证您满意的！”

第一种回答“与其他店铺一样。”这样的回答不够具体，非常模糊，客户会产生怀疑，不放心。有可能会追问：“其他店铺的售后又是怎样的呢？”。

第二种回答“您放心，我们的产品质量非常好！”这基本上会引起客户的反感，因为很明显是答非所问。客户如果不是以为和他对话的这位淘宝客服智商有问题，就会认为这位客服在转移话题，大多半是觉得该店铺的售后服务不太好了。

第三种回答“放心，一定会保证您满意的！”这话说得没有给自己留一丝余地，客户会认为这是你信口开河，没有一丝可信度。

当客户问起售后服务问题，淘宝客服一般不能简单地说“与其他店铺一样”“保证您满意”这样的话，而应该给出售后问题的具体保障措施或详细解决方案，让客户放心购买。回答完关于售后服务的问题后，才能向客户提出购买建议。具体来说，淘宝客服的回答需要做到以下三点，内容如图 6-6 所示。

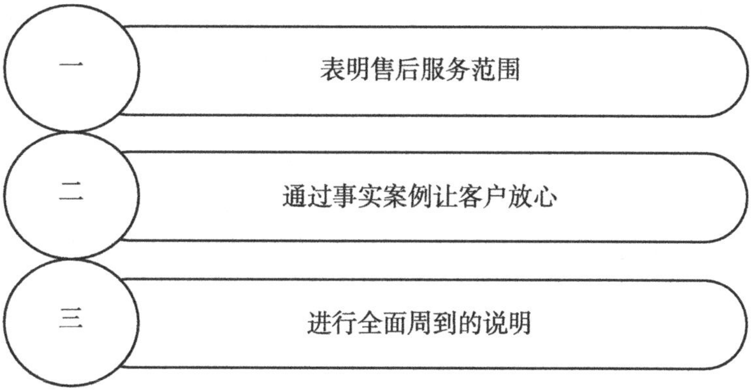

图 6-6　关于售后问题的回答

1. 表明售后服务范围

当客户问“你们的售后服务怎么样？售后问题能够保证及时处理吗？”你需要先表明售后服务范围，打消客户的售后之忧：“这个您放心，我们多次获得省级消费者信得过品牌的荣誉，在售后服务方面绝对是有保障的，而且售后服务刚好也是我们品牌领先于竞争者的重要原因之一。为了消除您的后顾之忧，我们对所有出售的产品实行三包服务，请您放心购买。我们会将开具的有效凭证随包裹发出，您需要保存好，以确保我们为您提供更好的服务。”

2. 通过事实案例让客户放心

当客户问“你们的售后服务怎么样？售后问题保证及时处理吗？”你还可以拿出事实案例说明你们的售后服务是怎样的，让客户放心：“您放心好了，我们的品牌享誉全国，在线下的连锁店已经遍布全国。很多人都在用我们的产品，反响都非常好，这就表明我们的产品质量是过硬的，而且我们在售后服务方面也做得很好。只要您出现售后服务问题，可以随时向售后客服反映，我们的售后服务人员就会在第一时间为您解决问题，绝对让您没有后顾之忧。”

3. 进行全面周到的说明

当客户问“你们的售后服务怎么样？售后问题保证及时处理吗？”你也可以对你们的售后服务进行全面周到的说明：“这个您放心，我们一直以来都非常重视售后服务工作，而且我们的售后服务也得到了广大客户的好评，您看一下就知道。我们的产品详情页里有保修卡的照片，上面已经详细列明具体的保修内容，您先看一下，如果有疑问我再为您解释清楚，好吗？”

如果客户继续问：“你们的售后服务有没有其他方式？”你可以回答说：“我们还专门设立了售后服务热线，如果您在使用过程中有疑问，可以随时通过电话进行咨询。即便您遇到不是质量原因造成的问题，比如不小心刮伤造成破损，我们也会想办法帮你解决问题。因此，您完全可以放心购买。”

当客户询问售后服务方面的问题，你应当知道这是他们准备成交的信号。你要抓住这个机会做出让客户满意的回答，客户就会吃下定心丸，然后放心地下单。总之，售后服务是商家攻占客户的最后一道关卡。如果能够在这一环节让客户满意，就能赢得客户的满意度和忠诚度。

第 7 章　客户讲价十大对策

Chapter Seven

对淘宝客服来说，遇到一些爱讲价的客户是非常让人头疼的事情，然而又是无法避免的。有些客户连单价几块钱的东西都要讲价，此时，客服具有丰富的应对讲价的知识储备与对策就非常重要。本章总结了十种应对客户讲价的对策，希望能够帮助到经验少的客服们。

7.1　比较法：与同类产品比价格

本章以超级淘宝客服李慧，客户赵华为例展开对话，让大家对讲价对策的应用更加清楚。我们讲到的第一种讲价对策是比较法，即与同类产品比价格。使用这一方法需要注意的是，比较对象应当是质量差距不大，但是价格更高的产品。这样，就能让客户衡量出产品的价格是否合理，进而更容易接受你提供的产品价格。

赵华准备在淘宝上买一件保暖内衣，进入李慧的服装店里。

李慧："亲您好，请问您需要买什么样的衣服？是买给您自己穿的吗？"

赵华："我打算买一件保暖内衣，是买给我自己的。"

李慧："我们店新推出了一批保暖内衣，我把链接发给您，您可以先挑选，看有没有喜欢的。"

赵华在几款保暖内衣前选了又选，挑了又挑，最后选了一件质量中上等的保暖内衣。

李慧："亲真有眼光，这一款保暖内衣不仅是最新款，质量上乘，而且最近这几天卖得特别好，销量是……。”

赵华：“这一款各方面都还好，就是价格高了点儿……”

李慧：“如果您觉得这一款价格高了的话，您也可以看看这一款”，并附上链接。

赵华：“这一款不如刚才那款适合我，而且材质也不如刚才那一款好……”

李慧：“就是啊，虽然这一款比之前那款价格低，可是其他各方面都不如之前那款。可以看出来，之前那款更符合您的心意不是吗？您也能够感受到之前那件款式大气又有创意，而且材质和做工也非常好。”

赵华：“可是我还是觉得之前那款的价格有点儿高，不怎么划算。”

李慧：“要不您看看 XX 品牌的保暖内衣，它们的质量和我们是一样的。”

于是，赵华搜索了 XX 品牌，发现各方面都与自己看上的那款保暖内衣相似，只是价格更高。

赵华：“这个就更不要考虑了，比之前的价格还贵。”

李慧：“是啊，同等质量，刚才那款的价格比这款要低得多，这是因为这款保暖内衣是公司直接从厂家以最低价拿的货，而且有自己的物流公司，所以成本要比其他品牌都低，因此价格也就比其他同类产品都要便宜。”

赵华：“可是……”

李慧：“您想啊，我们买保暖内衣不就是图个保暖、耐穿吗？虽然您看中的这款贵了点儿，但是耐穿啊，别的款式也许穿坏了两件，可这一件还是依旧如新，而且保暖效果也不会随着时间的增加而发生变化，那不就等于您以稍微高点儿的价格买到两件别的款式的保暖内衣了吗？”

赵华：“您分析得也有道理。综合来看，还是之前那款的回报率高，那我就买之前那款吧。”

李慧之所以能成功地把一件中上等的保暖内衣卖给赵华，主要是因为她让赵华从心底接受了这个起初难以接受的价格。原来的价格没变，但变的是赵华的心态。因此，面对像赵华一样的客户，可以使用比较法让客户体会到产品在价格上的优势，然后，从他们手里拿下大单。那么，比较法具体怎么应用呢？比较法应对客户讲价的方法如图 7-1 所示。

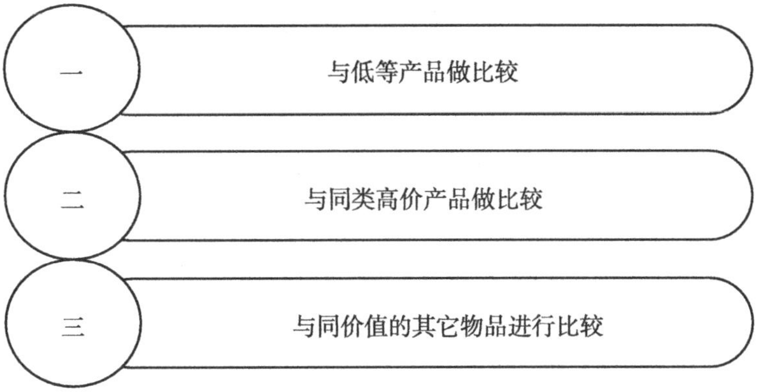

图 7-1　比较法应对客户讲价的方法

1. 与低等产品做比较

客服可以将客户看上的产品和其他较为低等的产品做一下比较，让客户看到不同档次产品之间的鲜明差异。在比较期间，客服应就客户的需求点给他们一些合理化的建议，使他们最终认识到还是之前看上的那件产品质量好，价格也较为合理。

2. 与同类高价产品做比较

比如，你可以这样说："市场 XX 品牌的产品价格为 XX。我们的产品质量与其一样，但是价格却更低。"

3. 与同价值的其他物品进行比较

比如，你可以这样说："XX 钱现在可以买到 a、b、c、d 等几样东西，而您现在最需要的产品却是 e，现在买是非常划算的。"

对比的作用就是用一方的劣势反衬另一方的优势，淘宝客服要学会这种方法表明自己的价格是非常合理的，使目标客户不至于因为价格而放弃购买。

7.2　拆散法：说明产品组件价格

拆散法讲价对策是指将产品的构成组件拆开来，分别对客户讲明组件的价格。只要说明产品的每一部分组件价格都便宜，那么客户就会相信产品的价格是合理的。这种讲价对策适用于结构复杂，有众多组件构成的产品，比如手机、电脑、轮椅、玩具等。

对于单一结构的产品来说，价格拆分法与拆散法是有异曲同工之处的。比如，每千克茶叶 300 元，很多客户感觉太贵不舍得购买。可当客服表示每一百克茶叶才 30 元的时候，客户就能在心理上感觉便宜了一些。当然，大部分客户不会一次只买一百克，毕竟分为多次来买还是不如一次买够更省事一些。

赵华在天猫家具商城相中了两把椅子，左挑右选不知道到底该买哪一把。赵华首先来到了价钱比较高的李慧家店里。

赵华将链接发给李慧，然后说："我看定价是 1260 元，能便宜点儿吗？"

几秒钟后，李慧回复："亲，价钱好说，您买椅子不就为了坐着舒服嘛，我先给您说说这把椅子的功效，您看看能不能让您满意。"

赵华一听，心想：了解清楚才能知道值不值嘛，再说了，不买的话还普及知识了呢！于是开始听销售员的介绍。

李慧："您肯定比我清楚，不良的坐姿会让人的脊柱发生侧弯，很多人的脊柱、颈椎或腰部出现问题就是长期坐姿不良导致的。所以，您选椅子一定要选那种能让您保持良好的坐姿，从而保护好身体健康的椅子，您说是不是？"

李慧接着说："我们这把椅子就是根据人体的骨骼和穴位的特点来设计的，完全能够保证您保持标准坐姿而且不累不乏。另外，这把椅子光是弹簧就比普通椅子多上一倍，这样就能保证不变形、不走样。不仅如此，这把椅子旋转的支架也非常特别。您知道，如果支架坏了，那么整把椅子就报废了。因此，厂家把这把椅子旋转的支架设计成纯钢的，这样就不会因为过重的体重或长期的旋转而造成磨损、松脱。因此，这把椅子的平均使用寿命要比普通椅子多一倍，所以，您完全可以放心使用。"

听完这些话，赵华其实已经很动心了，自己平时工作一坐就是一整天，最需要的就是一把舒服、质量好的椅子了。但他还是试探地说："那能便宜一点儿吗？我在其他店家看到一把也挺不错的，才 900 元。"

李慧："您肯定比我识货，那样的椅子我们这儿应该也有，看起来差不多，实际上却大有不同。您对比一下材料和制作工艺就知道了。别的不说，光是里面多出一倍的那些高质量弹簧就价值 400 多元，那一个纯钢的支架 300 多元，不信您可以网上查一下。更不要说这把椅子其他的好处了。"

听了李慧的话，赵华心服口服地下单买了这把 1260 元的椅子，心想："为了保护我的脊柱，别说只贵 300 多元，就是贵 3000 元我也得买啊，谁让质量好呢！"

客户对于复杂产品的价格感知度非常低，听到价格就讲价已经成为一种条件反射。对于这种类型的客户，客服应当将产品拆解为客户熟悉的组件来分别说明价格是多少，以此证明产品的整体价格并不高。

7.3 平均法：将投资平均到每一天

平均法是指将产品价格分摊到每月、每周、每天，尤其是客户反映产品价格太高的时候，将客户对产品的投资平均到每一天说明花费并不高是非常有效的。平均法适用于高档品牌的服装、保健品、护肤品等。

一般来说，普通服装不如名牌服装质量好，穿一段时间就会变形或者质量损坏。在这种情况下，买名牌服装的平均投资远远低于买普通服装。比如，名牌服装店客服会这样说："这个产品您可以用多少年呢？按两年计算，24 个月 730 天，实际每天的投资是 X 元，您每天花 X 元，就可获得这个产品，这是相当的值啊！"

热水器淘宝店的客服会这样说："这种热水器的使用寿命至少 10 年，按照 10 年计算的话，您一年总共才花费 90 元，一个月花 7.5 元钱就可以天天洗热水澡，这样您就可以省去一大笔去洗浴中心的花销……"

赵华问："金属外壳的同类产品也都不到 1000 元吧，这款要卖到 1500 元有点贵吧。"

李慧："您说得一点也不错，1500 元的确不是一笔小数目，但是您想过没有，这东西的使用期限是非常长的。一般情况下，用 10 年是没有问题的，就假定它能用 8 年吧，一年平均不到 200 元，每天平均不到 1 块钱。就是您每天抽一盒烟还 10 多块呢，这还不到一盒烟钱，也不能算贵吧，您赚的钱支付它是绰绰有余的。"

于是赵华没有再说什么，点击下单付款。

在这个案例中，李慧先承认了赵华的说辞，让他的心理得到了满足。然后，又给他算了一笔账，将原来 1500 元的大数目化整为零，使其显得不多。然后再和一盒烟钱相比，就更显得微不足道了。于是，赵华心安理得地下单付款。

如果你是耐用消费品的淘宝客服，那么一定要学会使用这种方法应对客户的讲价。毕竟对于耐用消费品来说，整体价格并没有优势，但是平均到每一天的价格是非常有优势的。

7.4 赞美法：夸赞客户品位高

如果产品的目标客户群是中高端消费者群体，那么使用赞美法夸赞客户的品位高，让客户为面子买单就比较有效。比如说："女士，像您这样注重生活品位的人不会舍不得买这种产品的吧。"这样不仅恭维了客户，还让客户无法再降低自己的身份进行砍价，如果客户确实喜欢产品一定会毫不犹豫地下单。

赵华要参加一个同学聚会，置办好衣服后在穿什么鞋子上犯了愁。在天猫上逛了几家店后都没有发现自己满意的，赵华决定再看一家店，如果依然买不到就去实体店看。

赵华进入了阿迪达斯天猫官方旗舰店，随即客服李慧阿里旺旺消息传来："欢迎光临本店，您是要买运动鞋吗？我们最近在举办周年庆回馈活动，推出了很多新款，我来给您介绍一下吧。"

赵华心想：又有回馈，又有新款，还是主动给我介绍一下，这让我怎么拒绝？而其他店的客服都是在问："亲，我有什么可以帮您？""亲，要不要看看我们的新款？""亲，您需要什么样的鞋子？"对于那些客服的招呼，赵华只是简单地回复了随便看看。

在阿迪达斯天猫店客服的介绍下，赵华发现了一款心仪的鞋子。于是赵华问："这款鞋子多少钱？"

李慧："原价是 999 元，周年庆活动打折后只要 899 元。"

赵华："鞋子怎么这么贵？"

李慧："您的眼光非常好，这款运动鞋是 Adidas Originals 联手老搭档"菲董"Pharrell Williams 推出的 2016 年新系列 Pink Beach，是我们店的"镇店之宝"哦！其设计灵感来自夏日的沙滩海岛文化，今年最有可能占领街头。你看上的这款是系带版，另一款是"一脚蹬"型，每款都包含白色和彩色两种配色。除了带有织纹的鞋舌、代表"三道杠"概念的拼接鞋帮看起来非常特别，绿色后跟商标的不规则轮廓也是非常潮的，有点像是革新版的街鞋 StanSmith。尽管价格不低，但是这款鞋绝对可以显示出您的品位，为您带来前所未有的体验。"

有了这番说辞，赵华没有再说贵，只是问："能不能再优惠点？"

李慧："您的脚是几码的？如果没有合适的码，多便宜您也不会要是不是？"

赵华："40 码。"

李慧："您的运气真好，40 码的库存比较少，现在就只有一双了。如果您现在不带走它，估计就没有机会了。"

赵华心里非常高兴，已经决定买这双鞋子，只是还想要再优惠点，于是继续问："鞋子很不错只是太贵了，再便宜一点我就买了。"

赵华本想再便宜个几十块就买了，结果李慧回答："这双品牌鞋质量上乘，如果不是周年庆是不会打折的。另外，这双鞋可以穿两年，只要 899 元，算下来每天才一块多钱。我看您曾经购买了 PRADA 钱包，是个注重生活品位的人，相信太便宜的鞋子与您也不搭配。”

听完这番话，赵华感觉美美的，于是没有再继续还价。

李慧继续说：“您一眼就看上了我们店的“镇店之宝”，说明您是一个有生活品位的人。对于像您一样有品位的先生来说，899 元其实并不多，您就当是请朋友吃饭了吧。而且，您的时间一定非常宝贵，能够找到一双自己喜欢的鞋是非常不容易的吧。”

对于李慧的话，赵华深感佩服，因为他的时间确实比较紧张，稍后还要去见一个客户。而且李慧将这双鞋比作是请朋友吃饭的钱也是合情合理的，毕竟他就是为了参加同学聚会才专门买这双鞋的。于是，赵华立刻下了单。

然后，李慧又说道：“您买了我们的鞋子，现在就是我们的老客户了。我们会送您一双价值 28 元的棉袜，也算是刚才没有给您让价的一个补偿。今天就会给您发货，有什么问题随时欢迎您咨询。”

听到有一双袜子作为赠品，赵华非常高兴，不用再花时间去买袜子了，于是表示感谢。

在这一案例中，李慧主要是用赵华的生活品位做文章，通过恭维赵华让他感觉这双鞋的价格高是非常合理的。另外，李慧最后赠送的棉袜让赵华感觉非常贴心，估计赵华会成为这家店的回头客了。

阿迪达斯的案例给其他中高端品牌销售客服的最大启示就是善于赞美客户，让客户感受到了人格尊重，最终为面子买单。

7.5　得失法：虽然价格高，但是附加功能多

购买产品的实质是投资，客户应当在价格的基础上，衡量品质、服务、产品附加值等，然后做出理智地购买决定。如果客户仅仅将眼光局限在产品的价格上，那么客服就可以使用得失法，向客户展示产品的附加功能，帮助客户全面衡量产品的价值。

得失法的实质是告诉客户产品的价格虽然很高，但是附加功能也很多。其他同类产品价格可能相对较低，但是也存在问题，即无法满足客户预期。下面我们看两个利用得失法应对客户讲价的案例。

案例一：赵华想要换一辆新汽车，于是在天猫各大汽车旗舰店里寻找。有的客服把车的性能说得绘声绘色，但最后却被赵华拒绝了，理由是车太贵。然而，不久后，赵华买了一辆

更贵的车。

原来，另一家汽车旗舰店的客服李慧问他："一辆开了十几年的车是不是经常有故障，维修要占用多少时间，一年保养又得花费多少，在高速公路上抛了锚又怎么办？"

赵华打开了话匣子："我常跑高速，十几年的车真说不准，有一次就因为抛锚误了事，不能有第二次了！还有，我的车没安全气囊，开车又快，在高速公路上万一有个闪失就晚了！"

在深入交谈后，赵华买了李慧家的车。对赵华来说，买谁家的车都一样，只不过李慧通过得失法让赵华忽视了价格，更加看重汽车的品质、服务与附加值。

案例二：赵华想要租用企业邮箱，目的是提升企业形象并减少垃圾邮件的骚扰。赵华本打算要一个最便宜的，却在李慧的说服下买了最贵的。李慧是如何说的呢？

赵华："你的价格太贵了！"

李慧："先生，您现在每天收到的垃圾邮件有多少？"

赵华："少说也有七八十封，真不知道他们是怎么搞的，现在毫无个人隐私可言！"

李慧："您如何处理的呢？"

赵华："反正不能全部清空，一些有用的邮件甚至客户的邮件也夹杂在里面，所以还得一个一个看，至少是标题。"

李慧："这很占用您的时间吗？"

赵华："当然！碰到连续几天在外出差，邮箱都爆满了！不看吧，又生怕遗漏了重要信息。"

李慧："有这样的事发生吗？"

赵华："别提了，最近就有一次，因为没及时看到客户的问讯邮件，丢了一个机会！"

李慧："那真的很不幸。除了垃圾邮件，您现在邮箱服务器的稳定性如何？"

赵华："经常停机检修，而且不定期。每次停机，邮件是收不到的。"

李慧："这妨碍到您与客户的沟通吗？"

赵华："是的，我很担心。因为这个原因，客户邮件丢失不是一次两次了，而双方都不知情。"

李慧："这对您的业务影响有多大呢？"

赵华："还真得想想，我断定已经有客户对我们抱怨了，就是因为邮件沟通的问题！"

李慧："所以一个运行稳定、能有效隔离垃圾邮件的电子邮箱对您很重要？"

赵华："我想是这样。"

李慧："哪一点让您特别注意呢？"

赵华："机会成本。如果不再发生邮件丢失、遗漏，机会也就不会浪费。当然，没了垃圾邮件，我能有更多时间与客户联络，这也是机会成本。对了，你说过你们在这些方面有技术优势，怎么做的？"

李慧："好，是这样……"

通过引导，李慧转变了赵华对产品的评估标准。在对话之前，赵华的评估标准是：价格——防垃圾邮件——稳定性，对话之后，赵华的评估标准为：稳定性——防垃圾邮件——价格。

面对赵华这种类型的客户，如果你选择降价，他们不一定买账，甚至以为你的产品质量不好，否则也不会轻易降价。显然，这时客户已进入购买的"评估——选择"阶段，你需要做的是影响客户的评估准则，通过得失法弱化价格因素。

7.6 底牌法：表明已经是最低价位

销售员与客户天生是一对矛盾的共生体，作为销售员的一种，淘宝客服也是这样，与客户既是矛盾关系，又紧紧地联系在一起，两者的矛盾最明显地是体现在价格上。客户总希望买的价格再低一点儿，淘宝客服总是希望卖得更高一点。讲价是客户的低价追求与淘宝客服的高价追求进行斗争的过程。面对客户的讲价要求，客服要勇于说"不"，但是拒绝的方式既不能损害公司利益，也让客户下得来台，最好还能促成交易。

除了没有购买诚意、不想成交的情况以外，客户讲价的目的大多是相同的，无非是试探一下你成交的底线在哪里，以便能够花最少的钱买到他们想要的产品。因此，面对客户的讲价，淘宝客服一定要识破他们的心理，不要害怕拒绝会导致销售失败。

底牌法是最直接的拒绝客户讲价的技巧，表明自己产品的价位已经是最低价，无法继续降低，否则自己就会亏损。通过亮出底牌，客户会感觉价格是合理的，自己再继续讲价就显得不近人情了。

一些淘宝客服为了促成交易，在客户讲价环节轻易做出妥协、让步，只要客户开出的价格达到了他们心中可以成交的底线，他们就会干脆地表示同意。事实上，客户并不会喜欢他们这样让利，反而会认为如此干脆、果决地让步意味着产品的价值并不高。在这种情况下，很多客户会对自己的报价后悔，要么放弃购买，要么得寸进尺，逼迫客服做出更多的让步。

赵华要为公司进购一批跑步机，选中了天猫上的一家运动品旗舰店。

赵华问客服李慧："我用过你们的运动器材，感觉还不错。如果我要购买 10 台跑步机，价格要多少？"

李慧说："价钱非常合理，每台只需要 2600 元，十台 26000 元。"

赵华也觉得这个报价是非常合理的，可是他还是砍价了："由于我们公司现在的状况不太理想，你看 20000 元行不行。"

李慧并没有拒绝，一口答应了。

这时赵华就有些犹豫了，他想道："这么爽快，看来我开的价还有往下压的空间。"于是，赵华运用更高权威法告诉销售员："这样吧，这种事情我不能一个人做主，必须先征求一下管理委员会的意见。我今天晚上召开一个会议，把事情告诉他们，然后再给你最后的答复。"

几天以后，赵华给李慧打电话说："这件事情确实让我太尴尬了，本来我以为完全可以让管理委员会接受 20000 元的价格，可他们一致表示反对。最近的开支预算很低，很多事情都不好办。他们给了一个新的报价，18000 元。"

电话那边沉默了好长一段时间，然后传来一个声音："可以，就这么定了吧。"

就在那一瞬间，赵华突然有一种被骗的感觉。他想，对方的底线到底是多少呢？虽然他已经把价格从 26000 元谈到了 18000 元，可赵华仍然相信自己完全可以把价格压得更低。

案例中李慧轻易答应赵华的第一次还价，这让赵华有种还可以"得寸进尺"的感觉，最终延缓了这次交易，而找借口再次把价格压低。虽然赵华占到了很大的便宜，但他始终觉得自己被骗了，觉得价格还可以更低。而李慧在交易中不敢拒绝赵华的还价，结果却没有得到任何好处。试想，如果在赵华第一次还价时，李慧表示价格已经是最低了，无法再让利，赵华一定会欣然接受的，还会有种买得值的感觉。

上述案例告诉我们永远不要接受客户的第一次开价或还价。淘宝客服如果轻易就接受客户的第一次开价或还价，反而会让客户产生怀疑。一方面，在人的潜意识中都认为得到某种东西是要有所付出、有所努力的，太容易得到会让人怀疑自己是否中了圈套，进而产生警惕的自我保护；另一方面，对方看到你轻而易举地就答应了，就会认为价钱还有可以退让的空间，从而得寸进尺地向你逼近。

那么，优秀的淘宝客服都是怎么拒绝客户的讲价要求的呢？下面是拒绝客户讲价的三个步骤，内容如图 7-2 所示。

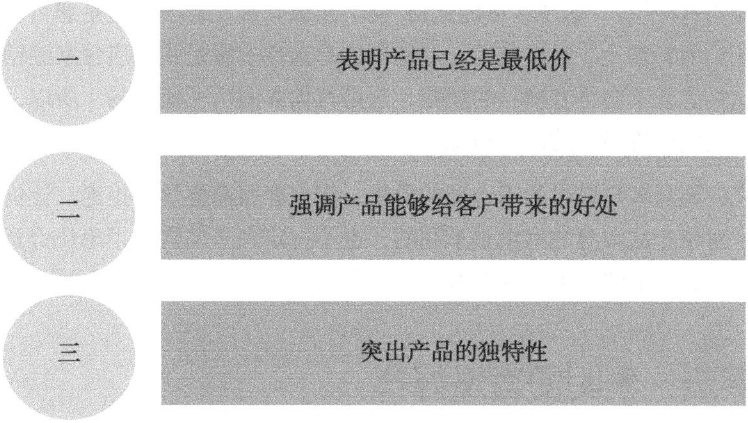

一
表明产品已经是最低价
二
强调产品能够给客户带来的好处
三
突出产品的独特性

图 7-2　拒绝客户讲价的三个步骤

1. 表明产品已经是最低价

与客户谈到价钱问题时，客服应当对自己的产品有足够的自信，表示产品已经是最低价，无法满足对方的还价要求，让客户明白自己的产品是值这个价钱的。这样，客户就不会信口开河，随意还价。

2. 强调产品能够给客户带来的好处

表明最低价后，再强调产品能够给客户带来的好处往往就可以打动有意向购买的客户。

比如这样说："花费两万元购买我们的设备和原料，按照贵公司的生产规模、每月的产量和产品单价计算，实际上贵公司一个月就完全可以把成本收回，然后就相当于免费使用我们的设备和原料。"

还可以这样说："我知道购买我们的产品会让您增加一笔开销，但是，使用以后您会发现，它带来的产品质量的提高、数量的增加都将远远多于您今天所花的钱。"

在拒绝客户讲价时，你要将着眼点放在产品的使用价值上，放在购买产品能给客户带来的好处上，只有这样才能打动客户。

3. 突出产品的独特性

如果客户还没有做出最终购买决定，你需要继续加一把火，表明你的产品无可替代，别的竞争对手没有，客户就会倾向买你的产品。在推销过程中，淘宝客服一定要让客户感到如果不在你这里买，对他来说将是一个极大的损失，这样便有可能迫使客户让步，接受产品定价。"

此时，应当这样说："您现在可能觉得 660 元钱有点儿贵了，但是您可以仔细看看，这件衣服的工艺和面料都是非常讲究的。最特别的是这件衣服是我们店独家经销的，设计风格独树一帜，这样您就不会再有撞衫的烦恼，这是其他衣服所不能比的。所以，对于这样与众不同的产品，我们的价格真的已经很低了。"

总而言之，面对客户提出的不合理的价格，淘宝客服需要学会拒绝。让价意味着产品价格高于价值，对于产品本身的形象是不利的，也不一定利于销售；拒绝让价意味着产品已经是最低价，是物有所值的，反而促使客户放心购买。

7.7 诚实法：表明便宜没好货

很少有人能够花很少钱买到品质高的产品，这几乎成为一个真理。诚实法就是坦诚地告诉客户便宜没好货，不要心存侥幸。比如，你可以这样说："如果您确实想要价格更低一些，非常抱歉，我们这里没有，据我了解，其他地方也是没有的。不过我们的 XX 产品虽然稍贵一些，但是质量可以保证，您可以看一下。"

赵华在天猫上看上一套衣服，价格为 2800 元，觉得太贵了，可是又非常喜欢，于是开始与客服李慧杀价。

赵华："这套衣服太贵了，能不能便宜点儿？"

李慧："真的不贵！这可是意大利名牌，又是今年的最新款，我们卖得是最便宜的了！有心买我给你打个九五折。"

赵华："六折！"

李慧："不可能！哪有那么便宜，我们进货都进不来，如果有那么便宜的，您卖给我好了。这样吧，看您有心，给您最低价，九折！"

赵华："九折太贵了，最多七折，卖不卖？"

……

最终，赵华还是没有下单，因为李慧虽然给了折扣，但是没有达到他的预期。试想，如果李慧最初坚持不让价，通过诚实法表示一分钱一分货，那么赵华下单的可能性就会增加。

赵华："这套衣服太贵了，能不能便宜点儿？"

李慧："是的，这套衣服确实有点儿贵，但是一分钱一分货，我们的衣服是意大利名牌，而且这件是今年的最新款，这个价钱是非常值的。便宜没好货，而且您也看不上呀！像这么名贵的衣服最适合一些优雅的男士穿。”

听完这番话，赵华估计会衡量一下自己的承受能力，如果能够承担，必定会下单。

近年来，国人的感官意识和审美水平普遍提高，购物时在质量与价格之间选择质量的越来越多。高质量的产品给客户带来的好处是省时又省心，但依然有些客户为了一时贪图便宜而选择价格最低的产品。便宜的产品到底能不能买？便宜的产品到底有没有好货？你可以为客户分析分析，让他们对便宜没好货有一个清晰的认知。对“便宜没好货”分析的五个方面如图 7-3 所示。

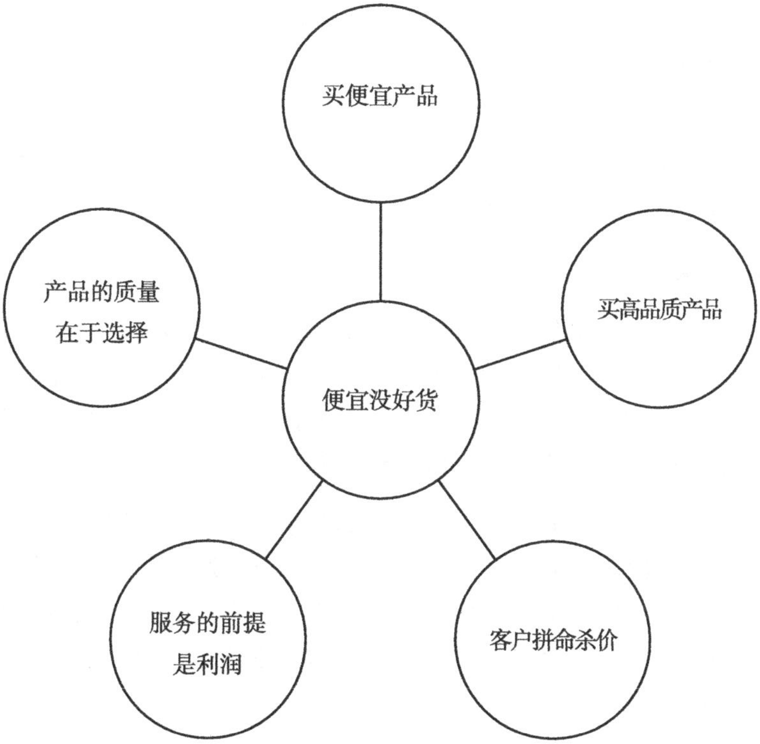

图 7-3　对“便宜没好货”分析的五个方面

一、买便宜产品

如果客户想要买便宜的产品，只有在杀完价购买的那一刻是开心的，因为他只花费了很少的钱！但是使用的时候很有可能没有一次是满意的。买便宜产品的投资不一定比买高品质的产品投资少，只是在其他方面把省掉的钱弥补回去罢了。

二、买高品质产品

在买高品质产品时，客户给钱的那一刻应当是非常心疼的，但是在使用过程中无时无刻都是满足的，感觉非常值。

三、客户拼命杀价

事实上，一块布变成衣服、一堆材料变成各种各样的零食，这些过程都是非常复杂的，需要投入的成本不像客户想象的那样简单。客户总是拼命杀价，但却没有考虑到产品的设计成本、人工成本、营销成本、淘宝店正常运营成本、管理成本、物流成本、仓储成本，等等。

四、服务的前提是利润

服务的前提是利润，这是任何一家公司生产的根本。为了保证产品质量、售后服务以及公司的正常生存，利润可以适当减少却不能消失。如果产品非常便宜，把保障生存的利润全都拿走了，那么产品的质量、售后服务很有可能就是无法保障的。

五、产品的质量在于选择

产品贵在品质，人贵在品位！很多客户抱怨说产品的质量不好，自己被骗了，事实上产品的质量都是自己选择来的。世上没有花最少的钱却能买到最好产品的事情。如果有客户问：“你的产品能不能便宜点？”你应当回答说：“我不能给您最低的价格，我只能给您最高的品质，我宁可为价格解释一个小时，也不愿为质量道歉一辈子。”

站在追求便宜的基础上来看待客户群，其心理需求大多体现在以下三个方面：第一，希望产品所包含的营销成本、品牌建设成本、渠道成本以及服务成本等看似和产品使用无关的成本越低越好；第二，希望产品能够更高比例地匹配自己的需求，而尽可能不为不需要的商品特性去花多余的钱；第三，希望自己能够遇到、等到或者找到“非正常定价”的产品，比如尾货、促销品等。

客户的这三种心理需求都是正常的，但是全部实现的可能性非常小。对于便宜，大家应当辩证看待。综合风险、时间、精力、长期使用成本、需求契合度等因素，便宜一样是一个有着不同解读的概念。

总的来说，消费和市场是一个非常复杂的体系，时间、精力、过程、适合程度、实用、风险等都是需要注意的因素。至于期待非正常定价，客户以此为路径去消费的话，无非是两个结果，一个是为了便宜消费而消费，买了没必要的东西，另一个就是很容易上当受骗。

7.8 分析法：综合分析价格、品质与售后服务

客户在做购买决策的时候通常会参考三个方面：第一个是价格、第二个是品质、第三个是售后服务。当客户讲价的时候，你应当对产品的价格、品质与售后服务进行综合分析，让客户真正爱上你的产品，而不是在价格上与客户过多纠缠。

比如，当客户说某同类产品比你的价格低的时候，应当这样对客户说："先生，您说的或许是真的。每个人都想以最低的价格买最好的产品。但是我们的产品保证正品，假一罚十，同时我们提供完善的售后服务。您在其他店铺购买，不仅无法享受到这么多服务项目，还极可能会买到高仿产品。如此情况下，您不仅浪费了时间，也没有节省到钱，还不如在我们这里购买。"

面对客户的讲价，很多客服会这么说："这是老板定的价格，我也没办法！"

客户："向你们老板申请一下！"

然后，客服又回答："我们已经打过折了！"

这种回答无可厚非，但是很难将客户留下。

"亲，我可以给您便宜一点！"这种回答也比较常见，但是客户永远都嫌贵，更何况你的利润可能本就不多。

以上回答都是错误的，尤其是说给客户便宜一点的。当客户讲价时，客服真正要做的是让客户知道产品定价的理由，打消客户继续讲价的念头。那么，唯一的方法就是综合分析产品的价格、品质和售后服务。很多客服不会讲产品，只会说："我们的产品物超所值！一分价钱一分货！"这种说法非常笼统，难以让客户信服。

分析产品价格的时候，应当涉及材料成本、宣传费用等；分析产品质量的时候，需要介绍产品的材料、款式、特性、功能等；分析产品售后服务的时候，可以讲到服务与承诺等。综合分析产品价格、品质和售后服务的方法，如图 7-4 所示。

一	产品价格：材料成本、宣传费用
二	产品质量：材料、款式、特性、功能等
三	售后服务：服务与承诺等

图 7-4 综合分析产品价格、品质和售后服务的方法

既然要打消客户继续降价的念头，客服应当怎么回答呢？明确地拒绝肯定是不可行的。比如，一个男孩追求心上人："晚上一起看电影吧？""不去！""晚上一起散步吧？""不去！"如果女孩这样拒绝追求她的人，估计她的人缘不会好到哪里去。

所以当你遇到客户询问是否能便宜一点时，首先不能直接拒绝，而是把问题绕开。毕竟在谈判价格的时候，客户是占据主动优势的，因为钱在客户手里。而谈论产品的时候，客服就比较主动，因为你比客户更了解产品。

那么怎么回答客户呢？

当客户问："你能便宜点吗？"

如果你是卖鞋子的，可以这样说："您先看这个款适不适合，如果不适合，再便宜您也不会要的。"这样就可以先把价格绕过去，然后讲产品。下面我们看赵华为公司购买企业检验软件的案例。

赵华："我想问问你们软件的报价，我们公司想上一套检验软件。"

李慧："我们的报价是 86000 元。"

赵华："这么贵？有没有搞错？我们不是知名大企业，只是一家小公司，不需要敲诈我们吧！"

李慧："我们制定的价格是综合考虑了各种因素。首先，我们的产品质量在行业内是首屈一指的。我们历时 5 年开发了这套软件，现与全国多家用户单位合作。通过整理全国的意见和建议，我们的软件不断优化提升，因此在通用性、实用性、稳定性都有保障。另外，我们的检验软件能出检验记录，这在全国同行中是首例，这也是我们引以为豪的。您可以进行考察。"

赵华："那也还是太贵！你看人家 XX 的才卖 6 万元。我有诚意成交，不过你们需要再便宜一点。"

李慧："您说到的 XX 软件，我也略有了解。他们的软件功能模块非常齐全，包括检验、体检、管理、收费、领导查询等。然而他们最大的劣势就是把软件做得全而不深。我们的宗旨是将软件做到既广又深，就拿检验这一块来说，我们只需要输入少量的原始数据就可以通过计算机做出检验记录。而他们的软件要求录入大量的数据，并经过人工计算，最终实现打印功能。哪一个软件方便又快捷，聪明人一看便知。另外，我们的软件也实现了领导查询和管理功能，同时仪器和文档方面也在改进，软件正在进一步升级。"

赵华："我还是觉得太贵。"

李慧："是这样的，您买软件一定不仅看重软件功能，售后服务也非常重要。尤其是工程类软件，与通用性软件的区别较大，售后服务对于客户来说是不可缺少的。我们向您承诺，在合同期间我们对软件免费安装、调试、培训以及升级。一些像您一样的客户最初也反映说我们的软件比较贵，但自从用过之后就不再抱怨了，因为我们的服务超出了他们的预期。为什么这么说？我们的目标就是通过优质产品和高质量的售后服务来平衡价格在客户心中的分量，尽量给客户创造超值的体验。根据老客户反映，应用我们的软件对他们提升生产效率有很大的帮助。"

赵华："是这样啊！你们的软件确实不错。我希望你们可以派一个工程师来我们公司看一下具体情况，我准备用你们的软件。"

就这样，通过综合分析软件的价格、品质与售后服务，赵华接受了李慧报出的高价格。李慧成功拿下了 86000 元的订单。

7.9　转向法：客观讲述同类产品弱势

转向法是指当客户讲价时，不提自己的产品优势，而是介绍同类产品的弱势，并通过这种方法消除客户的心理防线。比如，你可以这样对客户是说："我一个客户 XXX 上个月购买了 XX 产品，价格是比较低的，但是没用几天就坏了。由于质量非常不稳定，他要求换货，但是对方态度十分不好，还不给予处理……"

有一些客服认为不能直接对客户讲其他产品的不好，以免引起客户的反感。其实，这并不是绝对的。当客户对你没有丝毫信任甚至与你站在对立面的时候，这时你去说其他产品的不好，客户可能会很反感；可是，当客户有意购买你的产品，只是在价格上没有谈拢时，你讲一讲其他同类产品的弱势，还是能够增强客户购买你产品的欲望的，另一方面也可以为自己产品的定价提供理由，让客户不会过于执着让价。

但是，在讲同类产品弱势的时候一定要客观，不能对竞争对手恶意攻击，以免让客户产生怀疑。通过转向法讲述同类产品的弱势，突出自身产品的优势，首先需要清楚产品的哪些方面容易影响客户对价格的判断。一般来讲，影响到客户对产品价格敏感度的因素有三个，如图 7-5 所示。

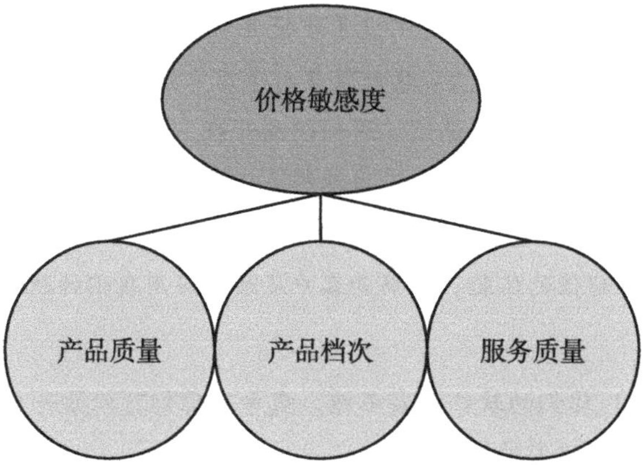

图 7-5 影响客户对产品价格敏感度的因素

1. 产品质量

如果产品的质量非常好，符合客户的心理、生理需要，具有很高的使用价值，那么客户对价格的高低就不是非常敏感了。在这方面，淘宝客服可以介绍某款同类产品让客户看，并分析其质量劣势，以此反衬自己的产品质量好。

2. 产品档次

一般来说，产品的档次越高，客户对价格反应的敏感度越低。高档产品一般是由购买力水平比较高的客户来消费，他们往往对价格的高低并不在乎，价格越高，越能满足他们的自尊和表现自我的消费心理需要。在这方面，淘宝客服可以介绍某款同类产品给客户看，并分析其产品档次不够，尽管价格不高但是无法体现客户的品位。

3. 服务质量

淘宝客服的服务质量也影响着客户对价格的敏感度。如果能够保证为客户提供满意的服务，那么，即使你所推销的产品比竞争对手的价格高一些，客户也会愿意购买的。因为客户会把任何一种额外的服务项目都看成是某种形式上的降价。比如，客服在向客户推销产品时提出一种保证，即保证正品，若发现是假冒产品包退包换或者提供七天无理由退换服务等。在这方面，淘宝客服可以介绍某款同类产品给客户看，并分析其售后服务不好，就像文章开头所提的案例一样。

天猫上有一家珠宝旗舰店，店里的绿松石珠宝卖得非常不好。为了把库存的绿松石珠宝都卖出去，老板决定降价销售。于是他指示客服们将珠宝的标价降低一半，并将绿松石珠宝和其他质量较差、档次较低的珠宝放在同一个页面上进行销售。粗心的客服按照老板的指示把绿松石珠宝和其他质量较差、档次较低的珠宝陈列在一起，却误将价格调高了一倍。结果让老板大吃一惊，价格上涨一倍后，这批绿松石珠宝居然被全部卖掉了。

在上述案例中，绿松石珠宝之所以能够以较高的价格被卖出去是因为转向法的应用。优质的绿松石珠宝和其他劣质珠宝同时出现在客户眼前，客户很容易看出绿松石珠宝非同一般的品质。这样虽然价格高了点儿，但由于此时客户对价格的敏感度较低，所以也愿意花高价买高质量的绿松石珠宝。

在使用转向法应对客户讲价时，淘宝客服要注意一点，那就是一定要客观介绍同类产品，不能无根据地对竞争对手进行恶意攻击，以免让客户产生怀疑，甚至是厌烦心理。

7.10 提醒法：提醒客户假货泛滥，不要只看价格

180 元的路易·威登（Louis Vuitton）手袋、490 元的香奈儿（Chanel）手表、1000 元的数码单反、3000 元的苹果 iPhone6，随便在淘宝上搜一下相关产品，就会蹦出一大堆打着超低价旗号的名牌产品。然而，只要是稍微有点智商的人都不会上当，可是偏偏有些客户觉得卖得便宜是因为搞大促或者其他理由，于是乖乖把钱送上，等到收到假货的时候便只能生生吃下这个哑巴亏。

当客户想要以最低的价格购买最高品质的产品，而你的产品不能降价时，可以使用提醒法提醒客户网上假货泛滥，千万不能贪图小便宜吃大亏。

比如，你可以这样提醒客户："以较高的价格购买高品质的产品，服务高品质的生活，或者以较低的价格购买劣质产品，降低您的生活品质，您会选哪一项呢？您愿意牺牲产品的品质只为了便宜吗？如果是假货您又怎么办？您确定没有良好的售后服务，产品可以安心使用吗？有时候您只需要多投资一点，就可以获得我们真正要的产品，这也是蛮值得的，您说对吗？"

以销售电动车为例，客服是这样使用提醒法的："价格不是购买决策的唯一依据。当然，大多数人都没有想过买一辆高价电动车，毕竟只是一个代步工具。但是像您这样想要低价购买电动车是有很大问题的。买的电动车贵，您最多损失了一些钱；但买的太便宜，您将会损失更多。一方面，您买的电动车很可能是假货，与您预期中一点都不一样；另一方面，您买的电动车可能质量非常差，如果仅仅是质量问题还不要紧，毕竟钱财乃是身外之物，如果关系到您的人身安全，又怎么办呢？"

客服接着说："在购买任何产品时，多花点钱一定是值得的。假如您同意我的看法，为什么不多花一点钱，选择品质更好、售后更有保障的电动车呢？当您感受到产品所带来的好

处和满足时，一定不会后悔花高价买下它，您说是不是呢？”

在提醒客服贪便宜容易买到假货的时候，如果能够使用具体的案例会更有说服力。比如说：“个别客户贪便宜，买了假的 UGG 雪地靴。您可以想想看，一双鞋子，有的店铺卖 60 元，有的店铺卖 260 元，您觉得哪个是真的？您肯定会去看图片和描述吧？但是现在，有些商家昧着良心做生意，他的图片也许是盗用别人的或者经过很大处理的。以现在最盛行的 UGG 雪地靴来说，大部分图片都是一样的，都自称是实拍，您相信吗？”

客服接着说：“回到 60 和 260，也许很多图便宜的客户就选择 60 元的那双。结果呢，买回来与图片描述的完全不一样，有的客户可能就不在乎，反正 60 元钱，有的客户却很生气，60 元钱买回的这是什么？找客服，投诉，给差评等麻烦事接踵而来，如果商家不吃您这套呢？既然敢卖假货，很有可能信誉都是花钱作假的。人家信誉那么高会在乎一个差评么？您最后只能是哑巴吃黄连有苦说不出。”

赵华在李慧的服装店里看中了一件风衣，卖 260 元。据赵华说，他前几天贪便宜在另一家店铺里买了一个同样款式的，才花了 60 几元，结果买回来根本不是什么大衣，而是皱皱巴巴的破布。

当时，李慧家的那款大衣只剩下一件所以搞特价，才卖 260 元，其他店里同款都卖 300 多，进价是 180 元钱。

李慧提醒广大客户：“便宜没好货，好货不便宜。淘宝逐渐走进人们的生活，价格也逐渐和实体店差不多。只有刚刚起步的小商家，才会把价格压得特别低作为战略。大家想想同样的东西，价格上哪会有那么大的差异呢？差个三五十元也许是正常的，要是差几百元，您还觉得正常么？我自己也在淘宝上买东西，但是从来没有买到过不满意的东西。我总是货比三家，不选最贵的，也不要最便宜的，既不让自己多花钱，也不会去贪小便宜，所以我每次买回来的东西都让我很满意。”

以上是总结的应对客户讲价的十大对策，淘宝客服们应当学会并熟练运用。方法是技巧，方法是捷径，但使用方法的人必须做到熟能生巧。这就要求客服在日常推销过程中有意识地利用这些方法，进行现场操练，达到“条件反射”的效果。面对客户的反应，你的大脑不需要思考，应对方法就出口成章。到那时，在客户的心中才真正是“除了成交，别无选择”！

第 8 章　临门一脚，提升成交率

Chapter Eight

常常听到淘宝商家抱怨，自己的产品非常好，该回答的问题也都回答了，客户为什么就是无法立刻做出决定，不能立刻购买产品呢？要想让客户快速采取行动，你还需要踢出临门一脚，给客户一个充分的理由下单购买你的产品。

8.1　限时促销，表明订购时限

大家在日常生活中都有这样的体验：如果我们所做的事情被规定了最后期限的话，那么我们就会感到有一种压力促使我们迅速采取行动来将它完成；如果没有最后期限的要求的话，那么我们很可能会一再拖延。客户购买产品时也是一样的，如果淘宝商家能给他规定一个销售的最后期限，那么他做决定时会容易得多。

比如，一位淘宝客服对客户说："我们促销的时间就是这两天，以后就没有优惠了，所以现在买是最划算的时候……不然您得多花好几十元呢，省下的钱拿来买点儿别的东西多好……"淘宝客服为客户下单找到了一个充分的理由——促销时间即将结束，以后不可能再有这样的优惠。大部分客户听到淘宝客服这样说都会立即采取购买行动。某淘宝商家限时促销图片如图 8-1 所示。

现在很多淘宝卖家都知道了限时促销的重要性，经常在一些特殊节日里举办限时促销活动，比如春节、情人节、双十一、双十二等。一般来说，限时促销的时间为一至三天。

在促销的时间设置上是非常有讲究的。比如某个产品在某个时间段里做促销，那么这一段时间应当能保证想要购买的客户都能买得到，让 80%以上的客户都能享受到这样的优惠。

另外，订购时限也不能过长，时间太长的话，那么对促销的活动时间就没多大的意义了。要是每个客户都能买上你的产品的话，那么客户也会降低期待的购买欲，同时还会失去客户下单购买的积极性。

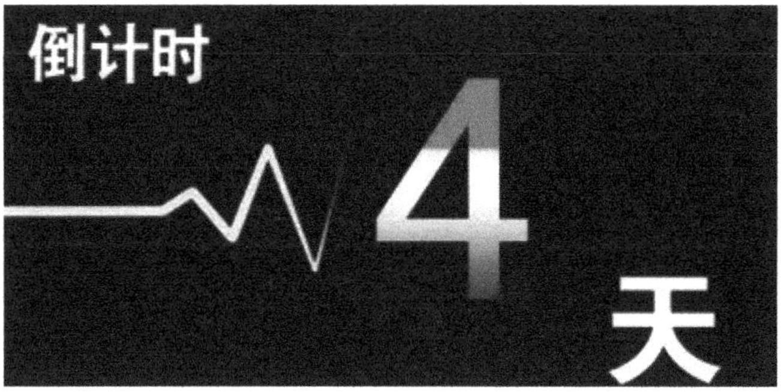

图 8-1 某淘宝商家限时促销图片

限时促销的优惠力度上不能太大，优惠太多会让客户觉得你的产品没有保障。在大型的限时促销活动促销里，正常情况的折扣都是设置在三至五折之间。如果淘宝商家想要长期搞限时促销的话，设置的折扣一般为六到八折。当然，如果一年四季都是一成不变的限时促销活动，客户知道后的购买欲将会大大降低。

总之，限时促销是一个效果非常好的促销方式，也许会让淘宝商家在短时间内取得前所未有的成绩。限时促销不仅抓住了客户害怕得不到的心理，刺激了客户的购买欲望，还会在人气、销量、排名、流量、营业额等方面对店铺有一个大大的提升。

8.2 限量发售，表明数量有限

有一个犹太商人拿着三件稀世珍宝到一个大型的拍卖会上出售，一共开价两千万美金。第一次出价，根本没人回应。

这个商人当机立断，打碎了一件，人们在惊讶之余都感到很痛惜；第二次出价，两件仍开价两千万美元，可惜还是没人买，于是商人又打碎了一件，众人大惊，情绪波动十分强烈；第三次出价，只剩一件珍宝了，商人仍开价两千万美元，众人皆抢……

俗话说，物以稀为贵。在销售过程中，当客户感觉某款产品缺乏的时候，会有一种怕得不到的紧迫感，然后毫不犹豫地购买。针对客户这样的心理，很多淘宝商家经常开展限量发售活动，向客户传递出再不买就没有了的信息。这时，客户往往会选择在此时进行“疯狂购物”，就算价格比同类产品高一些也乐此不疲。

比如，当客户遇到换季清仓大甩卖时，他们往往会表现得很积极，不用你多费什么口舌，他们就能立即购买。这就是因为甩卖的产品数量有限，他们必须要在货品被“抢光”之前立即下单购买。否则，“过了这个村，就没这个店了”。

设想一下，当你对是否购买某件物品拿不定主意，可以将这件产品加入购物车，之后随时可以购买时，你会马上做出决定吗？也许你可能还要犹豫上好几天。但是，如果这时淘宝客服对你说产品只剩下一件或两件，随时都有可能销售一空，而且不会再上新货，那么你就必须得马上做决定了，而且成交的可能性会很大。

作为一名淘宝客服，如果你老实巴交地告诉客户：“我们这款产品库存还很多，您可以慢慢考虑。”如果被店铺掌柜知道，少不了要挨一顿批评。因为，你的说法给了客户很大的选择余地，客户很有可能会将产品加入购物车，最后将这事抛之脑后。

孙小金是一家运动器材公司的销售员，两天前他去拜访客户杨经理，准备向他推销运动器材。和杨经理寒暄之后，孙小金开始向杨经理介绍自己的运动器材。

杨经理：“不好意思，目前我还没有打算购买运动器材，如果需要的话，我一定会给你打电话，把你的名片留下怎么样？”

孙小金知道杨经理在下逐客令，赶紧递出自己的名片，然后接着说：“听说您的母亲就要过七十大寿了，刚才我还在小区里见过她，身体状况看上去很不错啊，老夫人肯定会很长寿的。”

杨经理：“唉，老人家嘛，虽然平时保养得很好，可毕竟上了年纪了，身体也是一天不如一天了。”

孙小金：“老年人确实需要保养，但平时还是要做些运动才行，这样一来能增强身体的抵抗力，还可以保持一个好心情。”

杨经理：“以前她倒是经常锻炼身体，可如今不行了，稍微一动就觉得累，我现在最担心的就是母亲的身体了。”

孙小金：“我们公司的这套运动器材正好比较适合老年人用，运动幅度也不是很大，用起来也安全方便，正好可以帮助老太太锻炼身体呢。再说老太太正要过七十大寿，如果在这个时候送她这个礼物，不正是祝她健康长寿的意思吗？”

孙小金顺势把运动器材的所有好处都说了个遍，当看到杨经理已经流露出购买意愿后，孙小金说：“您想想，如果您不能在母亲七十大寿的时候送她一件有意义的礼物，她一定会感到很失望。我们的运动器材既有实用性，又能让她老人家感受到您的孝心，一举两得，多好的事啊。其实这种运动器材现在只剩下三台了，如果现在不买，等您想买的时候恐怕这一批已经售完了，公司总部再发货，至少也需要等半个月时间。错过了您母亲的七十大寿，那岂不是太遗憾了！”

杨经理：“好吧，那这样好了，我现在订下这个器材，等到我母亲生日那天，你再送到我家里来，我想给母亲一个惊喜！”

案例中的销售员孙小金巧妙地运用了善意的“心理加压”，从情感的角度出发，暗示客户如果不买这个产品将是一个很大的遗憾，同时告诉客户这种运动器材只剩下三台，下次发货至少也得半个月，让客户产生了危机感。孙小金的“心理加压”恰到好处，既站在客户的角度帮他考虑了家庭问题，又表现出对客户母亲身体健康的关心，这样客户就更容易下定决心购买了。

通过孙小金成功销售出运动器材的案例，淘宝客服可以学习到“限量发售”促使客户成交的方法。一般来说，只要是对产品感兴趣的客户，都会“听话”地买下。

一般来说，通过“限量发售”促使客户下单，你可以这样说：“我们每个款式的数量都不多，您今天喜欢的，明天就不一定有了，所以我建议您把握住这个难得的机会，否则明天我想帮您忙可能都无能为力了！”或者“您看上的这套，卖得非常好，现在我们店里就剩下一套了，来得早不如来得巧，您运气真好！”或者“这款衣服就剩下这最后一件了，而且货源也比较紧缺，短期内我们不会再进货了，您要不买恐怕以后真买不到了。”

如果你的产品在同行中具有优势，就可以使用这个方法促使客户下单。小米手机不就是通过限量发售进行饥饿营销，使得每一款手机发行时都销售火爆的吗？

8.3　优惠力度，表明随时恢复原价

同样的订单，每一位客户都希望自己拿到的价格是最低的。在销售的最后环节，如果淘宝客服告诉客户当前的产品价格有优惠，并且随时都有可能恢复原价，现在不买以后的价格将会比现在高，那么客户自然愿意在涨价之前购买产品。

如图 8-2 所示，为淘宝某食品专营店的鱼罐头产品详情页。可以发现，该产品的原价为 72 元，现价为 29.5 元，促销力度是非常大的。其标题“茄汁鲭鱼罐头 120g×6 罐礼盒仅亏一天明天恢复原价”表明产品的优惠力度大，第二天就会恢复 72 元的原价。在活动当天，该款鱼罐头的成交量达到 1000 单。

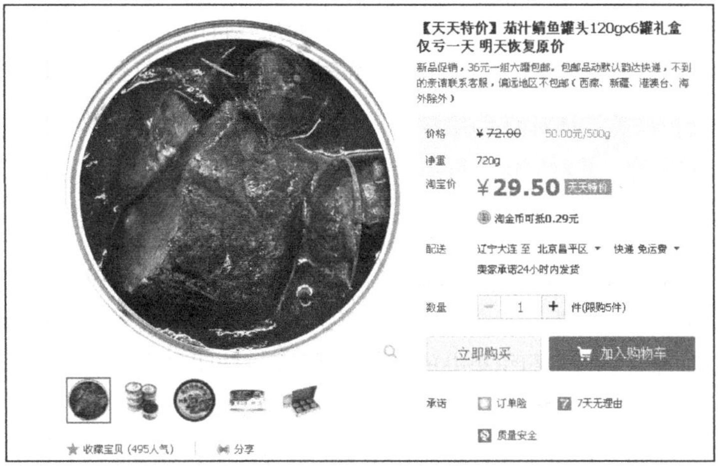

图 8-2　淘宝某食品专营店的鱼罐头产品详情页

向客户表明产品随时恢复原价的方法可以在一定程度上刺激客户的购买决定，但是这一招不能随便使用。假如你告诉客户产品会在两天内涨价，结果客户购买后发现产品一直都是那个价格，没有涨价，客户很可能会生气地指责你是“骗子”，从而再也不来你的店铺买东西。

另外，关于标明原价，通过优惠力度刺激客户购买的淘宝商家行为，淘宝也发布《淘宝价格发布规范》对商家进行了约束。该公示对于防止商家虚构原价，虚假促销起到了很好的防范效果。《淘宝价格发布规范》详细内容如下：

一、商家在淘宝（含淘宝、天猫、聚划算等平台）发布商品/服务时填写的所有价格，均应严格遵守法律规定、遵循市场规律，确保可以提供任一价格的合法依据或可供比较的出处。商家不得虚构原价，不得虚假促销，淘宝价格作弊会收到一定惩罚。

二、淘宝对商品/服务的价格展现提供多种形式。

1. 商家在商品/服务发布页面填写一个价格、且不使用任何工具对该商品/服务进行营销的，商家初始填写的价格即为拟成交价，宝贝在前台仅展现一个价格。
2. 商家在商品/服务发布页面填写一个价格、且使用工具对该商品/服务进行营销的，则此时商家初始填写的价格并非该商品/服务的拟成交价，它会因为商家使用工具而在宝贝展现时被系统划上横线（“划线价”），以示与拟成交价的区别。

三、商家对商品/服务的价格展现形式具备自主管理的权利。

1. 商家要求商品/服务仅展现一个价格（即拟成交价）的，商家在商品/服务发布页面仅填写一个价格、且不使用任何工具进行营销。商家可随时返回商品/服务发布页面修改价格。

2. 商家要求商品/服务既展现拟成交价、也展现划线价的，商家填写初始价格后使用工具对商品/服务进行营销，宝贝会因为商家使用工具而在前台展现多个价格。

3. 商家使用折扣类工具对商品/服务进行打折促销的，商家应当确保打折的基准价为商品/服务的原价，并对原价、折扣、拟成交价的真实性、准确性、合法性负责。

4. 商家使用其他工具对商品/服务进行营销的，商家应当对所有划线价、拟成交价的真实性、准确性、合法性负责;划线价必须为满足法律及本规范规定的真实价格。

四、商家报名参加淘宝组织举办的折扣类营销活动，应当依法提供原价，并按照原价的基准真实打折。商家参加淘宝组织举办的其他营销活动，可以按照淘宝的要求提供相应的活动价格，且商家应承诺所有价格均满足本规范第一条的规定。

五、商家有任何虚构原价、虚假促销行为的，商家应承担所有的违法责任。

*根据《国家发展改革委关于<禁止价格欺诈行为的规定>有关条款解释意见的通知》的规定，原价是指经营者在本次降价前七日内在本交易场所成交的有交易票据的最低交易价格;如前七日内没有交易价格，以本次降价前最后一次交易价格作为原价。法律禁止任何虚构原价的行为，经营者所有的打折促销应在原价基础上进行。

《淘宝价格发布规范》作为淘宝打假的一部分，让商家虚构原价，通过虚假优惠吸引客户购买的方法行不通了。作为淘宝商家，应当严格遵守淘宝发布的各种规范条文，实事求是。只有给客户真正的优惠，才能从根本上留住客户。

8.4　赠送运费险，让客户安心

运费险即退货运费险，是一种运费保险，包括退货运费险（卖家）和退货运费险（买家）两种，本节主要讲的是退货运费险（卖家)。如果商家的产品加入了“7天无理由退换货”服务，那么就可以为购买产品的客户购买运费险。在客户确认收货之前，一旦发生退货，系统会根据客户的收货地与商家退货地之间的距离来判断赔付额度。这样就避免了退货运费由谁承担的纠纷，对商家和客户来说是互惠互利的。

对于一些流量少、成交量少、取得淘宝认证少的新店铺来说，能够得到客户的信任是非常困难的。就算你的产品和服务在质量上绝对保证，但是客户也是不愿意冒险的。虽然有的客户大胆，敢于做第一个吃螃蟹的人，但是也会担心产品不符合自己的心意，这个时候，运费险就显得尤为重要了。

对淘宝商家来说，花费几毛钱的成本就可以买到客户的放心。对客户来说，购买有运费险的产品就相当于免费获得现场检验产品效果的机会。这样的话，客户就会动心了。另外，淘宝商家申请退货保险服务的成本并不高，每单只需要几毛钱，前提是加入消费者保障。

运费险在存在便利的同时，也有很多问题。本节针对运费险的优势及问题做了主要的说明。

一、优势

运费险将退货的成本转嫁给保险公司，保障了淘宝商家和客户的双方利益。在购物中，如果商家加入了运费险服务，对于客户来说，购买前可以增强购买信心，购买后可以加快退货的沟通成本和经济成本，提升退货体验。对于商家来说，因为保险产品有保费低、投保易、理赔快等特点，更有力的满足了需求，使此产品销路畅通。

二、问题

1. 运费险理赔有三个漏洞，内容如图 8-3 所示。

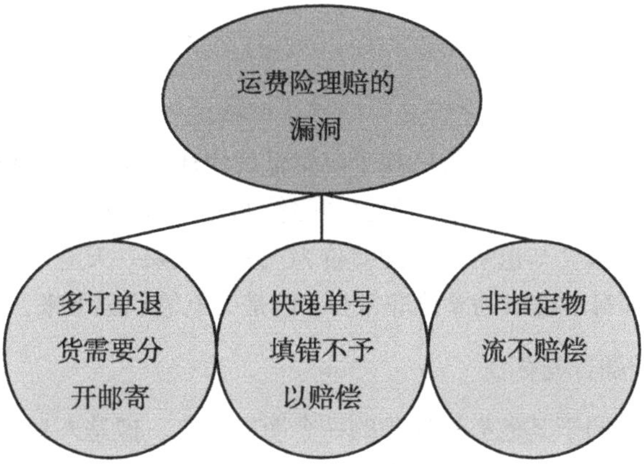

图 8-3　运费险理赔的三个漏洞

（1）多订单退货需要分开邮寄

有客户反映自己在 2015 年底在同一商家购买了五份加入运费险服务的订单，最后因产品不满意选择退货。由于产品比较重，该客户支付了将近 50 元运费。但在申请退款时，却只有一个保单有效，其余保单均被拒赔。几经交涉后，保险公司客服向其解释：保险理赔是以退货物流单号为凭证，一个物流单号只能赔付一份保险。也就是说，因为该网友没有分开退货，他所享有的另外四份保险即便发生了退货，也不能获得理赔。

经证实，在《退货运费险（卖家）投保协议》中对上述条款有明文规定。但是，对客户来说，对于享受运费险的范围、规则等很难有清晰认识。

（2）快递单号填错不予以赔偿

《退货运费险（卖家）投保协议》中规定，“如果客户申请退货时所填写的物流单号为不可查实的虚假单号，则保险公司将不承担退货运费保险相应的保险责任。”因为快递单号填错无法修改而遭拒赔的客户是非常冤枉的。在各大投诉网站中，相关投诉高居榜首。十几个数字的运单号只要稍不留意就会填错，无法修改导致客户利益损失实为不合理。

（3）非指定物流不赔偿

有客户反映自己在淘宝某知名品牌店铺买了一台煤气灶，享受卖家投保的运费险。退货时，该客户选择了当初提货的物流公司，但是却遭拒赔，拒赔理由是“未选择与淘宝平台签约的物流公司”。

在《退货运费险（卖家）投保协议》中并没有相关条款，也没有说明哪些物流公司与淘宝平台签约。对此，很多客户愤愤不平。

2. 道德风险和逆向选择

（1）无风险套利交易

职业骗保师是继职业差评师之后又一门寄生网购的新行当。职业骗保师的具体操作流程：选择购买赠送运费险的产品，然后找个邮费低的快递公司退货，赚取赔偿金和退货费用之间的差价。比如北京到广东的单子保险公司赔偿九元，而一些小快递公司为了应对激烈的竞争运费低至六元。赔偿金与退货运费的差价为三元，如果一天退 50 单，就能有 150 元的收入。尽管职业骗保师每单赚取的差价非常少，但是一笔笔积累下来，也是一笔不小的数目。

（2）逆向选择问题普遍存在

逆选择是运费险不同于其他类别保险的一个明显特点。像是人身保险或者财产保险等，其未来的风险是难以预测的，而运费险则不同，投保人在购买运费险时可以在一定程度上预测到未来退货可能性的多少。比如，退货率低，商家就不会投保运费险；退货率高，商家就会选择投保。这样，总是那些退货率高的产品才投保运费险，这就导致该险种逆选择程度比较严重，从而影响了保险公司的利润和积极性。

8.5 制造恐惧心理，迫使客户成交

事实上，在与客户沟通的时候，最有效的方式不是说服客户，而是让客户心灵受到震动，自己说服自己，而你只需要提供一些事实，数据和体验就可以了。制造恐惧心理就是一种非常有效的让客户自己说服自己购买产品的方法。具体来说，是通过直接的方式让客户看到身

边潜在的危害，将问题放大来说，使客户通过眼前的事实以及现场感受与体验说服自己，并急切的想要通过购买产品解决问题。

当你告诉客户，如果他们现在不买产品可能会失去某些利益时，客户必然会产生或多或少的购买欲望，这显然比直接告诉他们产品有多么好更有吸引力。但是要注意，利用客户的恐惧心理最好是和正面说服相结合，否则，容易引起客户的不安，造成沟通的不愉快。毕竟，这个世界上没有人愿意被威胁，客户更是如此。在这里，制造客户的恐惧心理是指对客户进行善意提醒。比如，护肤品店铺的客服可以提醒客户如果再不使用眼霜，眼部就有可能长出小细纹。

心理学家分析："客户购买产品或者服务，一方面是从中获得某种实惠或者给自己带来方便快捷，另一方面则是获得一定的安全感或健康需要。"当你发现客户对产品或服务比较关注时，便可以巧妙地提醒客户，如果不及时购买此类产品或服务，将会失去重要的安全或健康保障。有时，当正常的产品价值说明起不到决定性作用的时候，反方向的说明往往更能触动客户的内心。

当然，为了让客户产生恐惧，你需要先要弄清楚客户最关注的产品优势是什么，只有正确地进行定位，才能够使"恐惧"起到应有的作用，从而避免在一些客户不关心的细枝末节上大费周折。

田勇是深圳某电器公司的金牌销售员。一次，他拜访一个潜在客户朱总，想要推销一批新型的电机。表明来意后，朱总语气不善地说："非常抱歉，我们公司现在不需要购买新的电机。"

田勇明白和客户强行推销是没有用的，于是决定先了解客户当前使用电机的情况。田勇问："朱总，我知道您公司现在不需要购进新的电机，不过，我可以知道您公司的电机使用多长时间了吗？"

朱总回答："有五年多了吧。"

田勇接着说："这样啊，那么，在电机工作过程中，您有没有用手碰过？"

朱总："那倒没有，有什么问题吗？"

田勇回答："电机在使用过程中会散发热量，可是您不希望它的热度超过了国家规定的标准，是吧？按标准，电机的温度可比室温高 XX 度，但是不同车间的温度不同，这就使得电机的工作温度不同。一般来说，电机温度在 XX 度左右是正常的。如果您用手触摸工作中的电机，应当感到烫手，但不会烫伤。一旦电机使用时间过长或者出现老旧破损情况，电机的温度会超过正常值，这会有很大的安全隐患。您可以稍后测量一下您公司电机的温度，如果温度太高，对工作人员造成安全威胁就不好了。”

客户眉头紧锁，点头称是，表示会注意一下这个问题。

过了两天，客户打电话给田勇，称要订购一批新电机，因为旧电机的温度已经超出正常值很多，不能继续使用了。

在上述案例中，田勇针对电机安全性给客户制造了恐惧心理，最后成功拿下订单。当然，在运用这一招时，首先要认清客户是怎么想的、害怕什么、渴望什么，然后才能提出针对性的问题，让客户产生恐惧。

首先，找到客户的情绪弱点。恐惧普遍存在于在现代社会中，对于失业的恐惧，对孤独的恐惧，对疾病的恐惧，对灾难的恐惧，等等。还有一种恐惧被人类学家称为“全景恐惧”，是指一种扑面而来的失控感，这种高度恐惧会使客户产生自责、悔意、负罪感，使得客户急于得到安慰，从而将情感转化成行动，产生快速的消费。淘宝客服要找到客户的情绪弱点，加以刺激，对症下药，俘获客户的心。

其次，满足客户的渴望。对客户情绪弱点剖析之后，将之作为突破口，给消费者提出建议，引出正题——我的产品可以化解你的危机、满足你的渴望。

利用客户的恐惧心理迫使客户成交，产品的立足点必须是为客户解决某种问题，而解决产品的问题可以使客户在情绪上找到落脚点，这是商家与客户最深层次的沟通。下面总结了制造客户恐惧心理的三个注意事项，内容如图 8-4 所示。

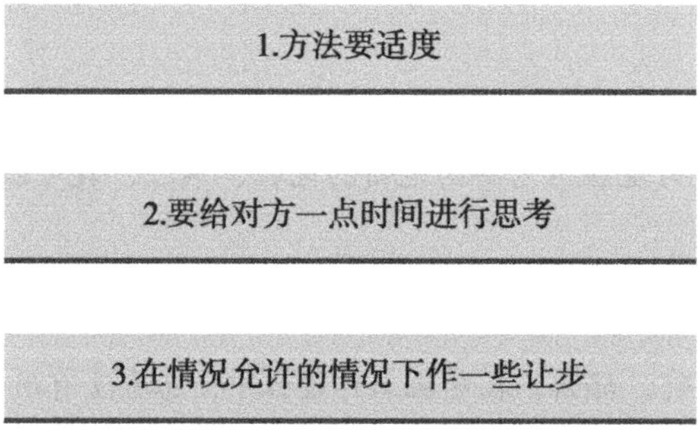
1.方法要适度
2.要给对方一点时间进行思考
3.在情况允许的情况下作一些让步

图 8-4　制造客户恐惧心理的三个注意事项

1. 方法要适度

有些淘宝客服利用客户的恐惧心理故意夸大客户生活中的危险和疾病的危害，借以欺骗客户成交，这种做法是不可取的。比如，有些淘宝客服为了让客户购买自己的补钙产品，向客户声称中国人大部分都缺钙。这些话表面上没什么问题，但实质上就是无视客户的现状，刺激客户购买产品。

因此在与客户进行沟通的过程中，淘宝客服必须保证自己的暗示是客观的、实际的，而不可以用谎言来欺骗客户的感情。

2. 要给对方一点时间进行思考

如果只顾着让客户恐惧，不给其时间进行思考，客户就会觉得自己受到了逼迫。那样的话，客户就有可能放弃购买，销售也会到此终止。

3. 在情况允许的情况下作一些让步

如果客户已经产生了恐惧心理，可是客户依然还不能作出决定，那么你应当适当地做一些让步，让对方觉得自己的坚持有了某些意义。那样的话，销售更容易成功。

总之，巧妙地利用客户的恐惧心理，在无形之中给客户造成压力，有利于促使客户接受产品或者服务。因此，想要成功地销售产品，就要学会怎么让客户“恐惧”。

8.6　步步紧逼提问，解决客户顾虑

如果客户在购买之前表现出拖延的意思，这说明了一点，客户在某方面有顾虑。他们会说：“我还是再考虑一下吧”“我再想想”“我和老公商量商量”“过几天再说吧”，等等。优秀的淘宝客服遇到客户推脱时，会先赞同他们：“买东西就应该像您这么慎重，要先考虑清楚。您对这个产品还是很有兴趣的吧，不然您不会花时间去考虑，对吗？”

当客户对你的观点表示认同，此时你需要紧逼一句：“我只是非常不明白，想了解一下您到底还在考虑什么，是我的服务没让您满意吗？”对方会说：“不是，我非常满意您的服务。”你再接着问他：“那是担心我们的售后？”他说：“哦，不，怎么会呢？”通过步步紧逼提问，让客户逐渐卸下心防，说出自己的顾虑，然后你就可以对症下药。

不过，由于种种原因，有些客户常常不愿意主动透露相关信息，这时如果仅仅靠你一个人唱独角戏，那么这场沟通就会显得非常冷清和单调，而且这种缺少互动的沟通通常都会归于无效。为了避免冷场并使整个沟通实现良好的互动，更为了销售目标的顺利实现，你应当学会通过开放式提问来引导客户敞开心扉。开放式提问的方式可以让他客户更愿意表达内心的需求，比如用“为什么……”“什么……”“怎么样……”“如何……”等疑问句来发问。

客户会根据你的问题提出自己内心的想法。之后，你就要针对客户说出的问题寻求解决问题的途径，这时，你还可以利用耐心询问等方式与客户一起商量，以找到解决问题的最佳方式。

“先生，我们的合作势在必行，双方都将受益良多。您要继续考虑，是不是我们还有什么问题呢。您可以说出您的顾虑，我们一定尽最大努力解决的。”

“因为这个项目是我们公司的重点工程，我承担着很大的责任，你们的产品稳定性有保障吗？”

“原来您顾虑的是这个，我们的产品……”

客户有客户的立场，他也许不会把真正的想法告诉您，他也许会用借口或不实的理由搪塞，或为了达到别的目的而声东击西，或别有隐情，不便言明。因此，你必须尽可能地听出客户真正的想法。

掌握客户内心真正的想法，不是一件容易的事情。你最好在与客户沟通时，自问下列的问题：客户说的是什么？它代表什么意思？他说的是一个事实？还是一个意见？他为什么要这样说？他说的我能相信吗？他这样说的目的是什么？从他的谈话中，我能知道他的顾虑是什么吗？从他的谈话中，我能知道他希望的购买条件吗？你若能随时注意上述几点，相信必定能成为一位优秀的淘宝客服。

客户最犹豫的时候就是做出最终决断前的一刻，因此成交前一刻对淘宝客服来说是最不能放松警惕的时候。很多成功案例中都是淘宝客服问出了客户心中的顾虑，找到了解决方法，然后才让客户做出了决定。因此，你一定要记住，尽量不要让客户自己拿主意，尤其在对客户心思没有摸透的时候，要让客户说出他最犹豫的问题在哪里，针对问题和客户一起解决，这样你就和客户站在了同一立场，与客户共同解决完问题，交易就势在必行了。

第 9 章　赠送礼物，提升客户满意度

Chapter Nine

人们购买产品时如果能获得另外的收获，他们常常会非常愉悦，并会向别人展示自己的所得。因此，买一赠一、送优惠卡、送相关小礼品等都有利于促使客户下单。本章为大家讲述通过送礼提升客户满意度的方法。

9.1　买一赠一：吃定贪心客户

有“礼”走遍天下，无“礼”寸步难行。如果你在一家淘宝店参加了买一赠一的活动，花一份钱得到了双份产品，下次买东西时会不会有优先想到这家店?

中秋节到了，又是一个阖家团圆的日子。早在中秋节的前一个星期，淘宝各大食品店铺里已经上架了各种月饼，其中，各种琳琅满目的月饼礼盒非常走俏。

大家可以发现，淘宝上各种月饼品牌非常多，包括稻香村、金苹果、日威等。各种各样的月饼礼盒包装也各具特色，有铁盒包装，也有纸质包装，还有混合包装的。各种月饼礼盒的价格从一百多元到五百多元不等。

悦悦经营的九零食品专营店里销售的是稻香村的月饼礼盒，其两万多的销售量在淘宝上排名第一。在悦悦的九零食品专营店里，稻香村月饼礼盒早就打上了“买一赠一”的醒目字样。无论是最便宜的一百多元的礼盒，还是最贵的五百多元的礼盒，客户只要花费一份钱就能拿到两件产品。这一优惠活动吸引了众多客户前来购买，而且好评率非常高。

据悦悦说：“九零食品专营店的月饼礼盒买赠活动比往年有所提前，从八月初八便开始了，往年一般都是十四下午才开始促销。初八至初十这三天的销量很大，很多人都是几十盒

几十盒的拿。买一赠一活动还是很划算的，原来买一盒的价格，现在可以买到两盒。目前，厂家已经停止生产了，仅剩的月饼礼盒都在这里，估计很快也就卖没啦。”

小杨是在八月初八购买的悦悦家的月饼，一下子要了 60 盒，由于是买一赠一，最后收到了 120 盒月饼。小杨称：“马上中秋节了，吃月饼作为中秋节的传统，在这个传统节日里，订购些月饼给员工带回家或是走亲访友都是不错的选择。而且，悦悦家的买一赠一活动非常优惠，现在购买是最合适的。”

买一赠一作为一种优惠力度比较大的促销手段，并不能为商家带来多少利润，因此不适合淘宝商家经常使用。只有在合适的时间里做合适的优惠活动，送合适的礼物，才能给客户留下深刻的印象。以下是淘宝商家提供买一赠一优惠的四个好时机，内容如图 9-1 所示。

一	通过买一赠一欢迎新客户
二	作为生日礼让老客户享受买一赠一优惠
三	节假日开展买一赠一活动
四	周年庆开展买一赠一活动

图 9-1　淘宝商家提供买一赠一优惠的四个好时机

1. 通过买一赠一欢迎新客户

当新客户第一次在店里下单后，商家如果能够为客户提供专属服务，让客户享受买一赠一的优惠，一定会让新客户感到很开心。下次要购物时，脑海里第一个出现的很可能就是你。

2. 作为生日礼让老客户享受买一赠一优惠

认识了新朋友，但是不能忘记老朋友。客户也是如此，新老都要兼顾。老客户过生日可以说是联络感情的最佳时机。此时，淘宝商家可以通过打电话或在线留言送上自己的祝福，同时告诉客户可以享受买一赠一优惠，就当是送给客户的生日礼。相信老客户收到礼物后，一定会倍感惊喜。礼无论大小，只要有这份心意，客户就会感动不已，随之而来的就是对商家更加信任和忠诚。

3. 节假日开展买一赠一活动

过节送礼是中国人的传统。每逢佳节，商家都可以开展买一赠一的活动吸引客户光临。节日里买一赠一的优惠会让客户感受到商家的诚意，自然会对商家更有好感，上文中悦悦在中秋节开展月饼买一赠一的活动就是如此。

4. 周年庆开展买一赠一活动

在进行周年店庆的时候开展买一赠一的活动能够加深客户对店铺的印象与好感。通过享受到实实在在的优惠，商家除了把自己的喜气分享给客户之外，同时还能将感恩之意传递给客户。

需要提醒淘宝商家的是，不能表面打着买一赠一的旗号，暗地里却将产品的价格提升一倍。这种行为的实质对客户来说是一种欺骗，如果客户发现了真相，最后商家将会得不偿失。

9.2 优惠券：让客户养成成瘾性消费习惯

淘宝商家要拥有更多的客户，最重要的方法就是维护老客户，让现有的客户成为店铺的忠实粉丝，并通过他们来吸引潜在客户。对于任何一个商家来说，老客户的重复购买占据了一半以上的销售额。因此，商家要想提升销售业绩，就必须维护好老客户，让其养成成瘾性消费习惯。老客户的生命周期越长，商家的业绩就越好。

获取一个新客户的成本远远高于维护一个老客户的成本，而且老客户为商家带来的盈利也高于新客户创造的盈利。因此，商家在吸引新客户的同时如果失去了老客户，即使销量不变，但是利润会大幅降低。而将优惠券作为赠品送给老客户是维护老客户的一个重要方法。

当客户找到一家自己无比喜爱的店铺时，心情是非常好的，有一些网购狂人甚至会疯狂下单。然而，当客户下单收到宝贝以后，这个店铺就失去了消息，如果想要再次购物还需要重新找上半天，那客户很有可能就会重新找一家店铺购买。

作为淘宝商家，你应当明白，任何一个在店里消费的新客户都有可能成为老客户。因此，你应当珍惜任何一个让新客户成为老客户的机会，花点小心思，维护那些曾经光顾你店铺的客户们，这才是店铺的长久经营之道。本节教大家如何通过优惠券让那些潜在的老客户成为店铺的忠实客户，养成成瘾性消费习惯。

大多数情况下，商家会在节日、会员生日或特定促销活动时提供限量的优惠券发给自己的老客户。这种方法一方面可以刺激客户回购，另一方面也是对老客户的一种关怀和维护。如果用得好，发送优惠券的投资回报率相当高。

店铺优惠券是淘宝店最重要的营销方式之一。大家平时看到一些店铺从来都不打折，也没有优惠红包，他们很可能设置了一些优惠券，是专门为老客户提供的福利。

淘宝优惠券对客户具有相当大的吸引力，对于店铺的销量也有明显的提升作用。比如，商家可以通过这种形式来刺激客户的购买欲望，给客户一些甜头吃。而拿到优惠券的客户又会为了使用优惠券而再次购买，从而成为该商家的老客户。

当前淘宝上各店铺使用的优惠券千奇百怪，已经不是大家想象中普通优惠券了，而是经过各种包装不同形式的优惠券。不同形式的优惠券使用条件都不同，但最终目的都是吸引客户再次消费，成为回头客。

比如，一个店铺开展满 100 元送 50 元优惠券活动，表面上是商家提供了五折优惠，实际上这张 50 元优惠券只能在客户下次购物时才能使用。而客户首次消费后，如果不进行第二次消费，那么此次交易就相当于是以原价成交的，客户并没有享受到任何优惠。因此，大多数客户都会对自己获得的优惠券念念不忘，想着有机会一定要花掉它，于是商家的目的就达到了。下面看优惠券的四种形式，内容如图 9-2 所示。

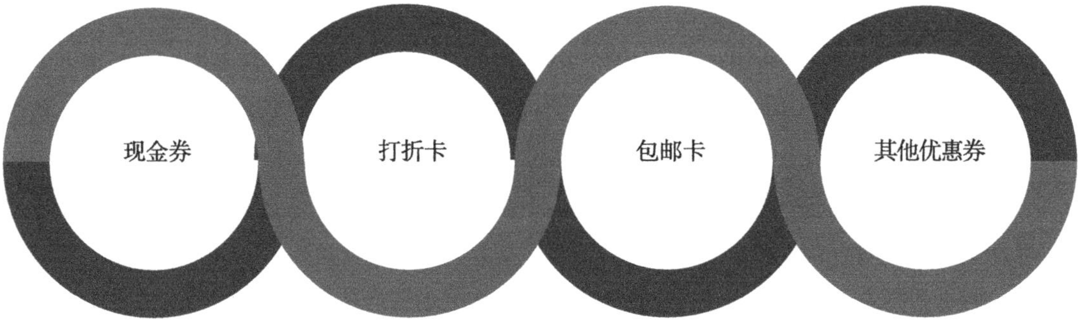

图 9-2　优惠券的四种形式

1. 现金券

现金券一般会随客户购买宝贝的包裹寄给客户，有 10 元、20 元、50 元不等。现金券可以写上限定日期，即客户必须在限定日期内在店铺购物才能使用。客户收到这张现金券后，只要在限定日期内在该店铺进行第二次购物时就可以用现金券抵用购买的那款宝贝。现金券是传统意义上的优惠券。

此外，商家如果想要优惠券的使用条件限定为购物满 100 元减 10 元，就可以在现金券上写明“此券为 10 元优惠券，全场购物满 100 元可直减 10 元”。这相当于有条件地打了九折，但是在视觉刺激上却让客户着眼于“10 元”优惠，给客户以更直观的购买动力。

2. 打折卡

打折卡一般是附在客户购买宝贝的包裹里，卡上标有限定日期。在赠送客户打折卡时，应当向客户表明只有随机抽取的 10%的客户才能得到，彰显客户的尊贵性。另外打折卡应当设置有独一无二的密码等信息。如果店铺的促销活动较少，通过赠送打折卡促进销售的方式是非常有效的，成交量可以达到 10%左右。

3. 包邮卡

一些不包邮的店铺可以通过赠送包邮卡来回馈客户，促进客户重复购买。一些客户会因为店铺有运费而放弃购买自己看中的产品，这时给第一次购买的客户包裹里放上一张包邮卡，既能让客户感受到你的贴心，又能让客户感觉到自己捡到了便宜，从而进行重复消费，真可谓是一举两得。

4. 其他优惠券

除了以上三种淘宝商家熟知和经常使用的优惠券，其他优惠券包括会员卡、生日卡、免单卡、试用卡、换购卡、阶梯价卡等优惠券。各种各样的优惠券都可以通过下一次购买时的优惠诱惑促使客户进行重复性消费。

需要注意的是，一些客户可能对花样百出的优惠券没感觉或者忘记了，这时淘宝客服们需要时时提醒客户优惠券的到期时间。尤其是优惠券即将到期时，商家有必要给持有且还没有使用优惠券的客户发个通知。内容应当显示出持有优惠券的优越性以及时间紧迫，机会错过就再也没有。如果能够结合店铺最近的产品信息，引起客户的购买欲望，就能让客户心安理得地使用优惠券。

优惠券是一个有效留住老客户的方式，由于留住一个老客户比开发一个新客户的成本要小很多，所以，优惠卡受到很多商家的青睐。

9.3　买就送：推广关联品

买就送是指无论客户在店铺里购买什么产品，购买的数量多少，都可以拿到一件赠品。一般来说，在客户购买产品时送赠品可以达到三个目的：刺激新客户的购买；与竞争对手抢客户；推广关联品。

一般来说，买就送活动迎合了客户占小便宜的心理，可以刺激客户的购买冲动并引诱客户重复购买。比如说：客户买一袋大米，而商家还赠送了一个淘米盆。当客户用完米之后很可能还会再来购买，只是因为可以另外得到一个盆子用来洗蔬菜。

在一家淘宝店里，商家发现客户对于买烟送打火机并不是很欢喜。后来发现吸过烟后，烟味会在口中保持很长一段时间，于是他将打火机换成口香糖送个客户。小小的举动得到了莫大回报，很多买烟的客户因此成为了回头客，还有些客户专门过来购买口香糖。

后来，商家特意定制了一批“创意火柴”作为买烟的赠品。因为烟民使用火柴的很罕见，因此商家赠送的独家定制的艺术火柴在追求个性的年轻人群中受到欢迎。用精美漂亮的艺术火柴点烟，彰显了客户的身份和气质，非常有面子，于是越来越多的客户专门来买这种火柴。

给客户送的赠品看似很简单，其实蕴含的学问多多。赠品选得不好，不能引起客户的兴趣和热情，达不到目的。所以赠品的选择很重要，赠品选择可以参考 6 大原则，如图 9-3 所示。

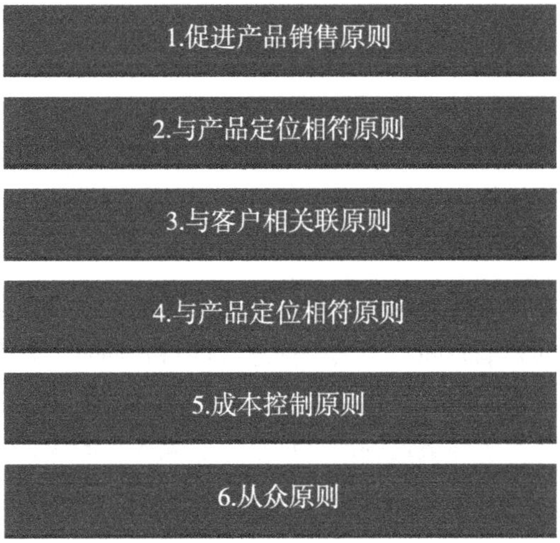

图 9-3　赠品选择 6 大原则

1. 促进产品销售原则

销售产品时为客户提供的赠品应当能够起到让客户认同产品，在犹豫是否要购买时起到临门一脚的作用。因此选择赠品的根本原则是对产品销售有促进作用，否则赠品再好也没有用。

2. 与产品定位相符原则

赠品除了要具备促进产品销售的功能，还应当与产品的针对性定位相符。这样才能对品牌定位具有强化作用，为品牌加分。比如说产品定位于护肤美白，那么赠品也应当与护肤美白相关，可以是关联产品的小样；再比如说衣服定位于高端成功人士，那么赠品就应当精致、有品位甚至有一定的收藏价值。

3. 与产品用途相关联原则

客户购买产品一定是有具体的用途，作为赠品，应当与客户的用途有一定的关联性，这样可以给客户一种自然的感觉，也可能赠品正好是客户所需要的。比如，买手机送充电宝、买洗衣机送洗衣液等。

4. 与客户相关联原则

有时候，赠品可以根据产品的目标客户群选择，不一定是相关联的产品。比如买酒送香烟等，因为酒的目标客户群是男性，尽管香烟与酒没有关联性，但是“烟酒不分家”，大多数男人都会用到香烟，不管是自己抽还是招待客人；再比如针对女性的补水美白类护肤品，商家可以考虑将跳绳、呼啦圈等作为赠品，而臂力器则不适合送给女性。

5. 成本控制原则

选择赠品还需要考虑到成本控制原则，根据数量、用途、效果预测等进行成本估算。如果赠品的效果好但是成本过高，超过了预算就是不可取的。毕竟商家选择赠品的目的是促进销售，最终获得利润，如果成本过高则会导致得不偿失与不可持续的问题。

6. 从众原则

买护肤品的客户不一定是女性，也可能是男性购买，但是赠品的选择一定要考虑大多数客户，一定要从众。赠品的选择要根据主要购买人群的喜好选择，否则就是不行的。

有些淘宝商家反映自己做买酒送香烟的促销活动效果并不好，原因在哪里呢？其实他们没有考虑到逛淘宝买酒的通常是以家庭主妇为主的女性。而对于家庭主妇来说，像围裙等家庭用品比香烟或者打火机等更能激发起她们的购买欲望。

在厂家纷纷做促销送赠品的情况下，赠品的选择不要跟风，人家送什么你跟着送什么，那样就没有特色。无论是时机、品位、还是价值，都要根据具体客户类型具体选择最适合的赠品。

9.4　潮流礼：情人节送两颗巧克力

送赠品与打折降价不一样，如果淘宝商家不懂这个道理就无法选出合适的赠品。客户不会单纯因为赠品而购买产品，却会在购买产品时买得多、买得快、买得开心。潮流礼是指淘宝商家紧跟社会热点，选择的只适用于当下的赠品。潮流礼因为是根据社会热点定制的，可以让客户感受到商家的用心，从而对商家产生好感。

比如在巴西世界杯期间，某淘宝商家选择巴西世界杯吉祥物“福来哥”作为赠品送给客户，受到了很多足球迷客户的欢迎。

再比如，情人节的时候，淘宝商家可以将两颗巧克力作为赠品送给客户，让客户感受到满满的祝福。

2012年的末日来临传言曾经在中国掀起不小的风波。当年的双十二，淘宝网也紧跟潮流，开展“不一样的淘”活动，所有的淘宝商家都可以零门槛参加。为了吸引广大客户的注意，众商家不再是拼价格，而是拼产品、拼创意、拼服务。只要能让广大客户享受到“淘”的乐趣，商家就有可能从数百万店铺中脱颖而出，成为淘宝店铺中的明星，因此，为客户准备潮流礼也成为众商家的必备功课。

电影“2012”给观众留下的最深刻印象估计就是玛雅人留下的关于世界末日的预言了。而电影中价格高昂的船票也让众人唏嘘不已。如果你当年在淘宝上买过几次商品的话，那你一定收到过来自于商家赠送的礼物——诺亚方舟中国号船票。

当时，微博上处处都是网友晒自己收到的船票厚礼的景象。通过网友晒出的船票可以发现，淘宝商家们送出的船票价值“高昂”，动辄“上百亿元”。甚至还有商家发出雷人声明，声称“我是正版”：

“近日发现有一些非法网店冒充本店，盗用本店授权书，票样等图片，欺骗消费者，还有些店铺打出打折优惠，团购促销等名号出售假船票，我在此强烈谴责他们的行为，本店保留付诸法律的权利。目前中国地区仅此一张，不排除以后加售的可能，如有任何消息，我将第一时间通知大家。珍惜生命奉献爱心的心情可以理解，但要支持正版哦!”

仔细阅读网友们的船票可以发现，不同商家送出的船票也是不大一样的。比如，网友“海欧”收到的船票起航日期是2012年12月20日晚上，只能带免费行礼0.5千克；而网友“面膜控小妞”收到的船票起航时间则是21日中午12点；网友“Sally沙粒粒”的船票允许带10公斤行礼，还可以“携带宠物”。

将末日船票作为赠品送给客户展现了淘宝商家的精明，不仅创意十足而且成本还不高。淘宝商家应当从中学习到一些送赠品的门道，即让赠品与现实潮流、社会热点挂钩，使得客户在开心之余感受到你的用心。

综上所述，淘宝商家可以在情人节和七夕送上两颗巧克力；在圣诞节送一双袜子或者小圣诞老人玩偶；2015年火热上映的《超能陆战队》捧火了机器人大白，便有一些淘宝商家就定做了大白钥匙链做赠品。

9.5　温情礼：给孕妇送婴儿用品

无论是巧克力还是船票，或者是小玩偶，这种赠品不仅能给客户带来惊喜，其成本也非常低，很适合大范围派送。潮流礼可以提升客户对商家的好感，拉近商家与客户之间的关系。但如果遇到特殊的客户，很多淘宝商家还会根据情况送出不一样的温馨赠品，有些赠品甚至让客户大吃一惊。

域雅木艺家居店是一家在淘宝上销售原创“木艺家居”产品的店铺。有一天，店铺掌柜“叶子 8339”在工作过程中遇到了一位特殊的客户。客户想要为自己的女友挑首饰盒，并指明要求商家出一款四叶草首饰盒的玻璃外包装。在与客户沟通之后，“叶子 8339”了解到，该客户的女友喜欢四叶草，但她在一次车祸中眼角膜受损无法看清东西，客户希望女友能够感受到产品上四叶草的纹路。得知客户就住在上海后，“叶子 8339”决定把自己养的金毛导盲犬送给客户，并亲自开车给客户送上门。

“叶子 8339”给客户送导盲犬的事迹经过淘宝论坛传播后受到了众人关注并点赞。随后，某大学教授亲自与“叶子 8339”沟通，了解了事情经过，并表示说“谁说社会现在没有正能量没有温情？我要把这个案例说给学生听，给 90 后增加点情感普及”。

如果说淘宝商家将巧克力、船票或者小玩偶等作为赠品送给客户是一种促进销售的营销手段，那么“叶子 8339”给特殊客户送导盲犬这样的案例则是淘宝商家对客户真情实意的关怀。有一些淘宝商家发现客户是孕妇或者刚生下小宝宝，就会送上一堆婴儿用品作为赠品；还有一些商家发现客户是边远地区的支教老师，买衣服是准备结婚，就自己包一个红包给客户送上新婚祝福；还有卖护肤品的商家看到客户留言说过敏，即便不是自己产品的问题，但还是去药店买了过敏药给客户寄去……

可以想象，像这样真诚对待客户的淘宝商家，生意一定非常火爆。毕竟客户都是有情感的，商家真诚对待他们，他们也会反过来回报商家，成为商家的忠实客户。

9.6　趣味礼：买零食送假面包

无论是潮流礼还是温情礼，这些赠品都是让客户感觉到开心温暖的。还有另外一种赠品是非常有创意的趣味礼，趣味礼因为非常“雷人”常常让客户记忆深刻。

2016 年的“双十一”即将到来，网购达人们可谓是期盼不已。这不，大家开始讨论起自己曾经收到过的各种令人哭笑不得的趣味礼：买零食收到假面包、买摄影道具收到“舌头”手套、买白衬衫收到“约会锦囊”……不得不佩服淘宝商家们的想象力之丰富！

一位叫“微笑张太太”的网友分享了一次自己收到淘宝商家寄来的趣味礼的难忘经历：“一次购买零食收到了淘宝商家寄来的一份假面包小礼品，就随手放在了水果盘中。结果由于假面包太真实，家里的老人孩子不知道面包是假的，一个接一个品尝后发现是假的然后来质问我。说我放个假面包在那骗人，其实这是淘宝卖家送的小礼物，我比窦娥还冤呢。”

另一位叫做“我拍我照相”的网友经常在淘宝上采购道具，有一次也收到了淘宝商家送的一份趣味礼。只不过那双红红的像“舌头”的东西将他吓了个半死，并赶紧打电话给商家说，“礼物收到了，谢谢，能不能换个别的？”这时，商家不高兴了：“我们很少给客户送赠品的，更何况是这么漂亮的手套！”这时，“我拍我照相”恍然大悟，原来这只是一双红色的橡胶手套。

网购达人楚先生称：“习惯就好了！有次我买了件款式很正常的白衬衫，店主旺旺上说送了我一个‘约会锦囊’，我收到包裹前幻想了半天，猜会是什么新奇东西，结果所谓的“锦囊”里就是个口香糖和一张心意卡！还有次买了一个移动硬盘，在盒子里发现一张 100 元的电话充值卡，于是兴冲冲地刮开涂层开始输入密码，结果人家提示我密码错误！更别提以前还收到过没有‘内脏’的 U 盘，插在电脑上永远没反应的内存卡了……”

大多数人都有在淘宝上买衣服的经历，但是很多客户都表示不知道自己的肩宽、胸围、腰围、臀围。为此，一些淘宝商家将皮尺当做赠品送给客户，一些客户不乐意了：“老娘腰围从来与肩同宽，福气十足！但是不必要这么明显地提醒我吧！”还有客户晒出了自己曾经收到过的十多条颜色各异的皮尺，表示“这是要我集齐九九八十一条吗？”

最后，一位 90 后妹子表示说：“送赠品本是好意，小玩意大心思，让客户有个期待。但是那些没礼物的商家，你们没礼物就给包个邮啊，勉强是没有幸福的！”这位妹子说出了大家的心声，网友们纷纷表示认同。

9.7 小样礼：护肤品销售必备

将护肤品小样作为赠品是很多化妆品店普遍采用的促销方法之一，属于一种间接的让利促销。给客户送护肤品小样给客户带来的是一份意外的惊喜，可以迅速提升产品的销售业绩和市场占有率。

欧莱雅在天猫上的官方旗舰店以赠送小样礼著称。名为“musujun”的网友表示：“感觉每次在他家随便买个两三百块钱的正装都能送一堆东西，而且除了明说的赠品之外还会多送几个片装的防晒或者小瓶的水，面部和眼部的小黑瓶也是每次都送，好像根本没有买个正装的必要。上次买 V 脸精华给了我两个 5ml 的光学嫩肤精华乳，小黑瓶肌底液也是每次都送，目测现在小样加起来已经有了一个眼部和一个面部正装的分量了。”

日本品牌芙丽芳丝官方旗舰店做活动时也会给客户送小样。网友“玉成喜欢 tittyco”表示：“买了一瓶乳液还有化妆水一共 550 多元，客服本来打算只送两个中样再加一片面膜，但在我的要求下没送面膜加送了一个中样。后来客服要给我洗面奶、水和霜三个中样，但我选了三个深水中样，都是 30ml 的，快赶得上一个正装了，不过客服还是很爽快的都给了。”

在天猫上搜索可以发现，几乎所有的国际大品牌化妆品，在客户购买自己的产品后，都会送一些 10 毫升或容量更大的护肤品小样作为赠品。对于化妆品商家的“小恩小惠”，大多数客户表示乐意接受。

对于化妆品商家来说，赠品小样表面上是需要付出一些成本，但实际上却是一举两得。一方面通过小样打动了客户的心，吸引客户重复购买；另一方面奉送的产品小样让客户对该品牌的其他产品也能有所了解，培养了潜在客户。

据了解，小样最初出现的时候都是为了让客户获得试用体验免费送给客户的。如果客户使用小样后感觉产品不错就会购买正品，从而促进产品的销售。然而，由于种种原因，免费派送小样的专柜已经几乎不见了，取而代之的是将小样作为赠品送给购买产品的客户。

网购过化妆品的客户对于各式各样的小样一定不陌生，因为大部分淘宝商家在邮寄护肤品产品时都会同时送一些化妆品小样。然而，一些化妆品商家因为不懂得赠送小样的门道，使之成为鸡肋小样。这些鸡肋小样不仅无法起到作为赠品的意义，还有可能会为客户创造麻烦，让客户失去对品牌的忠诚度。

鸡肋小样究竟是什么样的化妆品小样呢？下面为大家讲述鸡肋小样的两种主要类别，帮助大家有效避免。

第一种小样由于不是客户购买的产品小样，而是其他产品的小样，所以会受到一些客户的拒绝，从而成为鸡肋小样。将品牌其他产品的小样作为赠品送给客户的初衷可能是为了让客户尝试新产品，对其他产品进行关联推广。然而，大部分客户在使用某种产品的时候并不愿意尝试其他种类的产品，在这种情况下，那些赠送的小样也就成了鸡肋。

第二种小样是商家送的品牌知名度较低的化妆品小样。有些不知名的小样上面甚至全是英文或韩文标示，让客户难以分辨小样的种类。对于谨慎的客户来说，这种类型的小样是无法取得客户欢心的，他们甚至会对商家的用意表示怀疑，更不要说去尝试这种小样了。

以上两种类型的鸡肋小样在送给客户后，大多被丢弃到角落或者是被扔到垃圾桶里，无法起到小样本身肩负的作用。网购化妆品的赠品如果是客户所购买产品的小样或者是与所购买产品起到互补作用的小样或许更受客户的喜爱，毕竟是能够用到的产品。

第 10 章　紧跟物流，不让客户等

Chapter Ten

大部分淘宝商家都遇到过客户投诉物流问题的情况。尽管你的宝贝质量与服务都没问题，但是物流拖了你的后腿。作为淘宝商家，物流不是你能控制得了的，但是客户才不会管这些，只要购物体验受到了影响，就会给你一个差评。关于物流，淘宝商家还是应该关注一些自己能够控制的因素。

10.1　选择靠谱的物流公司合作

淘宝店铺最初经营的时候，商家可以根据产品的情况选择三四家物流公司。经过一段时间的合作后，再根据物流公司的效果确定长期合作的对象。

作为第三方支持，物流公司对淘宝商家的影响是非常大的。在淘宝上开店，物流是一个不可避免的重要问题，物流速度的快慢、快递员服务态度的好坏都影响着店铺生意。对客户来说，快递公司与商家的利益是紧密相关的，是一体的。因此，客户对物流的意见就会反映到对店铺的评价上。对淘宝商家来说，找一个靠谱的物流公司对店铺经营来说非常重要。

2016 年 10 月，家住北京的李萍终于在淘宝成功上线了自己的蛋糕店，只提供同城配送。为了宣传推广，刘玲选定北京一些高档小区，让居民现场免费品尝她制作的蛋糕，并因此收获了不少订单。

李萍对店铺的物流服务要求很高。一方面，她选择了一家按订单同城配送的快递公司，且必须在 6 小时内送达；另一方面，如果有用户发现收到的蛋糕有变形等意外情况，可以拒绝签收，直接退回。由于快递服务做得好，李萍蛋糕店在淘宝线上的月营业额最高时超过两万元。

李萍称，如今物流网络已非常成熟，省内快递第二天就能送达。下一步，李萍考虑把线上店铺的客户范围扩展到北京周边城市，如果有可能还会向外省延伸。

李萍的蛋糕店之所以小有成就，与第三方物流的支持不无关系。下面，我们一起看选择靠谱物流公司的方法。选择物流公司要注意以下四点，内容如图 10-1 所示。

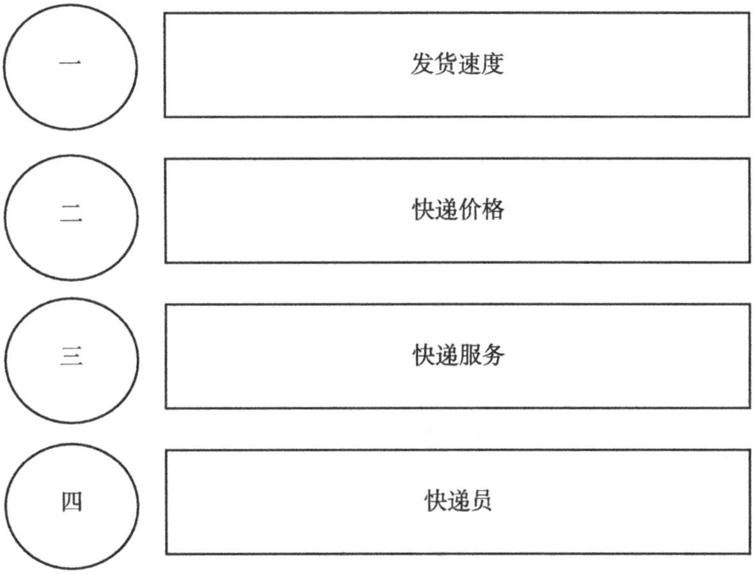

图 10-1　选择物流公司的四点注意事项

1. 发货速度

在合作过程中，淘宝商家要比较几家物流公司的发货速度，最后选择发货速度最快的那一家，因为客户下单付款后都想要尽可能快地收到货物。

2. 快递价格

淘宝商家首先需要了解每家快递公司的运费折扣，可以咨询一些同行，然后锁定两三家快递公司。随后你需要向锁定的几家快递公司咨询大概价格，报价收集完毕后，通过对比选择合适自己的快递公司。物流公司并不是价格越低越好，因为价格最低的公司在服务方面也会打折。一般来说，合作时间越长，单子越多，才有资格与物流公司谈合适的价格。

3. 快递服务

如果几家物流公司的价格不相上下，就应当对比谁的服务好。经过一段时间的合作后，淘宝商家可以感受到物流公司的服务情况，进而就可以选择了。快递服务态度好有利于提高客户的忠诚度。

另外，一定要确认选择的快递公司是否送货上门。大多数快递公司都提供送货上门服务，不然怎么叫“递”呢？然而有些淘宝商家却遇到这样的事情，客户质问货到哪里去了，但是系统显示已签收，可是客户并没有接到任何信息，打快递电话也没人接。经过重重调查才知道，原来快递员把东西放在小区大门了。因此，淘宝商家一定要避免这种事情的发生，选择提供送货上门服务的公司。

4. 快递员

在选择快递员的时候，淘宝商家应当重点看他们的熟练度，因为经验少、工作态度差的快递员做事不负责任，在收件发件时出现快递损坏等意外的可能性更大。

经过以上选择之后，淘宝商家就可以选出最靠谱的物流公司，并找出一两家备用的物流公司，以防重点合作的快递公司有些地方到不了或者价格不合适。

10.2 给客户留言物流状态

中差评是淘宝赋予客户的权力，让客户可以通过这一手段维护自己的权益。然而，在众淘宝商家受到的差评中，反映物流问题的差评占了很大比例。比如“东西不错，就是快递太慢”或者“等了将近半个月啊！”之类的评价。

经验丰富的淘宝商家都知道，就算是顺丰等大型正规的快递公司也会出现意外情况导致物流延迟。自身也出现过错发或漏发的失误，因此不需要一味地指责物流。偶尔被物流连累是无法避免的，因此淘宝客服就需要在物流方面用心服务。

作为一名淘宝客服，应当随时跟进物流情况，掌握自己的货物行踪，是否出现问题。这样等到客户询问的时候，才能有效应答，让客户满意。下面列举了客户下单后，淘宝客服需要做到的七点，内容如图 10-2 所示。

首先，客户下单后要确认收货地址等信息。经常网购的客户都知道，大多数淘宝客服在客户下单之后都会核实收获地址和姓名等信息。大家不要以为客户购物时默认的收货信息就一定是正确的，实际上因此而导致地址发错的案例不在少数。有许多淘宝客服向客户确认收货信息时发现，有的客户说收件人要改，有的说电话号码要改。试想，如果事先没有问清楚，不是无故给彼此造成了不必要的麻烦吗？为了给客户带来贴心的服务，淘宝客服更是应该主动且有义务去提醒。

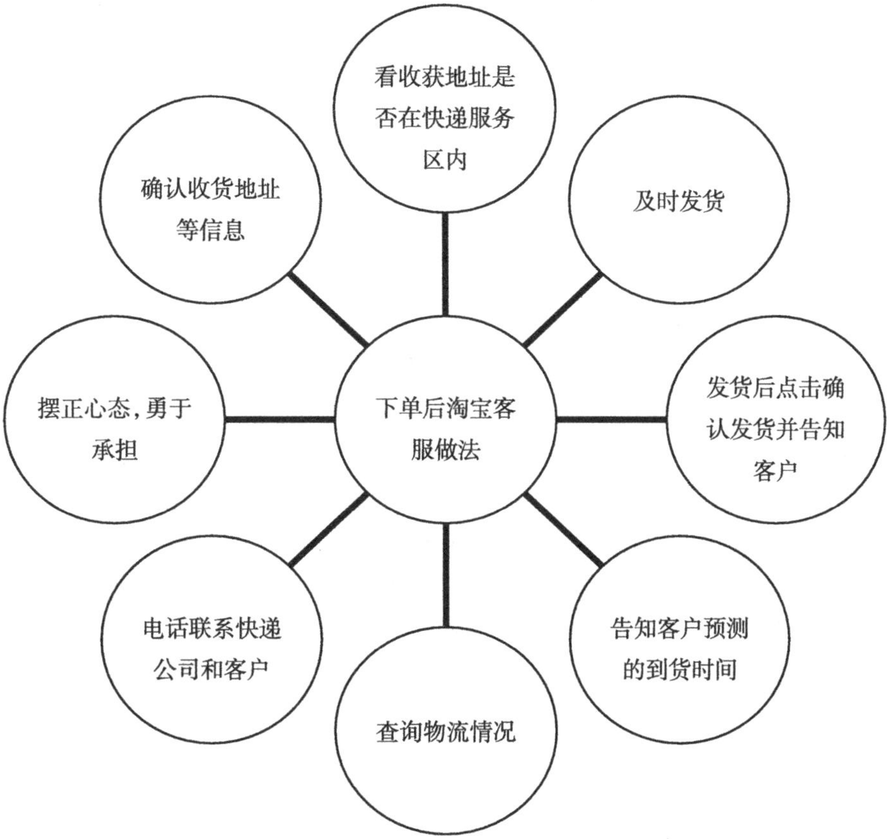

图 10-2　客户下单后，淘宝客服需要做到的七点

确认客户信息这一点是非常重要的，因为客户有可能是给别人买的东西，或者手机换号了没有及时更改。很多客户的收货地址一栏有四五条选项，在拍货选地址时一不注意就会弄错。所以你和他确认一下，他马上就会知道搞错了，然后把地址或电话换过来。这是减少因地址错误或电话无法联系而造成派件延误的最好方法。

其次，看客户的收货地址是否在快递服务区内。确认客户的收货地址信息后，你还需要确认一下客户的售后地址是否在自己的合作快递服务区内。如果快递不到你就可以与客户协商换地址或者换快递。否则，等货到地方了才发现超区，再返回重寄，这样既增加了费用又耽误时间。有些快递网点可能效率低下，拖了四五天甚至更长时间才返回来，使得客户等待时间太久，客户必定大发脾气给你差评。

也许你会解释说店铺里已经标明默认发 XX 快递，客户没有查好就下单，这不怪你。但是对于客户来说，他们网购就是图方便省事，让他们自己确定有没有你的快递，可能吗？淘宝的在线下单可以解决这一问题。如果该快递无法达到客户地址，在线下单就不会显示该快递公司名字。尽管在线下单也有出错的可能，但是更多的情况是，很多商家为了图省事，发货时直接选择“自己联系物流”，因为这里有所有物流公司的名字。如果真的这样草率，那么出现物流问题的几率一定会上升。

第三，及时发货。没有人喜欢一直等待，所以尽早发货，免得客户胡思乱想，催促你发货。一般来说，每天下午四点之前的订单都应当保证当天发货。假设某服装店铺店下午四点截单，那么四点几分钟的时候有客户下了单，快递过一会儿才来，还有充足的时间，为什么不能包一下发掉算了？很多商家都是提前进货有库存的，那么早点发出去早点回款，客户心里开心，自己也有利，不是皆大欢喜的事吗？

如果你说发货之前需要认真检查，匆忙发货有可能会出问题。那么，依然是下午四点多的订单，你可以第二天一早就填单。就算早上填单快递也是下午才来取，至少可以告知客户“你的宝贝已经打包好了，开始进入物流程序了”。设想一下，如果你买了东西，商家迟迟没有更新物流信息，你会不会猜测：是不是缺货了呢？是不是宝贝出问题了呢？还是商家有什么问题不能发货呢？看似小聪明的做法，却给客户吃一颗定心丸，客户会很受用。需要注意的是，在等很多天才能发货的情况下，不能使用提前填单方法，否则会被客户投诉虚假发货。

第四，发货后点击确认发货并告知客户。晶晶是淘宝某服装旗舰店的客服，一直都有发货后随即点击确认发货的习惯，然而有一次出现了意外，当天中午包裹被收走后，晶晶因为下午工作忙就忘记确认了，结果晚上回家快递单又放在办公室而无法确认。正好客户晚上上线看到，误以为还没有发货，于是晶晶好一通的解释。这样的误会晶晶本来是可以避免的，自那之后，晶晶吸取教训，工作更加认真负责。下面列举了告知客户宝贝已发货的信息，共有 10 种。

1. 您在 XX 旗舰店购买的 XX 已被 XX 快运揽收，愿她以火箭般的速度飞到您手中！期待您打个全 5 分！
2. XX 同学，您在本店购买的宝贝正在搭乘【顺丰#XX 订单号#】航空飞向您的怀抱，请您关注航班信息，做好接机准备。
3. 启奏圣上，臣已将您赐予猫皇子的宝贝由 XX 镖局 800 里加急押送上京，不日将抵达皇宫。单号 XX，请亲启。
4. 同学您收养的宝贝已搭乘 XX 速递，（运单号）奔向您的怀抱，若航班有误随时联系我们 ~

5. 姑娘，您在妖精家寻寻觅觅钟爱有加的美色已经飞往您的城市，请备好尖叫，等待迎接镜子里欣喜的另一个你。

6. 阁下在铁匠铺订的宝刀今晚已被 XX 镖局接走，因朝廷对兵刃盘查严苛，孔有耽搁，约三到五日抵达。飞鸽传书，勿回。

7. 亲，您订购的宝贝已被 XX 快递的大叔带走啦，旅途号（单号 XX）。宝贝即将送到，满意请给 5 分好评哦。

8. 亲，包包已插上幸福的翅膀奔向您~单号 XX，登录手机客户端随时关注包包行程哟【短链】。

9. 欢迎来到梦想之家，亲，您订购的宝贝已由 XX 快递发出，单号 XX，请注意查收。。

10. 亲爱的#买家昵称#，本店温馨提示：您的宝贝已交给（XX 物流公司），正快马加鞭赶往您的住所，敬请期待，详情可登录我的淘宝查看。祝您生活愉快。

第五，告知客户预测的到货时间。尽管物流速度与快递服务态度属于不可控因素，但是客户不都是这样认为的。特别是新手，他们可能以为商家与物流公司是一家的呢！因此，在通知客户已经发货后，给客户一个稍微真实的物流期限，让他的等待有个确切时间，似乎更能让客户满意。比如申通、中通等快递三至五天，偏远地区可能稍有延迟之类的话都会让客户心里有谱，不会一味怪罪商家送货慢了。

经常有客户问“今天发货后天能到不？”，你可以直接说：“快递一般自发货起三天左右到，按这个时间算，后天到的可能很小，大后天希望更大些”。有些客户购买产品可能有急用或者有特殊用途，但是下单时没有告诉你。当你告诉他大概的收货时间，他会对到货时间是否及时有一个判断，然后想出到货如果不及时的解决办法。这样，客户一般就不会因为到货慢而抱怨了。否则的话，客户以为两天内可以到，而你也没有告诉他到不了。那么最后的结果就是中差评了。

如果你已经提前告知客户的到货时间，而客户还是嫌太慢，最后给了中差评，那么你就只能自认倒霉遇到了不讲理的客户，但是你可以将通知时间的聊天记录写在解释里面，使其他客户不会受到这一中差评的影响。另外，大家会看到你的负责，这是对你有利的一点。

第六，查询物流情况。对淘宝商家来说，经常关注自己已卖出货物的物流情况是一个好习惯。这样可以做到及时发现中间出现的问题，保证及时向客户通报情况。查看货物物流情况，告知客户的具体流程是“我的淘宝→已卖出的宝贝→卖家已发货详情→物流和收货信息→查看详情→点击单号→把查询情况告诉客户”。

对淘宝客服来说，不可能一天到晚都在和客户沟通，那么，空闲时间可以用来查询物流。

货物在物流过程中发生的意外情况各种各样，包括快递公司装错包发错地方、快递员派送时正好买家电话不通，然后直接把货带回去丢库房等。由于大多数客户都不懂物流的中转流程，所以淘宝商家需要主动协调。

对于平邮，大多数商家和使用过平邮的客户都会想要吐槽。因为很多平邮的邮局不会电话通知客户取件，也不会送货，而是发个“取货通知单”“包裹通知单”之类的东西到客户的地址。如果恰巧一些客户的地址没有邮箱、门卫或者代收人等，那货物就无法及时转到客户手里。等到客户反应过来东西怎么还没到时，可能大半个月已经过去了。因此，如果淘宝客服能够掌控物流信息，发现客户在东西到货之后没有及时签收就可以马上联系一下客户。遇到这样负责的商家，客户一定会很高兴。

有些淘宝商家甚至在发货后都会短信通知客户，告知快递公司、单号、到货的大概时间等，然后在物流到达后又短信提醒客户收货。能够做到这一步，就很大程度上避免了因物流延迟造成的不愉快。要做到如此细致，是需要花费商家时间和精力的，不过大家都应当为此努力。

第七，电话联系快递公司和客户。

有时候快递可能在中途某一站点停留了，两三天都没有走动或者已经到达目的地两三天，快递公司却没有安排派送，怎么办？这时候最要紧的就是安抚客户，告诉客户会马上联系解决。另一方面，你需要立即行动，给快递公司打电话。如果直接告诉客户：“物流过程就是这样的，你再等等吧。”客户肯定会发飙。还有可能说：“我不要了，你让他们退回去吧！”

此时，电话联系非常重要。一是给快递公司打，二是给客户打。不管你与快递公司沟通的结果是什么，比如仅仅搞清楚了延误的原因或者已经确定派送时间，都需要与客户联系，将你所得到的消息反馈给他。这样客户就会知道你一直在为他这事忙着，而不是一味地推卸责任，甚至“事不关己，高高挂起”。

第八，摆正心态，勇于承担。如果你已经做到了以上全部，但是客户还是没有满意，那么你就需要保证心态，勇于承担，不能将责任推卸给他人。在经历了长期等待的痛苦波折后，有一些客户肯定不会原谅商家。这时候，你需要对客户说：“也许我们选择的物流公司不太好，下次会注意选服务更好的，或者加大跟单力度，尽量避免延误的事情再发生。”有些淘宝客服被客户激怒，直接说道：“这很明显是物流的责任，我们已经尽力了，你还不高兴就找物流投诉去！”这样会让客户更加生气，从此之后不再光顾你的店铺。

当前的物流没有差评系统，而是直接与淘宝店铺挂钩，因此，所有关于物流方面产生的任何问题与纠纷，淘宝商家都是第一个受到影响的。这里提醒广大淘宝商家，大家无法控制物流，但是可以尽可能做到自己可以做到的事情，店铺是自己的，要对自己负责。

10.3　客户急催发货

某客户在淘宝上买了一袋坚果，下单第二天还没有发货。由于商家发货不够迅速，客户非常生气，向客服催货。

客户：能快点吗？怎么还不给发货？

客服：好的，亲。今天肯定能发出的。

客户：你们速度太慢了，我以为当天可以发货，结果你们告诉我第二天发货，但是第二天依然没有发货。我等得花儿都谢了，对你们店铺实在无语了，从来没有碰到这样的情况，大部分效率是极高的。

客服：亲，仓库发货太忙，每个客户都要顾及到，不是您定了就马上给您包好发出的。

客户：我在别家店一起买的东西，今天都收到货了！但是你们家货都没发。

客服：实在抱歉，亲。

客户：及时都做不到，更不要说马上了。

客服：天猫规定72小时内发货的，我们及时发货了。

客户：你们没有达到及时的标准。

客服：仓库那么多货要发，不可能一个客户下好一个订单快递就来拿走一个，能发的肯定都会在当天发出，请您理解。

这是淘宝客服处理客户投诉经常碰到的情况，尽管客服的语言态度没有哪里不好的地方，也和客户说“实在抱歉，亲”“请您理解”之类的礼貌用语，但是最后还是没有得到客户谅解。客户很可能会收到产品后给发货速度来个差评，而且以后可能也不会再来光顾了。

那么客服的问题出在哪里呢？大家可以发现，在该客户抱怨发货慢的过程中，客服没有对客户的心情表示理解，更没有耐心倾听客户的抱怨，而是一直针对客户的抱怨进行解释，反而让客户越来越生气。

现在很多在淘宝上买东西的客户都是没有耐心的，他们甚至恨不得下单付款后立即发货，发货后立即就能收货。因此，淘宝客服每天都免不了要面对一堆催单的客户。于是，下面的这个对话模式就经常出现。

客户：“你好，我买的东西已经付款两天了，怎么还没有发货呀？”

客服：“亲不要着急哦，我刚查过，您的宝贝已经在付款后第二天发货了。快递单号XX。”

客户：“可是我在网上怎么查不到啊？”

客服：“我刚到查询页发现了，真的抱歉，不过亲您不要着急。您现在既然和我反映这个情况了，我会马上给快递公司打电话的。有消息我会马上联系您的，好么？”

大家想，客户听完这样的解释，大多都会理解的。但是，如果客服的回答都只是站在客服以及店铺自己的立场上，例如“仓库发货太忙了”“天猫规定 72 小时内发货的”“仓库那么多货要发”等，客户不仅不会理解，还会认为你的服务不够到位，为写下中差评找了一个原因。

如果在未发货之前客户问大概多久能发货，你可以回答说：“您放心，在您付款之后我们会第一时间为您安排发货，我们承诺在 XX 小时内会把产品发出。”这里用“第一时间为您安排发货”表达出了你对客户的重视以及工作效率，并给出了最晚发货时间的承诺。大多数客户听到这种回答都不会再继续为难你。

如果因为发货不及时被客户催单，你应当怎么应付？下面为大家整理了面对催单客户怎么做出合理没有漏洞，还能安抚客户情绪的回答。

首先，对客户说：“亲，实在抱歉哦，让您久等了，我能理解您的心情。换成是我买东西要等两天才发，心里也是非常不高兴的。”开头一句利用同理心让客户感觉自己和他站在了同一战线上，为下面的解释做铺垫。

然后说：“亲真的很有眼光，你所购买的这款宝贝是我们店铺最热销的款式，但是卖的多，也要保证每件出货质量，所以我们的质检是非常严格的，对每位客户负责，不仓促发货，也希望您能收到满意的产品，希望亲能理解哦！”先赞美客户，然后站在客户的角度给出合理的解释，让客户没有理由继续为难你。

很多客户催发货不一定是真的着急，只是想要发泄抱怨一下。作为淘宝客服，需要有同理心，理解客户的心情，然后站在客户的立场上做出给客户解释。如果可以申请小礼物给客户做补偿，让客户感觉受到重视，客户很可能会原谅你。客户若是真的着急，就需要帮客户协商别的处理办法。

10.4 客户收到货物少件

很多淘宝商家被客户反映收到货物少件后的第一件事情就是怀疑客户，在沟通时还带着情绪，这样做的结果就是双方沟通进入死胡同，僵持不下只能申请淘宝小二介入。对淘宝商家来说，出现问题弄清楚是谁的责任当然关键，但是只是找到责任方而忘记了解决问题那就不是一个好现象了。不管是商家还是客户，出现货物少件问题后心情都不会好，所以在沟通时应当相互体谅相互包容，一起把问题解决掉。

下面，我们看韩都衣舍天猫旗舰店的客服是如何解决货物少件问题的。

一位客户在韩都衣舍天猫旗舰店买了五件衣服，收货时外包装完好，但实际却只有两件。客户提供了收到包裹的快递包装袋和放入两件衣服的图片，通过图片可以知道该包装袋根本无法放进去五件衣服，客服自己也进行了尝试。最终证实确实是商家疏忽少发货物，双方沟通后，韩都衣舍重新补发了三件衣服给客户，还送了小礼物。

还有一次，某客户声称货物少件了，但是韩都衣舍客服核实自己发货并不存在问题。客户提供了快递包装袋，客服发现客户收到的快递包装袋上的封装胶带不是自己的。上方分别联系物流公司核实了发件地和收件地的包裹重量，发现两者的重量相差非常多。于是，韩都衣舍的客服及时联系物流公司进行了索赔并给客户补发了货物。

假设你是一名淘宝客服，客户下单购买了四件产品，你也按照数量清点发了货。但是客户收货后没有现场验收随后联系你说货物少两件，那么，你如何判定客户所说为真呢？下面是判定货物少件的方法，内容如图 10-3 所示。

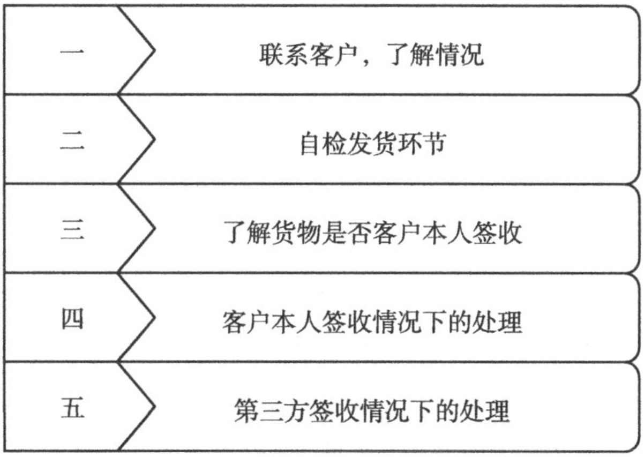

一
联系客户，了解情况
二
自检发货环节
三
了解货物是否客户本人签收
四
客户本人签收情况下的处理
五
第三方签收情况下的处理

图 10-3　判定货物少件的方法

1. 立即联系客户，让客户提供货物、快递包装袋等实物照片，确认货物的真实情况。与买家沟通了解下货物签收时的情况，态度要端正、良好。

2. 自检发货环节是否出现少件问题。如果自检发货环节出现问题，需要与客户沟通，可以补发货物或者退款。

3. 如果自检发货环节没有问题，可以向客户了解货物是否客户本人签收，签收时是否有验货等。如果客户本人签收而且有验货，那么可以向客户了解下派件物流公司、派件员的信息和联系方式，进一步核实客户是否本人签收。

4. 如果是客户本人签收发现问题，商家需要立即与客户协商补货或退款事宜。处理好客户的问题后，商家还需要与物流协商赔款事宜。货物在物流途中发生问题，发件方可以与物流联系发起索赔，因此客户签收前的货物风险是需要商家承担的。一旦核实货物少件是物流问题，商家要及时告知客户情况，处理好客户问题后再联系物流索赔，避免和客户之间产生误会。

5. 如果货物在客户不知情的情况下由第三方签收出现了少件问题，商家要先稳定客户的情绪，然后联系发件快递公司核实，派件快递是否有按照收件信息进行派件。如果物流公司没有按照要求派送，而是在客户不知情的情况下将货物交给其他人签收，出现了商品少件问题，那么物流公司需要承担责任。商家可以联系物流公司处理索赔并给客户补发或者退款。

货物少件给客户和淘宝商家都带来了一系列麻烦，作为淘宝商家，怎样才能避免此类情况的发生？首先，在发货前做好产品数量核对，检查好包装、质量等细节问题。其次，做好包装加固。第三，选择一个正规的靠谱的且服务周到的快递物流公司。第四，一些特殊货物应当提前约定送货，避免在过程中出现货物破损、丢件等问题。比如像瓷器这样易碎的产品，应当提前和客户约好出现若干种意外的解决办法。

10.5 客户称发错货

大多数淘宝商家都出现过仓库发错货的情况，除了提高仓库工作人员的效率，减少出错率之外，商家还应当怎么做？作为一名在线工作者，淘宝客服能够在一定程度上扭转客户收到错发货的不良印象，将失望的客户转化为愿意二次消费的忠诚客户。

梅子是淘宝上某建材家居旗舰店的老板兼客服。她曾经处理了一个棘手的客户称发错货的案例。事情经过是这样的，有一个客户买了 100 只薄头内六角螺丝，本来客户只要几十颗样品，经过沟通以后，梅子给他发了 100 支。由于发货的时候生意不太好，而且库存太多，梅子担心生锈，于是就想多给客户发一些顺便看看这批货怎么样。

客户收货后发来了评价，说产品不错，希望以后能合作。能得到这样的好评，梅子非常开心，毕竟这是最真实的客户评价，而不是刷出来的。然而，当天下午客户就发来信息，问梅子为什么发错货，而且还有一些抱怨，说马上要退货。客户称自己要的是 8×25，但是梅子发的是 8×30。梅子当即感觉事情不对，因为这款货是她自己亲自发的，错了应该能看出来，不会犯这样的低级错误。

于是，梅子去查了库存，一看愣住了，库存里面刚好就两款货，一款是客户要的 8×25，另一款刚好是8×30。本来梅子想要和客户解释，但是当下一点信心都没有，就告诉客户等一下，自己去仓库证实。于是梅子发现8×25有两箱，而8×30只有一千只，连箱子都没有拆。梅子害怕混料导致产品发错，于是又拿了几颗发货的那箱产品去品管检测，证实为8×25的。

梅子向客户解释以后，客户依然强硬地认为就是发错了。客户称，他买的这100个螺丝已经给他的客户用了，他的客户说货不对那就是不对。

梅子试着分析出现这种问题的原因，首先自己这边已经证实没有发错货。那么，是不是自己这边出现混料了，刚好他的客户就检测到这个8×30呢？于是梅子问客户："是全部都是8×30的，还是只有其中几颗是8×30的呢？"客户没有直接回答，称自己也不太清楚。

最后梅子只能让客户再确认一下，到底是哪种情况，并表示："如果真的是我们的错，我们愿意承担责任，并无条件退货，重发的运费算我们的，但也希望您配合我们确认这款货，最好有一张检测的照片，让我们一眼就能看出是8×30。"听到梅子的话，客户的情绪平静了很多。客户表示自己会和他的客户确认一下，然后再回复梅子。

以上案例告诉大家，做错了没关系，最关键的是要敢于承担责任，就算不是你的错，也不能与客户争吵。客户投诉发错货的处理办法如图10-4所示。

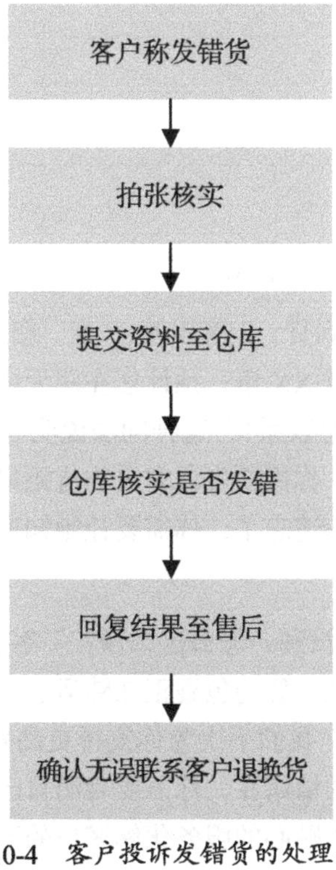

图10-4 客户投诉发错货的处理办法

假设你就是一位收到发错货的客户，你会有哪些想法和心情。你会不会想，商家是没货了故意错发的吧？商家怎么这么不靠谱，居然发错了？等了这么久，居然给我发错了，我等着用呢！这家店太不靠谱了，以后再也不来了……

证实自己发错货后，淘宝客服需要向客户表示歉意，安抚客户的情绪。下面总结了三种表达歉意的回复。

第一种是“亲，非常抱歉，由于仓库发货系统编码出错，未能让您收到您购买的宝贝，您看您收到的这款，您还喜欢么？是否可以接受的呢？”

第二种是“亲，非常抱歉，因近期店铺活动，仓库发货量巨大，导致发货系统出现异常。我们已经查实确实是我们的责任，非常抱歉，给您造成不便，请您谅解。我们将承担您的往返费用，为您更换您要的款式。”

第三种是：“换货发出，我们将为您启用顺丰，以节省您宝贵的时间；我们将赠送小礼物表示歉意和对您的感谢，希望在您心中，我们店铺永远是您心中的一个温暖的家。”

其实，发错货几乎是每一个淘宝商家不可避免的事情。商家只能尽自己最大的努力减少出错率，但是无法保证百分百不出错。包邮退换、送优惠券、红包或小礼物安抚客户都是发错货后的处理方法。

10.6 客户抱怨物流慢

下面总结了客户抱怨物流慢的三种情况。

一、客户问：“我多久才能收到货？”客服答：“亲，您先别着急！我们的发货地址是XX省XX市，您的收货地址是XX省XX市，预计您在四天内就能收到货物。您放心，如果有任何特殊情况延误我们会马上与您联系！”这种问法说明客户的情绪还是比较稳定的，属于比较理智的客户。对于这种客户，你需要告诉客户物流距离与预计的物流时间，这种时候顾客的心态就是担心你把他的商品给遗忘了，你需要让她知道自己一直在关注他的商品动态，让她感觉得到了重视。

二、客户问：“我的货怎么还没到，怎么这么慢？”客服答：“我们可以选择快递公司，但是控制不了快递公司的运输途径，您的包裹正在陆运途中。我们会敦促快递公司提高工作效率，如果您觉得这家快递不好，我们下次为你安排更高效的快递公司。请您安心等待。”客户这样问，说明他已经有抱怨的情绪在，你需要表明自己无法控制物流速度，但是下次会为他安排更有效率的物流公司，用贴心的服务化解客户的不满。

三、客户问：“我都等这么多天了，怎么货还不到？”客服答：“您好亲，非常抱歉宝贝让您久等了，我这就给您打电话咨询一下快递那边，看看是有什么问题，如果有问题我们会尽快给您处理，给您带来的不便真的非常抱歉！”如果客户已经等待很多天，说明物流很有可能出现了问题，你需要看看物流是否真的有问题。如果同城两天还不到，外省五天还不到那就是不正常的，你可以打电话联系物流询问情况，然后告诉客户。

在淘宝恶劣的购物环境下，淘宝客服与客户的沟通显得非常重要。面对客户的抱怨，客服回答的语言既要能够安抚顾客，又要符合淘宝规则，保证店铺以及自身的安全。

10.7　客户反映货物受损

关于快递公司的暴力分拣，大家没有见过也略知一二，因此你就知道货物包装的时候一定要抗摔；如果你经历过购买的零食少了几袋，你就明白为什么货物包装一定要严严实实。尽管如此，还是有很多客户在收货的时候发现货物受损了，遇到这样的情况，怎么办呢？

佩佩在淘宝上购买了一条裙子，结果收到货物后发现裙子破了一个洞。佩佩让在场的物流人员开具了物流公章证明货物有一条破洞，向商家申请退款被拒。该店铺客服表示收到货物再来反馈破损是不认可退货退款的。最终佩佩向淘宝平台发起投诉，由于佩佩提供的物流公司开具公章证明凭证经淘宝核实确实有效，因此认定责任方为商家，允许佩佩退货退款。

佩佩的案例涉及了表面一致问题。表面一致是指通过眼睛或者凭借简单的计量工具就可以判断所收到的货物表面状况良好且与商家描述的产品图片或者文字描述一致。淘宝规定的关于表面一致的确认规则为：“货物当面交付的，收货人接受货物后视为对表面一致的确认；货物需要运输的，收货人亲自签收或委托第三人签收后视为对货物表面一致的确认，收货人不能亲自签收，委托第三人签收时，第三人应当提供收货人的授权并出示收货人及第三人本人身份证件。”

根据《淘宝争议处理规范》第二章第三节第十六条“收货人签收商品后，商品毁损、灭失的风险由卖家转移给买家。”这里所说的收货人是指客户本人，也就是说只有客户本人进行签收或者委托第三方代签货物，货物毁损、灭失的风险才能由商家转移给客户本人。

下面大家一起看一个案例，案例中的客户杨先生从向武的居家日用专营店里花 40 元购买了一个陶瓷水杯。在本人签收后，杨先生发现货物受损，于是与向武联系退款，下面是具体事件经过：

2016 年 9 月 23 日，向武参加了聚划算活动，产品是一个陶瓷水杯。客户杨先生看中活动产品后进行下单，订单留的收件地址是自己家里的地址，收件人名字也是自己，联系方式也是自己手机号码，备注选择的快递是EMS。向武收到订单后，第一时间旺旺联系了客户杨先生，与其确认了快递公司是 EMS 以及详细的收件地址、姓名和联系方式。得到杨先生确认后，向武开始安排仓库下单发货。

第二天，客户杨先生上网查看自己已下单宝贝的物流状态，发现商家已经操作发货。大多数参加聚划算的产品发货时间都比较慢，而杨先生发现自己购买的水杯居然第二天就发货了，对商家的发货速度非常满意，于是主动在旺旺上联系了向武，表达了自己对发货速度的满意。双方交流愉快，向武特意提醒杨先生，水杯是易碎产品，一定要在签收时当场验货，如果货物有问题可以进行拒收。杨先生对向武地提醒表示了感谢。

四天后，EMS的快递员将货物送到了杨先生的家门口。杨先生正好有急事要出门，于是就签收了货物，而忘记对货物进行验货。晚上，杨先生忙完事情回家后拆开货物，发现水杯的手柄已经脱落，于是，立刻上网联系了商家向武，将水杯破损的图片拍摄下来传给了他。

向武看到杨先生发过来的图片后，立即联系了发货仓库核实了发件时水杯是完好的，而且查看了物流记录，显示杨先生本人签收。于是，向武问杨先生是不是在签收货物时没有当场验货，杨先生表示自己的确没有验货，就签收货物了。向武表示之前已经特别提醒杨先生水杯是易碎物品，一定要当场验货，货物破损拒收的话，物流公司需要负责，但是签收后物流公司就没有责任了。

最后，杨先生还是发起了退款申请。向武向物流公司索要了杨先生本人签收的底单拒绝了退款协议。事后，向武考虑之后觉得客户收到一个破损的杯子十分遗憾，于是主动找杨先生协商解决方案。最终，双方达成一致，向武给杨先生退款20元作为补偿。杨先生非常满意并且重新在向武的店铺里买了一只水杯。

杨先生和向武的案例告诉我们，对于物流途中容易受损的货物，淘宝商家应当主动提醒客户注意验货再签收，货物破损可进行拒收。在提醒客户时，应当保持友善的态度，与客户建立良好的合作关系。如果客户反映收到货物破损，淘宝商家可以做以下处理，如图10-5所示。

第一，向仓库确认发货时货物的完整性。向仓库确认发货时货物的完整性可以避免因发货不当导致客户签收后产生的误会。

第二，问客户是否本人签收。主动向客户确认货物是否由本人签收，有没有当场检查货物的表面一致，保留聊天记录。

第三，向物流公司核实货物签收情况。如果证实货物为本人签收，联系物流索要签收底单，做好提供凭证的准备。

第一，向仓库确认发货时货物的完整性。

第二，问客户是否本人签收。

第三，向物流公司核实货物签收情况。

第四，向客户解释签收时不验货的风险。

第五，拒绝客户的退款申请，提出合理的解决方案。

图 10-5　客户反映货物受损后的处理

第四，向客户解释签收时不验货的风险。告诉客户在货物受损的情况下拒收是可以获得物流公司理赔的，但是货物被签收后的破损问题，物流公司拒绝理赔。

第五，拒绝客户的退款申请，提出合理的解决方案。如果客户申请了退款，淘宝商家可以上传本人签收底单作为凭证拒绝客户的退款申请。但是淘宝商家应当理解客户的郁闷心情，主动联系客户协商解决，在售后条件允许的情况下给予客户一定的补偿，友好协商，自行解决纠纷。

网购具有线上交易不见面的特点。无论是淘宝商家，还是客户，都应当诚信对待他人。如果淘宝商家能够真诚对待每一个客户，就能获得更多的客户信任，客户也会回报商家越来越多的财富。

第 11 章　电话沟通技巧

Chapter Eleven

在日常沟通活动中，大家使用最多的工具就是电话。电话让人与人之间的联系更加方便快捷，但是也有自身缺陷。淘宝客服接听或拨打电话的技巧是否高明决定了他能否实现沟通目标，甚至会影响到店铺甚至公司的对外形象。因此，淘宝客服应当练就超高的电话沟通技巧，让客户从声音中感受到你的热情友好。本章给大家讲述基本的电话沟通技巧，希望可以帮助到新手客服们。

11.1　常备笔和纸，做好过程记录

众所周知，人类的记忆时间遵循遗忘曲线规律。就算是你用心记下的事情经过九个小时，遗忘率也会达到 70%以上。如果是日常琐事的话，人脑遗忘得回更快。试想昨天早上你吃的早餐，大概不少人已经想不起了吧。因此，千万不能对自己的记忆力太过依赖，重要的事情应当用笔和纸记下来。对于淘宝客服来说，应当在电话机旁常备纸和笔。这样在电话沟通时就可以记录主要事项。如果不准备纸笔，等到需要的时候再四处寻找，不仅浪费时间还会搞得自己灰头土脸。

下面看一个电话沟通案例：

客服：早安，这里是 TECH2000，一号客服为您服务，请问您有什么事情要咨询呢？

客户：我想了解有关贵公司办公室系列的产品，你们有目录可以寄给我吗？

客服：当然可以啦，请问您大名是？

客户：我叫吴晓成，你能寄给我有关各种产品和价格的资料吗？

客服：可以的，请问贵公司的名称和地址是？

客户：我这里是艾德集团，地址在XXXX，邮编为XXXXXX。

客服：对不起，邮地区号是？

客户：85251。

客服：吴先生，谢谢您。请问您是怎么找到我们公司的呢？

客户：是在天猫网站上看到的。

客服：请问您是对我们所有的产品有兴趣，还是在找某些项目的产品？

客户：我想了解你们所有的产品及价格，如果我能有目录那就太好了。

客服：我很乐意提供目录给您，事实上我今天下午会在您附近，我可以把目录直接拿给您吗？

客户：我并不是很着急，目录不一定非要在今天给我。不过，如果你要来也可以。

客服：吴先生，我知道您的时间宝贵，我今天下午的时间很有弹性，什么时候拜访您最好呢？今天下午一点还是三点？您看什么对间合适？

客户：其实我只是想要先看看目录，不想要今天约时间见面。

客服：没关系，您可以先给我一些资料，然后我才知道怎么满足您的需求。也许我可以附上一些样品，让您亲眼看看我们的产品品质，因为您真的无法从照片上看出产品的品质，您同意吗？

客户：确实如此，品质当然很重要，事实上价格也是我们进货比较大的考量。

客服：我有个想法，您可以告诉我们贵公司最常用的一些产品，然后我把几个样品和价格给您带过去。根据经验，如果我对您公司的需求了解越深，就越是能够处理您最关心的问题。当然，提供的服务也更能满足您的要求。我想我可以花点时间和您见面，就长期来看能节省我们更多的时间。

客户：那就请你下午一点来好了。

客服：吴先生，您想看哪一种产品的目录……

以下是客服在通话过程中做的记录：

时间：2016年10月16日早上九点

客户：马丁·吉蒂

公司：唐马氏集团

地址：XXXX

邮编：XXXXXX

来源：报纸

需求：产品以及价格目录

约见时间：当天下午四点

……

分析上述案例可知，淘宝客服在通话过程中做记录应当遵循 5W1H 技巧，即 When（何时）；Who（何人）；Where（何地）；What（何事）；Why（为什么）；How（如何进行），如图 11-1 所示。

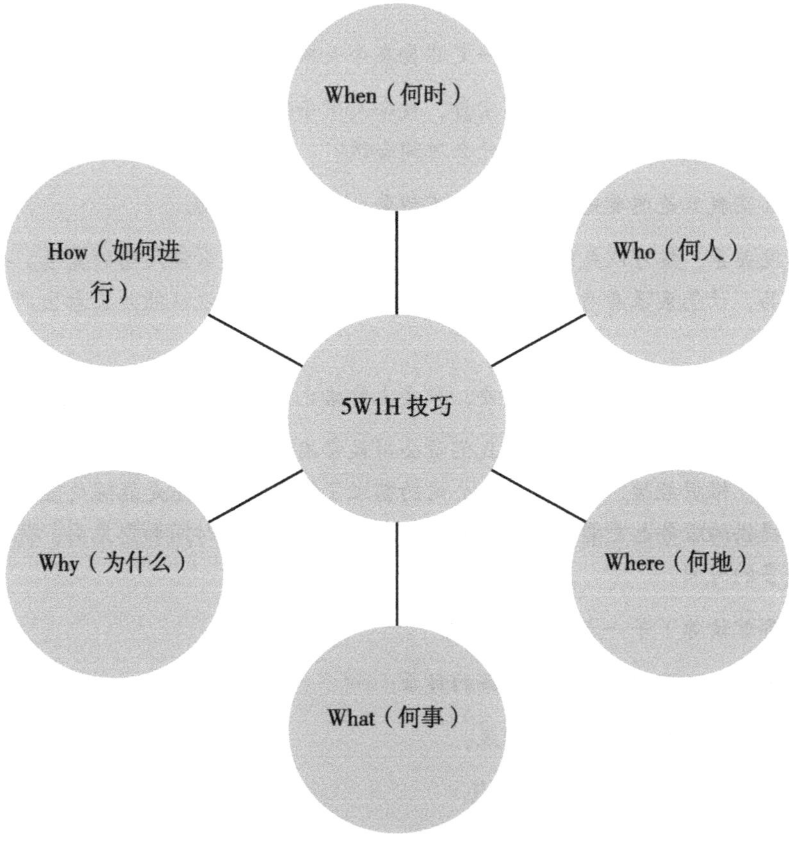

图 11-1　5W1H 技巧

在工作中，电话沟通的资料都是十分重要的。而电话内容记录既要简洁又要完备，这就离不开 5W1H 技巧的运用。

11.2　策划通话内容，保证 3 分钟之内讲完

试想，在建楼之前是不是需要先选料、先设计图纸呢？没有开发商会随着工程的进展再做这些工作，因为建造楼房的过程就是实施计划的过程，如果一边施工一边设计就会出大事了。销售人员给客户打电话也是一样的道理。

你不可能拿起电话，拨出电话号码后再考虑要与客户说什么、怎么说、达到什么目的。如果这样的话，你不会是一个优秀的销售人员。因此，你应该在打电话之前先策划通话内容。电话沟通流程示意图如图 11-2 所示，可以看出，策划通话内容是电话沟通的第一步。

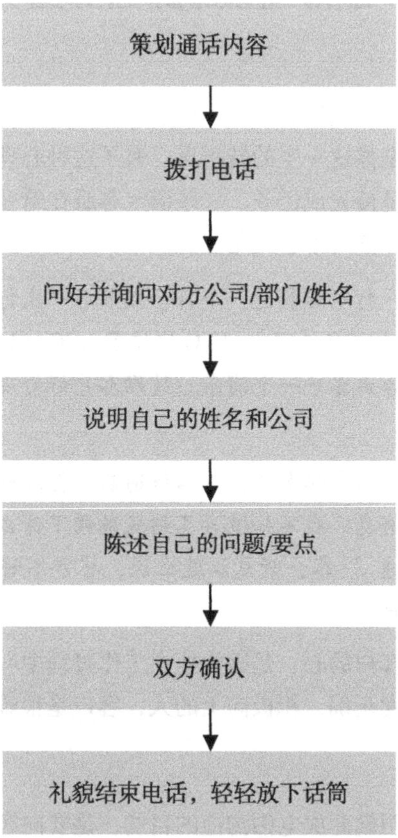

图 11-2　电话沟通流程

具体在工作中应该怎样策划通话呢？下面将打电话给客户之前的准备分为三步，内容如图 11-3 所示。

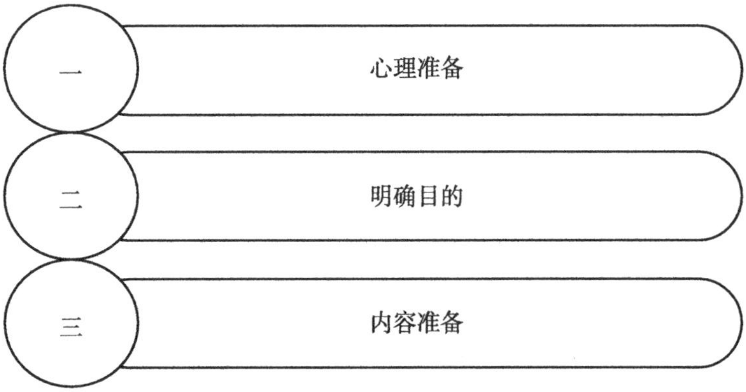

图 11-3 打电话给客户之前的准备

1. 心理准备

在你打电话给客户之前，你应当有这样一种心理，那就是你所拨打的这通电话很有可能会是你现状的转折点，甚至是你这一生的转折点。有了这种心理后，你会认真负责地对待你所拨打的每一通电话，并且坚持完成任务。一些淘宝客服在给客户打电话之前会感觉非常紧张，其中一部分原因就是心理准备不够充足。

销售员夏江曾给一个客户打电话长达一个月。在最后一次打电话给客户时，客户非常生气地大吼："你以后不要再打电话给我了"，然后就挂了电话。挂断电话之后，夏江非常郁闷，因为他这一次打电话是为了告诉客户一个消息，鼓励客户好好规划自己的人生，让日子过得更加有意思。

夏江非常不甘心，于是重新拿起电话，电话接通后，夏江开口就说"您挂了我的电话，其实我只是为了告诉您一个消息。我不知道自己到底做错了什么，惹得您大怒，如果我打扰了您，我在这里向您表示歉意。"客户听夏江这么说，非常不好意思地向夏江道歉。从此以后，他也成了夏江的忠实客户。

夏江之所以最后赢得了客户的心，是因为他在工作过程中心理准备非常充分，遇到客户的刁难也不气馁。因此，态度正确，积极向上的人，客户是很难拒绝的。

2. 明确目的

在打电话之前，你需要明确此次电话沟通的目的，是要向客户推销产品，还是为了与客户约见，或者是为了解除误会，取得客户的原谅。如果没有目标，你做事就会像无头苍蝇一样不知何去何从，而且效率也非常低下。

一位专业的销售人员在给客户打电话之前都会提前设定自己希望达成的目标，因为他们深知，如果没有事先定下目标，说话的主题就容易偏离。一旦沟通没有方向，双方都会浪费许多宝贵的时间。

确定目标的方法是：第一，集中脑力，首先想出你可以通过电话沟通实现的进展有哪些。第二，逐个检查你列出的每一个进展在现实中是否真实，并且真正有利于你实现最终目标。第三，从列出的这些进展中选择最好的一个作为通话目标。最好的依据是最真实、最有可能达到。

一般来说，通话目标可分成主要目标及次要目标。主要目标是指你最希望在这通电话中达成的目的；次要目标是指当你无法在此次通话中达成主要目标时，下一个想要达成的目的。

如果仅有主要目标而没有次要目标，当你在通话中无法实现主要目标时，就只能结束电话。这样不仅浪费了时间，也在心理上给自己造成负担。而次要目标的作用就是在主要目标无法实现时退而求其次。

3. 内容准备

在准备内容时，你首先需要弄清楚客户资料，包括客户姓名、性别、行业、公司、主要产品、工作职位、年销售额、利润来源等。为什么要知道这些呢？想象一下，如果你是客户，有一天突然打进来一个电话问："您好，请问您是负责采购的刘经理吗？"这时，你会有什么感受，还有没有心情继续听下去？这时，如果换成另外一种说法："刘经理，您好……"你又会有什么感受？大部分人都更喜欢第二种情景。

客户资料有助于你了解客户，拉近与客户之间的距离。另外，要做到有针对性地为客户服务，你还需要知道以下内容。

客户的以往经历。如果你对于客户购买产品的一些经历有所了解，比如在使用过程中有哪些优点和不足之处等，就能以此为出发点吸引客户的兴趣。

客户的根本需求。客户在购买产品时一定会有一些个性需求是竞争对手没有看到的。如果你知道客户的根本需求或者追求的某种结果，就能够赢得客户的青睐。

可以根据此次通话的目的以及客户信息，准备好通话过程中要问的问题。这要针对具体问题具体实施。在拨打电话之前将所要表达的内容准备好可以防止通话过程中因自己紧张而忘了讲话内容。另外，如何说话，才能清楚地表达自己的意思需要提前演练到最佳。

给客户打电话时，如果想当然地说到哪里算哪里，很容易丢三落四，无法达到自己的沟通目的。你有可能忘了说主要事项却丝毫没有觉察，等到电话挂断后才想起来，这样会给客户留下不好的印象。因此，在给客户打电话之前，应当事先把说的内容逐条逐项地整理记录下来，然后再拨电话，一边讲话一边看记录，随时检查自己的说话是否有遗漏。

另外，三分钟一般可以说 1000 个字，足以说完一般事件。如果你给客户打电话用了五到十分钟，很有可能是没有抓住要领、突出重点。

11.3 主动称呼客户的名字

给目标客户打电话时，除了要与目标客户通话，还有可能会和总机人员、秘书等打交道，因此，知道并主动称呼客户名字是很重要的。尤其是在初次接触的时候，称呼客户名字可能会让其他接听电话的人（总机人员、秘书等）认为你与客户是朋友关系，从而将电话转接给客户，加大你与客户通上话的几率。当然，这是建立在你通话前的充分准备基础上。

宋伟是某服装公司的推销员，他准备向某公司董事长金华推销西装。下面是他打给金华的第一个电话。

总机：“你好，XXXX 公司。”

宋伟：“请问金华董事长在吗？”

总机听到宋伟直呼董事长姓名，毫不犹豫地将宋伟的电话转到董事长办公室，由董事长的秘书小姐接听。

秘书：“你好，董事长办公室。”

宋伟：“你好，我是宋伟。请问金华董事长在吗？”

秘书：“金华董事长认识你吗？”

宋伟：“请告诉他我是 XXXX 公司的宋伟，请问他在吗？”

秘书的提问让宋伟非常为难，因为他与金华董事长并不认识，但如果直接告诉秘书，秘书一定会挂断他的电话。于是，宋伟不停地问金华董事长在不在。这样就使秘书不得不对这个询问做适当地答复，宋伟还希望秘书小姐可以不再问问题。

秘书：“他在，请问你找他有什么事？”

宋伟：“我是 XXXX 公司的宋伟。请教你的大名。”

宋伟当然不会正面回答秘书的问题，因为他不能告诉秘书他是来推销的，否则秘书肯定不会给他接通。宋伟只是重复说着自己和公司的名称，还询问秘书小姐的名字，一方面记住方便日后再通话，再者能拉近彼此的距离。

秘书："我是陈丽。"

宋伟："陈丽小姐，可否让我和董事长通话？"

通过直呼秘书的名字，让秘书产生一种亲切感。

秘书接着说："宋先生，请问你找董事长有什么事？"

宋伟："陈丽小姐，我很了解你做秘书的处境，也知道金华先生很忙，不能随便接电话。不过你放心，我绝对不会占用董事长太多的时间，我相信董事长会觉得这是一次有价值的谈话，绝不浪费时间。请你代转好吗？"

宋伟遇到了困难，但是他没有气馁，仍再接再厉，希望可以拿下秘书小姐。他坚持不向秘书小姐说出自己找董事长的目的，因为他顾虑到一旦向秘书小姐说出自己的目的，再经由秘书小姐转达给董事长，难免会产生不必要的误解。宋伟的坚持终于有了效果。

秘书说："请等一下。"

秘书小姐把宋伟的电话转给了董事长。

经过一再努力，宋伟终于说明了秘书小姐。在这个过程中，宋伟丝毫没有透露自己的真正目的，因为一旦他说出来，估计就无法与董事长直接通话了。

董事长："喂"

宋伟："金先生，我是 XXXX 公司的宋伟，我们公司是专门为企业经理定制西装的公司。请问您知道 XXXX 公司吗？"

董事长："不知道，贵公司是卖什么产品的？"

宋伟："我们是专门为企业高级管理人员定制西服的公司。有许多企业对我们颇为赞赏。这些企业包括 XX 银行、XX 集团、XX 贸易公司等。我希望下个星期可以拜访您，当面向您作详尽的介绍。在下星期三上午八点或星期四下午两点拜访您，您觉得方便吗？"

宋伟所说的几家著名公司非常具有权威性，对于大牌人物利用权威的影响力说服是非常有效的。另外，宋伟还使用封闭式提问降低了金华董事长拒绝的可能性。

董事长："嗯，让我想想……就安排在下星期二上午八点钟吧。"

在上述案例中，宋伟并没有直接找到目标客户金华董事长，而是经过了总机和董事长秘书的转接，这种情况就要求你具有随机应变的能力。在与客户通话过程中，一定要自信而有力，切忌胆怯。对方可以通过你的语气在一定程度上判断你的身份，因此说话时要不卑不亢、充满自信。比如，你可以这样说："帮我转杨总，谢谢。""请问采购部分机是多少"等。

正常情况下，在没有直接与目标客户通话时，千万不要说出自己的目的，因为大多数人对于推销工作都有偏见。当你说出自己的目的是推销某产品时，往往会受到挂机的待遇。

11.4 讲话时姿势端正，面带微笑

在日常生活中，讲电话是一件非常简单的事。但是对于淘宝客服来说，讲电话不仅不是一个简单事，还是一项体力活儿和技术活儿，更是一个要用心的活儿。如果是与客户面对面的进行沟通，你可以看到客户，客户可以看到你，你一定会笑脸相对。在电话沟通的时候，客户看不到你，但是姿势端正，面带微笑也非常重要，因为对方可以感受得到。

朱超是一家建材公司的业务经理。有一次，他和一个客户谈判一笔生意，谈判到了关键时期，由于一些细节问题，互不让步，僵持不下，最终合作告吹。后来，朱超转移了目标，与另一个客户谈这笔生意。这次谈得很顺利，双方准备签合同的时候，朱超接到了上个客户的秘书打来的电话，问他是否能稍微让一步，如果可以就和他签合同。

朱超想到这边已经谈成马上就签合同了，而那边让一步就会损失不少利益，于是当着很多人的面强硬地回绝了对方。回电话时朱超的语气很不友好，简直有点失态。和朱超准备签合同的客户问他打电话的人是谁，朱超直言相告。听了朱超的回答，客户一脸沉重地说："抱歉，这个合同我们不签了。"说完便头也不回地走了。朱超非常惊讶，对客户的翻脸感到很突然。

临走时，客户的秘书告诉朱超，朱超在电话中拒绝的那个客户与他们公司一直保持着良好的合作。秘书向朱超转达了他们经理的原话："连微笑着向别人打个电话的耐心都没有，怎能会有持久合作的耐心呢？"从那以后，朱超学会了微笑着打电话，业务做得越来越好。

通过上述案例我们知道与客户通话过程中一定要讲究电话礼仪，用微笑与客户沟通。无论什么时候打电话给客户，都应当先自我介绍："您好，杨经理，我是 XX 公司的 XX。"即使是与老客户打电话，也应该如此。一些人认为如果打电话给熟悉的客户，客户可能会听出你的声音，所以有时候没有做自我介绍就直入主题。这可能会让客户很疑惑，不知到底是谁。

电话接通之后，你就应当注意微笑。微笑时说话的声音是充满活力、有亲和力的。因为打电话时，客户看不到你的表情，你的声音就代表了你的人。所以在电话沟通过程中保持微笑与礼貌是非常重要的。这就要求你平时多积累一些礼貌用语，包括"谢谢您""真的太感谢您了""有件事情想麻烦您一下""有件事情想请您帮个忙""拜托了""随时欢迎您打电话

给我”“与您通电话很愉快”“不好意思，让您久等了”“请问”“请教”“不好意思，再占用您两分钟时间”“不好意思，最后一个问题”等。

打电话过程中姿势端正也很重要，绝对不能抽烟、喝水、吃东西，因为即使是懒散的姿势，也会通过声音传递给客户。如果你打电话的时候，弯着腰躺在椅子上，对方听你的声音就是懒散的，无精打采的；若坐姿端正，身体挺直，所发出的声音也会亲切悦耳，充满活力。因此打电话时，即使看不见对方，也要当作对方就在眼前，尽可能注意自己的姿势。

微笑是一种涵养，一种力量，有时更是一种难得的机遇和成功。记住，无论什么时候打电话，拿起话筒时请微笑，因为对方能感觉得到。

11.5 灵活掌握语速，视客户而定

想象你正在专心地看着一场足球比赛，突然电话响了。一个你从未听说过的公司的推销员向你推销他们公司的产品，但是你听了半天却没有听清楚他说什么，因为他说话的语速实在是太快了。而且大概一分钟的时间没有停下来换过一口气，也没有给你插话的机会。当你听得都快要窒息之时，他终于停下来了。但问题是你一句都没有听清楚，一个字都没有听进去。最后的结果就是你随便找了个理由拒绝了他，然后挂掉电话继续看你的足球比赛。

仔细想想才发现，这个推销员只是为了打电话而打电话，并不是真正想要把东西推销出去，其工作态度也非常不认真，只是在应付工作。但是这个小故事给我们留下一个疑问，给客户打电话的时候，应该要用什么样的语速？

对性格慢吞吞的人说话语速快，他们会感到焦躁心烦；对性格耿直性子急的人说话语速慢，他们会觉得断断续续，有气无力，颇为难受；对年纪大的人说话语速快，他们就很难理解你的意思。因此，打电话的语速并没有标准，应当根据客户情况，灵活掌握语速，随机应变。

两个性格相近的人沟通起来更容易，对于淘宝电话客服同样如此。客服要与形形色色的人打交道，当然也就不可能与每个人的性格都相同。但是，你可以去适应客户的性格，以客户喜欢的方式与其交流。

为什么这么说呢？物以类聚，人以群分，客户也倾向于与自己行为方式相似的人打交道。客服要在电话中适应客户的性格，给客户你和他是同一类人的感觉，这对销售是非常有利的。研究表明，那些适应不同客户的沟通风格的销售人员的业绩要比那些不能做到这一点的销售人员的业绩好很多。下面将客户的性格可以分为四种，如图 11-4 所示。

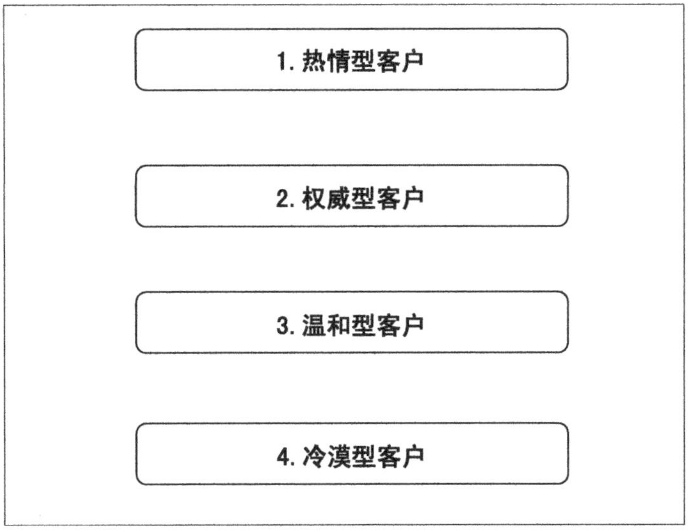

图 11-4　四种性格客户

1. 热情型客户

热情型客户做事爽快、决策果断。他们非常善于交际，喜欢与各种各样的人打交道，比较看重人与人之间的关系。热情型客户给人的印象是朴实、平易近人、容易交往。对于这种客户，你可以在电话中表现得积极热情、健谈，让客户感觉到你与他一样。

热情型客户在电话沟通过程中说话语速较快，音量较大，但是讲话富有弹性，抑扬顿挫。你也可以用充满激情的语气说：“杨经理，太谢谢您了！我就知道您会很乐意帮助我的。”

另外，这种客户乐于助人，他们会主动对你提出意见或解决方法，比如告诉你“这件事我做不了，你还是找销售部王经理谈吧。他主要负责这方面的工作，我告诉你他的电话，XXXXXXX。”

2. 权威型客户

权威型客户同样做事爽快、决策果断，但不喜欢与人打交道。他们的时间观念非常强，做事讲究高效率，喜欢直入主题，不愿意将时间浪费在与他人闲聊上。如果你与这种客户打电话，要特别注意不要浪费他们的时间，不要讲一些与主题无关的话。谈完正事后，最好马上结束电话，给客户以注重效率的感觉。

权威型客户在电话中讲话往往很快，音量较大，但是讲话时音调变化不大。你也应该附和他的节奏，保持较快的说话速度与之交谈，不要细声细语。但是你的语速要保证对方能够听懂，音量也不能超过对方。

权威型客户喜欢领导人，所以与他们打交道时你应当给他们充分的尊重，少说多听，以请教的口气与他交谈，千万不要用命令的语气与他们沟通。

另外，这种客户非常直率，你打电话时可以在开场时就告诉他你的目的。比如，你可以说这样的话：“杨经理，我今天打电话给您的主要目的是想向您介绍一款最新的软件。”另外，还要对你推销的产品以及行业有充分的了解，否则你就可能被他提问的问题难倒而且无法吸引他。

3. 温和型客户

温和型客户安静友好，做事不急不慢。对于你提出的问题和建议，他们回答时不慌不忙，而且不会主动提出自己的看法。他们做事以稳妥为主，不喜欢冒险，要想说服这种客户，你还需要对其进行不断地引导。

温和型客户在电话中讲话不快不慢，音量适中，音调会有小幅度的变化。同这种客户通电话，你要保持稳重，说话不可过于急躁，音量也不要高，要显示出自己的平易近人和友好。

由于温和型客户行事速度较慢，因此如果你抱着求快的心态与其交谈，过于热情，会引起对方的怀疑。如果能够寻找与客户相同的兴趣爱好，与对方多沟通，不强迫他们做不愿意做的事情，对方慢慢就会与你建立信任关系。

4. 冷漠型客户

冷漠型客户平时不爱讲话，做事动作缓慢，给人的感觉是孤僻。他们在电话中讲话不快，音量较小，音调几乎没有变化。与这类客户通话时，你要适应他们的讲话方式，不可表现得过于热情。

冷漠型客户做事一丝不苟，不喜欢冒险，与其打交道是最困难的。如果能够给他们提供大量的数据、事实以供他们判断，或许可以说服他们，达到你的目的。

如何判断客户属于哪种类型的人呢？电话沟通主要靠的是语言，作为淘宝电话客服，你要学会通过语言辨别客户的性格。通常来说，说话慢、说话声音小的人属于温和型或冷漠型客户，而那些说话速度快、说话声音大的人属于权威型和热情型客户。

当然，这也不是绝对的。当客户心情不好、有烦心事的时候就可能表现出与性格不同的情绪，因此，你还需要根据多方面的信息来判断客户性格。

了解客户性格的最终目的是配合客户性格掌握语速。比如说，当客户说话速度慢的时候，你也要相应降低自己的语速；如果客户讲话的速度很快，你就要相应地提高语速。

11.6 不使用简略语和专业术语

我们在第四章第七节中讲到，淘宝客服在介绍产品时，可能会有一些产品涉及专业术语，但是，客户不一定听得懂。客户听到自己不擅长的专业术语多半是像听天书一样，因此和客户沟通交流的时候，语言要通俗化，尽量少用专业术语，因为通俗性的语言容易被人们所理解和接受，否则客户可能会因为听不懂而放弃交易。

在电话沟通中也一样，客服应将深奥难懂的技术性或抽象性的理论问题具体化、形象化、通俗化。仔细分析一下就会知道，满口都是专业，将“行销三科”简称“三科”，和客户说“4P”“4C”，普通客户怎么会理解呢?

有的电话客户不以为然，在与客户通话时乱用简称、专业术语，给对方留下了不友善的印象。XX饮料公司销售员高远就因为这一问题白白损失了一些本可以成交的客户。

高远是一个销售精英，具有非常好的形象气质，而且非常能说。每次给目标客户打电话时，只见他几句话就把产品情况向客户说明白了。然后客户常常是一会儿表示出自己的兴趣，一会儿表示出自己的惊讶与不解。在打电话之前，高远下了很大的功夫，对自己销售的产品有非常高的熟练度。为了让客户更了解自己的公司，高远和客户谈到自己公司的战略，还谈到了“4P”“4C”。

不可否认，高远的营销知识很扎实，而且是一个充满激情的销售员。每一次电话他都能与客户聊很久，但每家客户都会或多或少地表示出自己的惊讶及不解。那么是什么原因导致客户的这种情况出现呢?按理说高远的谈吐举止是没有问题的呀？问题其实很简单，只有在高远谈到营销“4P”“4C”的时候，客户才会表现出惊讶不解。

试想，一般的饮料终端销售老板哪里懂得这些专业术语呢？甚至有一次，高远举例客户销售他们新品的好处时，他这样说道：“我们公司的新品作为公司的战略性产品，是经过我们公司市场调研而推广的，很多终端都开始了二次补货，他们的动销都比较良性”。当客户听到“终端、动销良性”等专业术语时就不理解了，有的客户可能就根据自己的经验理解为“店面名字”或者“某家店铺”等，这就为沟通不善埋下了伏笔。

电话沟通最重要的是沟通，客服应当尽可能规避掉不利于沟通的因素。在销售过程中，客服应当用客户喜欢以及愿意买单的方式与客户沟通。尽管高远在与客户沟通过程中都没有差错，但是因为使用的专业术语太多，与客户沟通过程中达不到共识，从而让客户露出了惊讶与不解的表情。

销售过程中的专业术语可以体现一个销售人员的专业素质及学识，但是这需要大家灵活运用。和一个文化水平低的客户谈“战略”“4P”“4C”等专业术语难免会导致碰壁的结果。

下面总结了一些在电话沟通中的注意事项，内容如图 11-5 所示。

一	沟通方式要灵活、通俗易懂
二	与客户交流要亲民
三	尽量少说专业术语

图 11-5　电话沟通中的注意事项

第一，在熟悉产品知识的前提下用灵活、通俗易懂的方式与客户交流；

第二，与客户交流过程中要有亲民的思想，用客户理解、容易接受的方式说；

第三，尽量少说专业术语，防止客户惊讶不解。

客服千万要记住，在与客户打电话时，他们很可能不理解你的专业，所以不要用高人一等、什么都知道的姿态与客户交流。在向客户说明专业性用语时，最好的办法就是用简单易懂的实际案例来说明，否则客户就会失去耐心，使你达不到目的。

11.7　确认信息，防止听错

在电话沟通过程中，由于同音不同义、谐音等原因，很容易理解错对方想要表达的意思。为了防止听错电话内容，客服应当养成复述问题，向客户确认信息的习惯。尤其是时间日期、电话号码等重要的数字内容，客服应当听后立即复述，向客户确认。

如果是写下来的内容，文字的意思一看就知道，一般不会有歧义。但是通电话时只有声音的表述，读音相同或相近的词语就非常容易搞错，比如数字 1 和 7、11 和 17 等。下面总结了电话沟通过程中遇到特殊状况向客户礼貌表达的服务用语。

1. 如果客户说到重要信息或者没有说清楚，你需要向客户表示歉意，让客户复述：“十分抱歉，我没有听清您所说的问题，麻烦您在重复一下好吗？”
2. 如果客户的讲话出现很大的杂音导致客户声音不清晰，你需要向客户说明无法交流的原因，然后等客户挂机后再挂机：“十分抱歉，您的声音不是很清晰，请您再重复一下好吗？”如果依然听不清：“很抱歉，您的声音还是不清晰，我听不清，麻烦您换一部电话再拨好吗？”

3. 如果客户说的是方言，你无法听懂时，应当向客户表示歉意：“对不起，我听不懂您说的话，请您使用普通话再说一遍好吗？谢谢！”如果客户继续讲方言，不讲普通话，你要说：“对不起，我听不懂您说的话，请您让家人或朋友接一下电话好吗？谢谢！”
4. 如果客户的叙述没有条理或者比较复杂，而你没有搞清楚事情经过，你要用客气周到的语言引导或提示客户：“不好意思，您刚才说的我没有听清楚，请您不要着急，慢一点，再说一遍好吗？”

作为客服，首先要调整好自己的心态，不可焦躁不安。由于你会与各种各样的客户沟通，会出现各种各样的问题，所以要求你保持耐心，冷静地解决问题。

11.8 设置结束语，与客户礼貌道别

在与客户通话即将结束的时候，无论是由哪一方提出，你都应当和客户礼貌告别。一般来说，先说出明确的结束语，然后说一声“谢谢”或者“再见”，然后等待客户挂电话。

通话结束分为三种情况，一种是达到通话目的，一种是没有达到通话目的，还有一种是客户没有给出明确答案导致结果不确定。下面看这三种情况下的结束语应当怎么说。

如果达到了通话目的，电话客服必须采用正面积极的方式来结束对话。结束语的设置需要注意两个问题。一是不要讲太久，如果销售员针对产品的功能以及利益讲太久，反而会引起一些新的反对问题。二是不要太快结束电话，太快结束通话可能会忘了一些重要事项，比如和准客户确认某些重要资料等。

因此，电话客服要用有效的结束语结束与客户的通话，可以使用下面的方法，内容如图11-6所示。

第一，先感谢客户购买公司的产品。比如说：“杨经理，谢谢您对我们公司的支持，让我们有机会替贵公司服务。”

第二，确认客户的基本资料。比如说：“杨经理，再确认一下您的信息，姓名是XXX，公司地址XXXX，电话是XXXX，对吗？”

第三，肯定强化客户的决定。比如说：“您公司的XX加上我公司的XX，相信一定能实现双赢结果，希望我们合作愉快！”

第四，提供客户售后服务资讯。比如说：“你就放心好了，我们的产品实行的是终生保

修制，您如果遇到什么问题可以随时打电话找我们。”

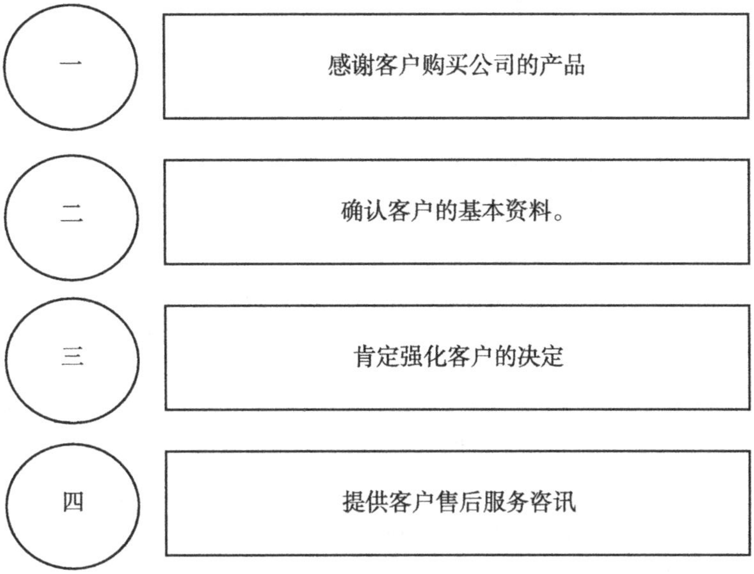

一
感谢客户购买公司的产品
二
确认客户的基本资料。
三
肯定强化客户的决定
四
提供客户售后服务咨讯

图 11-6　达到通话目的的结束语设置

如果没有达到通话目的，电话客服在结束电话时，也需要使用正面的结束语来结束电话，其理由有两个。第一，尽管现在没有成交，但是当客户未来有需求时，很可能会因为你给他们留下的良好印象而再次联系你。所以说，这一次没有做成生意，不代表以后没有机会和他们做成生意。第二，培养自己积极乐观的工作态度。如果电话客服因为一次电话沟通没有达成通话目的就产生负面情绪，将会把这种不良情绪带到下一通电话，扩大不良情绪对你的影响。

如果客户没有给出明确答案导致结果不确定，你可以采用下列说法：“杨经理，我想您目前不考虑购买我公司的产品/服务是有您自己的顾虑的，但是仍然很高兴您愿意拿出时间与我们讨论，希望未来您有需要的时候我们有机会为您服务。”

俗话说，做事要有始有终，有头有尾。无论你与客户在电话中沟通的最后结果是什么，都要用文明礼貌的结束语与客户告别。这样，你在客户心中的形象有加分，对于达成你的目的是有利的。

11.9 在客户之后挂电话

说完结束语之后，就是挂电话了。不要小看这一个小小的动作，很有可能会对你能否实现通话目标产生巨大影响。大部分电话客服会这样想，电话是谁先打的，就应当谁先挂电话，事实并非如此。假如说，你在电话中成功说服了一名客户购买你公司的产品，结果由于太过高兴，在客户答应后就立即挂了电话。那么，客户会怎么想？客户可能会认为你是一个以利益为中心的人，订单拿到手就忘乎所以然，那客户还会放心地与你合作吗？

因此，电话客服应当养成良好的挂电话习惯。在客户之后挂电话会提升你在客户心中的形象，有助于你获得更多客户的青睐。那么应该怎样结束一通电话呢？

第一，达到目的后立即结束交谈。

对于销售电话来说，任何复杂、贵重的产品都很难说清楚，因此都会通过线下约见做进一步沟通。在电话里，你看不到客户的表情、举止，无法判断他的情绪，而且也没有“见面三分情”的基础，所以很容易遭到拒绝。因此，电话销售人员常常是通过电话实现约见的目的，达到目的后立刻结束电话交谈。

第二，让客户先挂电话。

无论是客户向你打电话，还是你向客户打电话，最后结束通话时一定要谨记：永远让客户先挂电话。对于客服来说，客户至上，这是亘古不变的职业准则，不仅要记在心里，还要付诸行动。

下面看恒康公司的业务经理郭晓波是如何打销售电话的。

郭晓波：“您好，是XX公司市场部吗。”

市场部：“您好，请问您找哪一位？”

郭晓波：“麻烦你，请程丹丹经理听电话。”

市场部：“请问您是……？”

郭晓波：“我是恒康公司业务经理郭晓波，我要和程经理讨论有关提高文书归档效率的事情。”

程丹丹：“您好。”

郭晓波：“程经理，您好。我是恒康公司业务经理郭晓波，本公司是文书归档处理的专业厂商，我们开发出一项产品，能让贵公司的任何人在10秒钟内找出档案内的任何资料，相信将使贵公司的工作效率大幅提升。”

程丹丹："10 秒钟，这么快？"

郭晓波："程经理的时间非常宝贵，不知道您下周一或者下周四，哪一天方便，让我向您当面说明这项产品。"

程丹丹："那下周一上午八点好了。"

郭晓波："谢谢程经理，下周一上午八点的时候准时拜访您。"

郭晓波通过"贵公司的任何人在 10 秒钟内找出档案内的任何资料"这一信息引起了程经理的兴趣，尽管程经理说的"10 秒钟，这么快？"是抱着怀疑的态度，但是郭晓波清楚此次打电话的目的是约下次会面的时间，因此没有做出任何解说，立刻陈述电话拜访的理由，约定拜访的时间，最后迅速结束电话的谈话。

尽管挂电话是电话沟通过程中最不起眼的一个事情，但是优秀的电话客服不会因为一个小细节降低了自己的水准。也许正是因为这不经意的一个小小礼节，就可能帮上你的大忙，打动一个客户，带来一笔订单。

第 12 章　让客户主动 100%好评策略

Chapter Twelve

客户主动 100%好评是任何一个淘宝商家都想要实现的小目标。因为客户的好评对商家信誉有积极的影响，特别是对于新开的店铺来说非常重要。有很多新开的店铺因为前期好评数量少难以突破发展瓶颈，只能勉强维持店铺的经营。良好的反馈评级以及足够的反馈数代表的是店铺的信誉，有利于商家得到更多客户的信任与购买。可以说，好评的重要性不言而喻，本章大家一起来探索一下好评吧！

12.1　查看客户好评率

每次交易之前，淘宝客服都应当关注一下客户的好评率。如果客户的好评率较低，比如低于 80%，那么这位客户是存在一些问题的。与这一类客户交易，能够获得客户主动好评概率非常小。如果客户曾经有差评，那么你更应该提个心眼，看看客户哪笔交易出现了问题，从中了解你的准客户。在下面给出的案例中，淘宝店主范范就是因为没有事先查看客户好评率吃了一个哑巴亏。

范范是一个大四学生，因为课程少闲得无聊就开了一个小小的淘宝店。小店初开的时候，每天都可以有一单，在淘宝店主交流群里，很多人都觉得范范做得非常不错，因为有很多店铺都是十天半个月都没有一单。

然而，随后发生的事情就没有那么愉快了。一天晚上，范范的店里来了个客户，当时，范范并不知道商家是可以查看客户好评率的。客户在范范的店里买了件毛衣，由于范范是厂家直销的代理，而且店铺新开做活动，这件毛衣范范的利润只有 2.98 元。这款毛衣在淘宝其他店铺里都卖40元以上，而范范只卖32元，而且还是包邮的。

一件包邮才32元的衣服，去除邮费成本后也就25块左右，这位客户还要求范范送她模特身上戴的毛衣链。范范说："亲，对不起，我们是厂家发货的，我没办法给您送毛衣链的。"客服称："没有毛衣链就没有那个感觉，不送的话我就不买了。"为了积累客户，范范答应了她的要求。客户下单后还和范范说快递必须快，否则她就无法保证好评。

范范非常郁闷，虽然自己的产品价格低，但是绝对不比其他店铺的同款质量差。结果客户收到货后直接在旺旺上大骂，还扬言要让范范的店倒闭。范范看到后赶紧给客户打电话询问怎么回事，客户称毛衣太薄了，范范表示自己也在穿，根本不薄。客户又说穿着没有模特穿的效果，然后范范表示可以退货，邮费由范范出，不让客户有任何损失。结果客户开始各种找理由说不退，嫌麻烦。范范问她想怎么解决，客户就说让范范退10块钱，她就给范范写好评。

范范无奈之下只好答应了客户的条件，就当是10块钱买了一个好评。在协商过程中，范范看了客户的照片，体重大概在150斤左右，然后才明白客户为什么说她穿不出效果。在淘宝店主交流群分享了这件事情后，其他店主告诉她可以查看这位客户的好评率。不看不知道，一看吓一跳。这位客户的好评率只有20%多一点，购买的东西有男装、女装、吃的等。

范范还看到，一家零食店在一个月的时间里收到了这位客户四个差评。在范范给这位客户退还10块钱后，她的态度马上就变了，说从来没遇到过像范范一样服务这么好的商家，还为之前对范范的不礼貌道歉。另外，在给范范好评时，这位客户表示以后还会再来。范范非常郁闷，只当是吃了一个哑巴亏，祈祷这位客户以后不要再来。

范范的案例给大家提了一个醒，在与客户交易之前一定要查看客户的好评率。当然，查看客户的好评率不单单是查看一个百分数，里面的学问还有很多。下面给出了查看客户好评率的6个注意点。

一看好评率。好评率体现的是与客户交易过的所有淘宝商家对客户的一个综合评价，意义重大。淘宝商家与客户不一样，为了留住客户，一般不会轻易给客户中评或者差评。因此，大多数客户的好评率是 100%，这也意味着交易后客户主动好评或者通过协商给出好评的概率很高。100%当然最好，没有100%的，那就继续往下看。

二看商家的评价语。看完好评率，然后上翻就可以看到每笔交易商家们给的评价。一般情况下，商家对客户的评价无外乎"好买家""非常好的买家""确认货款迅速""交易很愉快"等正面评价。通过商家给出的评价，你可以大概了解你的准客户的性格、为人等信息，然后对交易风险做出初步判断。

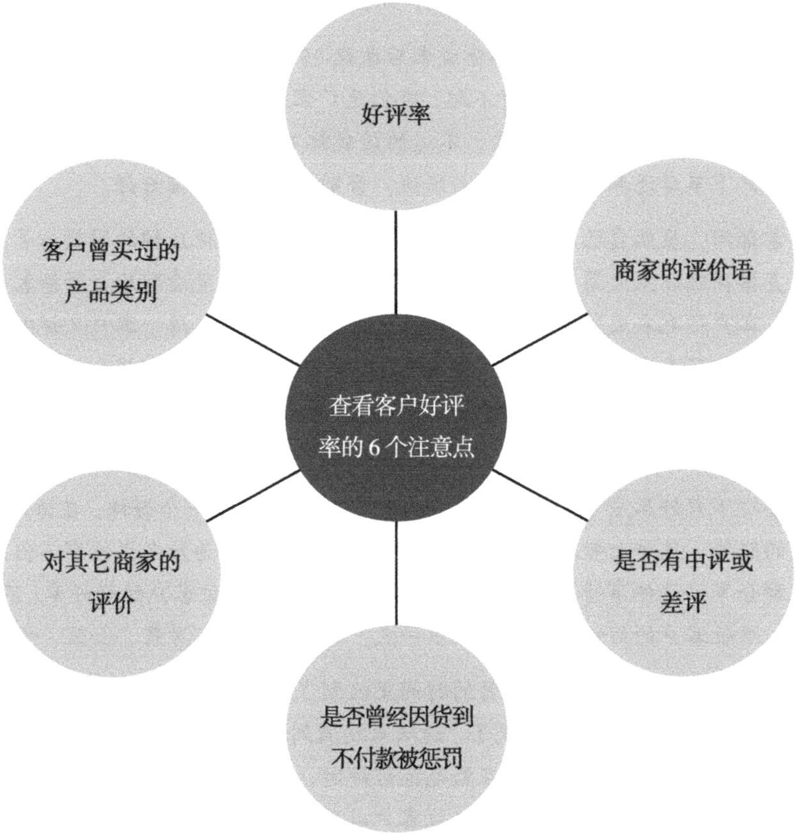

图 12-1　查看客户好评率的 6 个注意点

三看是否有中评或差评。对于不是 100%好评的客户，你需要重点关注一下客户是哪一笔交易得了中评或差评，还要看具体商家对客户的评价以及客户对商家的评价是什么。通过两方权衡，你就可以大概判断出这笔交易是哪一方出了问题。如果你的准客户不是 100%好评，一定要重视这一步，然后做出合理判断。通过双方互给的评价语，你可以对你的准客户有更深入的了解。

四看是否曾经因货到不付款被惩罚。有些客户交易完成后总是拖着迟迟不点击确认付款，这就不利于商家的资金周转。对此，如果商家的警告没有用，商家就有可能在淘宝平台上投诉这位客户。一旦投诉成功，客户的信用里就会有“货到不付款”的惩罚。如果你遇到的准客户曾多次因为货到不付款而被惩罚，那么你与其交易时就要多留个心眼儿。

五看对其他商家的评价。通过查看客户在其他交易中对产品和商家的评价可以看出客户评价的规律。有一些客户交易后不喜欢作评价，全部都是系统默认好评；有一些客户不喜欢留言，只是给全五星好评；有一些客户评价喜欢写评价语，对购买产品和商家作出合理的评价；还有一些客户给出的所有评价都是中评，那么在你们交易后，你也只能得到他的中评。

六看客户曾买过的产品类别。通过查看准客户曾经购买过的产品类别，你可以大体判断出客户的兴趣爱好、经济水平、消费习惯等，从而获得对客户更深入的了解。

如果你能按照上述方法对待你的每一个准客户，让客户主动 100%好评就容易多了。当然，前提是你的产品和服务都符合一个好商家的标准。正所谓“不怕一万，就怕万一”，大家如果能够提高警惕，防患于未然，这对店铺经营是有利无害。

12.2　了解客户对产品与服务期望

上一节我们讲到查看客户的好评率防止遭遇恶意买家。那么，对普通交易来说，商家应当怎样争取好评呢？既然评价是客户给的，我们就应该从客户的角度思考问题，去了解客户，他们怎样才会给一个好评。

淘宝上的大多数商家和客户都是诚信经营和公正评价的。因此，在交易之前，商家应当了解自己的准客户，看客户对产品与服务的期望是什么。如果自己能够满足客户对产品和服务的期望，那么让客户给出好评不就容易多了吗？下面总结了六种容易出问题的客户类型，并给出了获得其好评的对策，内容如图 12-2 所示。

一	引导初级买家给好评
二	满足购买时间紧迫客户的时间需求
三	与完美主义型客户交易前诚信沟通
四	给“吝啬”客户推荐价廉质优产品
五	用赠品和红包满足贪婪客户
六	与习惯给中评的客户谨慎交易

图 12-2　六种容易出问题的客户类型及获得其好评对策

1. 引导初级买家给好评

初级买家往往是在淘宝上第一次买东西，看中了你家的产品。这类客户对网购比较陌生，对商家缺乏信任，需要你耐心引导。这类客户大多比较好说话，收货后主动确认收货给商家打款，然后好评的大有人在。但是还有一些客户不了解交易规则，在收货后迟迟不确认收货，不给评价甚至随便给个中评，这让商家们又爱又恨。

确认客户是不是初级买家，首先要看他的注册时间，其次看其淘宝等级，最后通过聊天了解他们的性格。确认客户属于初级买家后，你需要对其耐心引导，通过言语沟通与其建立信任，事先向他们解释清楚需要配合的环节。达成共识后，你就可以与之愉快交易了，因为这一类的客户大多都是好买家。

2. 满足购买时间紧迫客户的时间需求

一些客户购买产品时常常对到货时间有特别要求，尤其是购买礼品的客户。由于礼品一般都是客户用来在特殊节日送给他人的，这就要求礼品必须在节日到来之前到货。因此，如果客户对到货时间有特别要求，但是你无法达到他的要求，那就无法达成交易。

对于这类客户，你需要正确评估你的供货商供货速度、合作物流公司物流速度，再给物流加上一两天误时的预估，然后发现能够及时到货的可能性在80%以上，你就可以交易；否则，就算这笔交易能为你带来很大的利润，你也不能轻易接单，不然就会因为物流延误彻底损失一个客户。

确定客户是不是购买时间紧迫的客户，只需要进行言语沟通。确认客户是购买时间紧迫的客户后，你需要正确评估自己的到货时间，如果能够达到客户的要求就选择成交，达不到就不要成交。

3. 与完美主义型客户交易前诚信沟通

完美主义型客户非常重视产品的质量和服务，就算你的产品非常好，他也能够在鸡蛋里挑出骨头。另外，还有一些客户的购物经验比较丰富，专门通过挑剔来达到讲价的目的。我们主要说的是第一种类型。完美主义型客户收到产品后，如果没有达到他的心里预期，就会给你一个中评；如果交易过程还有另外一些不愉快的事情发生，估计就是差评了。

完美主义型客户是比较容易判断的。他们非常注重产品细节，在交易之前会不惜花费大量时间与你沟通。而且，他们一定要看产品实物照，因为他们丝毫不相信模特照的真实性。另外，他们会询问产品方方面面的信息，要求非常多，每隔一段时间就会提出一个。如果你在某客户身上发现了这些特征，那么你就是遇到了完美主义型客户。

完美主义型客户不一定不是好客户。你需要尽可能把服务做好，将产品的优点充分展示出来，正确评估自己的产品和服务是否与客户的期望一致。如果达不到客户的预期，在交易前要诚信沟通，向客户说清楚。如果客户表示理解接受，那么就可以达成一致，进而成交。如果客户不接受，那就不要成交。切忌为了拿下订单还没有与客户沟通清楚就交易，为自己拿到中差评埋下伏笔。

4. 给“吝啬”客户推荐价廉质优产品

“吝啬”客户分为三种类型：一是生性吝啬的客户，这类客户买东西喜欢货比三家，喜欢竞拍特价产品，喜欢平邮；二是经济窘迫的客户，这类客户很会卖乖，想要以最低价成交，他们可能会对商家说一大堆好听的话，让商家能够感受到他们的真诚；三是假装经济窘迫实际杀价经验丰富的客户，他们总是用其他店铺的产品和你的比较杀价，也会对商家说一大堆好听的话，但是不够真诚。

对于生性吝啬的客户，你应当向他推荐店里价廉质优的产品，尽可能满足他的合理要求，节省其购买成本。如果能够达成一致，可成交；如果沟通不愉快，宁可不成交。

对于经济窘迫的客户，你也应当向他推荐店里价廉质优的产品，尽可能满足他的合理要求，节省其购买成本。如果有条件，还可以赠送他们一些小礼品，客户在收到产品的同时，必定对你心存感激，给你一个100%好评。

对于假装经济窘实际杀价经验丰富的客户，你需要格外小心，他们常常提出各种要求，将价格压到很低。如果他们同时还是完美主义型客户，你不仅赚不到利润，还有可能得到中差评。对于这类客户，不能仅仅靠言语沟通，还要看看她的好评率以及曾经给其他商家的评价。

5. 用赠品和红包满足贪婪客户

贪婪客户喜欢占便宜，喜欢赠品和红包。他们的最终目标就是追求其利益最大化。这类客户只有当你承诺给赠品的时候才会购买，红包常常能够促使其写下好评。

6. 与习惯给中评的客户谨慎交易

习惯给中评的客户并不多，但是确实有。在这类客户的信念中，给中评已经是他们最大的仁慈了。如果遇到这类客户，你应当谨慎交易。判断客户是不是习惯给中评的客户，只需要查看客户的交易记录和对其他商家的评价。如果你的目标就是100%好评，那么还是不要与这类客户交易的好。

淘宝拥有庞大的消费群，正所谓，林子大了什么鸟都有，客户的风格也是千变万化的。对于你可能会遇到的各种客户，你了解清楚了吗？希望以上总结可以对广大淘宝商家有帮助。

12.3 耐心解决客户疑问，为其出谋划策

客户收到货物咨询售后时，客服需要对客户的问题给予耐心细致的解答，为其出谋划策。服务态度对于客户给予商家评价有着重要的影响作用，客服的服务态度恶劣，就算产品质量好，客户也会给出差评。可以说，良好的售后服务态度不但能够减少店铺的中差评，还能提升客户信任感，增加客户的忠诚度。

一般客户下单交易之后，售后问题主要出现在发货、物流以及产品上面。下面总结了一些主要问题以及基本的应对方案。

1. 由于促销等原因交易量过大，而库存能力不足导致无法及时发货

出现这种问题，淘宝客服要及时联系客户，告诉客户未能及时发货的原因，然后可以给客户赠送小礼品请客户理解。与客户解释清楚情况后，可以承诺客户下次购买享受相应的优惠。如果客户表示等不及，要允许客户退款，避免出现投诉等更严重的问题。

2. 大促期间物流爆仓等因素导致物流慢

如果出现物流慢的情况，客服要安抚好客户，请求客户耐心等待，不要对客户置之不理。若是客户实在等不及，那么就退款给客户并召回快递。

3. 在客户购买之后，产品做活动导致降价

如果客户对于自己买贵了提出异议，那么客服应当给客户补差价，让客户满意。如果无法补差价，还可以与客户协商，给客户送小礼品。另外，还可以向客户发送店铺优惠券做补偿，让客户下次购买享受优惠。

4. 产品实物与图片不符

如果产品实物与图片有差异，客服应当提前告诉客户，并提醒客户介意别拍。如果客服没有事先提醒客户，而客户收到产品后表示产品与图片相差太多，那么可以允许客户退货退款，并主动承担运费。

5. 大促中交易量较大，检查不仔细或者物流过程中出现问题等导致的货物毁损。

针对这种情况，客服应当向客户表示歉意，然后重新再寄一件产品，并给客户送上小礼品或者店铺优惠券。如果客户拒绝重新邮寄一件产品，可以退还客户的购物款。

6. 产品使用中出现问题

客户购买产品后，在使用中出现了问题，就会向客服咨询情况。这时，客服首先应当稳

定客户的情绪，不要让客户过于激动。接下来，要询问客户遇到的状况，并详细地记录下来。分析客户出现问题的原因，找出解决措施，给客户一个满意的解决方案。如果找不出问题发生的原因，就要利用排除法，对无关因素一一排除。在这个过程中，客服一定要耐心、细心地解答客户的问题，让客户体会到你是在真诚地为他解决问题。

客户的期望值是 80，如果你的产品服务能达到 100，还愁得不到好评吗？真诚地为客户服务，给客户留下诚信经营的印象，当他被问到“这个 XX 是在谁家买的”，不用担心，他自然会推荐你的店。

12.4　提供赠品等超预期惊喜

大家看看淘宝上各种各样热销品的累计评价就会发现，有很多好评都是这样写的，比如“谢谢卖家赠送的小礼品，很喜欢”“很惊喜，卖家送了超多小礼品”“产品不错，送的钥匙扣也非常精致”等。这些客户之所以写下好评，都是因为获得了超过原本预期的惊喜。那么，如何通过赠品为客户带来超预期惊喜呢？

对于利润空间小，实行薄利多销策略的小本商家来说，如果客户一味的杀价，缩小产品的利润空间，而商家拒绝客户的要求，那么无疑会在客户购买体验上减分。有一些客户甚至因为商家的拒绝而选择去别家店铺购买。这时候，商家如果用赠品来替代优惠的话，也许就能挽回客户的心。这点很容易理解，对于容易让步而且售后又贴心的商家，没有客户会选择抗拒。这在一定程度上对于店铺提升满意度和收藏率起到了促进作用。

需要提醒商家的是，不要把赠品做成鸡肋，因为它是用来给客户惊喜的。下面是通过赠品给客户制造超预期惊喜的方法，如图 12-3 所示。

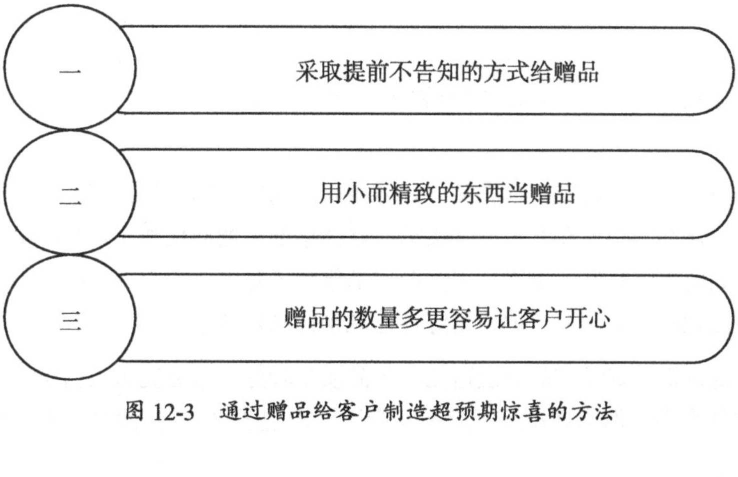

图 12-3　通过赠品给客户制造超预期惊喜的方法

1. 采取提前不告知的方式给赠品

大多数商家为了提高转化率，都会将赠品信息置于产品详情页中吸引客户下单。还有一些客服为了刺激客户的购买欲，透露出有赠品相送。但是这样做并不是最好的手段，因为当客户收到产品时，很难产生惊喜的感觉，毕竟赠品存在于他们的期望中。阿芙精油在这方面做得非常好，让客服时时刻刻有惊喜，永远不知道包裹里面除了自己购买的产品以外，还会有什么东西。

采用提前不告知的方式给客户赠品，不但能带给客户惊喜，更能使客户对店铺的好感度上升。这份心意让客户在对产品不是很满意的情况下也不会给商家一个猝不及防的中差评，而是倾向于找客服商量售后事宜。这种赠送小礼品的方式更像是一种附加价值的提高，可以给客户带来良好的购物体验，也更容易提高客户满意度，给客户带来惊喜的感觉。

2. 用小而精致的东西当赠品

用作赠品的东西不能质量太差，否则就会成为鸡肋，甚至引起客户的反感。已经有商家因为赠品质量太低，而遭到客户差评。有些商家可能认为，赠品本来就是免费送给客户的，客户不应当挑剔质量好坏。这个观点是错误的，质量低劣的赠品不仅不能给客户提供超出预期的惊喜，还会引发客户的失望情绪，从而影响客户对正式购买产品的评价。

3. 赠品的数量多更容易让客户开心

赠品数量多远远比体积大更让客户满意。大多数客户对于各种各样的小赠品都是没有免疫力的。就像阿芙精油说的：“要让客户拆包拆到手软”。

忙着优化图片、优化标题、优化宝贝描述的商家们，是否察觉到了赠品的价值？接下来，大家可以试试上述方法，看你的好评率在短期内是否会有一个大的提升。

12.5 设置好评返现或好评有奖等活动

淘宝店铺经营中，所有商家都会关注好评率这个问题。因为好评率不仅与店铺信誉、综合排名等有关，还会影响潜在客户的购买欲。好评率低从侧面反映了产品质量或是店铺服务不是那么好。如何去提高好评率呢？很多商家都想到了好评返现这一招，但不是所有商家都能够用好。下面就和大家分享，如何用好评返现来提高好评率。

通过好评返现提升好评率的方法适用于产品质量较好，服务完善的情况。如果你的产品质量差，中差评太多，那么评论返现就是相当于“肉包子打狗”。而且，大多数客户都不会为了几块钱的返现违背自己的实际心意做出虚假的评论。

大量的好评对客户的引导和刺激是最直接的，比客服的连篇解说更有效。尤其是对一些女性客户，其他客户的真实好评和实拍图片会减少她们的担忧和疑惑，从而减少售前客服的服务工作量。

在微信上，你会发现那些做得好的微商都鼓励引导自己的客户在微信上晒图分享，用来刺激潜在客户的购买欲。这种方法被证明效果非常好，可以作为借鉴，淘宝店铺也能营造这样一个让客户愿意分享的氛围。下面总结了评论返现的五大好处，内容如图 12-4 所示。

1.质量高的评论是产品的宝贵资产

2.评论返现可以提升客户的满意度

3.评论返现可以促成交易

4.评论返现可以规避一些售后问题

5.评论返现有助于提升转化率

图 12-4　评论发现的五大好处

1. 质量高的评论是产品的宝贵资产

众所周知，淘宝上有很多同款宝贝，其模特图片也大多数一样。之所以会有这种现象，很可能就是因为这些店铺盗用了同一家店铺的图片。图片、营销方式都可以被盗用，但是客户的好评是无法盗用的。很多做到淘宝上销量第一的店铺绝不仅仅是因为产品与服务好，其好评返现对于好评率的提升也起到重要作用。

2. 评论返现可以提升客户的满意度

如果产品与服务好，再加上有好评返现，那客户当然会非常开心。客户的心情好就会用心评论，不断表示自己对产品和服务的赞美。这样的评论相当于承担了“超级推销员”的角色，为店铺带来了更多的生意。

3. 评论返现可以促成交易

有一些客户在购买东西时喜欢与商家讨价还价，这些客户大多比较挑剔。当商家无法再给他们更多优惠的时候，可以主动告诉他们可以好评返现。这样不仅可以促成交易，还可以诱导这些客户给好评。

4. 评论返现可以规避一些售后问题

很多客户都有爱占小便宜的心态，如果客户收货后对产品并不是非常满意，但有可能为了获得返现而给商家好评。

5. 评论返现有助于提升转化率

对于客户的一些优质评论，商家可以将其收集起来做出图片，放在产品的详情页里。有些客户买东西时没有看评价的习惯，这种方法就可以让他们看到其他客服的真实评价，刺激转化。

好评返现具体怎么实施呢？首先，你需要在店铺首页上公告好评返现的活动。比如，你可以设置“20 字全 5 分好评返现 5 元；附带三张实拍图片再加 5 元”的阶梯奖励策略。阶梯奖励策略是针对不同的人群和设备给予不同的奖励，奖励的额度应当根据宝贝的利润情况制定。对于刚上架的新品，建议商家可以大方一些，这样才能有更好的拉动效果。如果要做得更好，可以设置月度最佳评论奖，给予奖励。付出越多，回报越多，这是成正比的。

在产品上架初期，销量非常少。客服应当主动告诉客户有好评返现活动，刺激客户购买并好评。很多店铺都是通过这种方法实现销量破冰的。对于没有评论的产品，很少客户敢于放心购买，所以商家就必须依靠客户的口碑传播。在产品销量上来之后，评论中会有很多带图评论，此时客服就不需要告诉每一个客户好评返现活动，而是进行选择性推荐。比如，针对讨价还价但是有挖掘潜力的客户推荐好评返现活动。

当客户给出的好评积累了十个以上带图评论之后，你就需要挑选几个最优质的评论做成宣传图片，放入产品详情页上做重点展示，这样会进一步扩大产品的口碑影响力。

好评返现有两种形式，一是好评返支付宝现金或者好评送优惠券；二是好评送红包或者好评抽奖。

好评返支付宝现金相当于在产品价格上直接优惠，这样可以避免一些客户想要优惠的要求。好评送店铺优惠券给客户让客户在下一次购买的时候享受优惠，不仅可以提升好评率，还能增加客户的回购率。

好评送红包或者好评抽奖的形式增加了趣味性，提高了客户的参与激情。乐乐的淘宝店铺曾经做好评返支付宝现金活动，返现率仅达到了 20%。后来乐乐改变了策略，做了一个好评送红包的活动，好评率提升了很多。

不管是好评送红包还是好评抽奖，兑奖规则都是一条，即好评在 XX 字以上，客户才能得到福利，其实是好评返现的变相玩儿法，但是效果好很多。另外，商家要对中奖率保密，这样客户拿到红包或者抽中奖后就会超出期望值，提升对商家的满意度。

12.6 售后问题不推诿

要想让客户主动 100%好评，提供让客户满意的售后服务便是重要手段之一。海尔、联想、格兰仕等品牌之所以备受消费者青睐，优质的售后服务就是很重要的一个原因。

“我简直不敢相信，才过了一天，事情就有了转机……通过此次事件，我见识到了联想这个国际品牌企业对问题反映的快速性以及处理事件的高效性，我承认联想这个品牌确实是值得信赖的！”

近日，联想天猫旗舰店收到这样一个比较特殊的好评。事情起因是一位客户在使用联想电脑的过程中出现了问题并写下投诉信，而联想天猫旗舰店的售后服务立即处理了这件事情。客户对于联想售后服务的高效、优质非常赞赏，因此写下这个好评。

联想集团 CEO 杨元庆在品牌创始之初就提出“谁贴近客户，谁就是指挥棒”与“客户的问题是我们工作的出发点”两大服务理念。如今，联想国际化的成功，都与此密不可分。联想对于售后问题的快速响应，留住了客户的心，把很多有异议的客户转化为了“联想产品的继续拥护者”。

联想的每一位员工都非常重视客户声音，对客户的投诉保证及时反馈，对每一个售后问题都坚持快速解决。这种服务理念得到了客户的认可，创下了业界有目共睹的业绩。

联想的案例告诉大家对于客户在产品使用中的售后问题，商家应迅速作出反应，搞清具体情况，并给予有效处理。处理售后问题动作快，让客户感觉到应有的尊重，以此来表明商家要解决售后问题的诚意，这样也可以有效遏制客户对产品的负面传播，防止对商家的名誉造成更大的伤害。

有些商家不懂得处理售后问题的重要性，不仅没有积极的回应，解决问题，还对客户的问题不是逃避就是敷衍。这样只会惹恼客户，使得客户为了维护自己利益不得不走极端，宣传商家的不负责任或者动用法律手段，造成无法挽回的后果。最终吃亏的还是商家，不仅要负起该负的责任，还有可能对客户做更多的赔偿。

深圳的杨女士在淘宝某手机专营店里买了一部两千多元的手机，收货后发现手机不能正常上网，经朋友调试后可以正常使用，不久后又发生同一状况。与商家沟通后，杨女士决定换货，而且商家给出了七天内发货的承诺。

然而七天之后，杨女士却被告知再等 15 天。杨女士认为单据上标明了手机存在质量问题七天内可进行更换，商家就应该履行承诺。杨女士希望淘宝协助其进行维权。经调查，淘宝平台确认杨女士的权益受到侵害，要求该商家三日内立即将新机发给杨女士。

虽然杨女士的权力得到了维护，但是对于这家手机专营店却失去了信任，给出一个差评。经过沟通，杨女士依然拒绝删除差评。而很多客户看到杨女士的差评，都不敢再轻易下单，于是该商家的生意受到了严重影响。

向杨女士一样出现售后问题，但是得不到商家妥善处理的案例还有很多。比如，一些客户使用化妆品过敏，但是商家不但不检查皮肤测试的漏洞，反而责怪客户使用不当，更有甚者，告诉客户这不是“过敏”，而是在“排毒”，需要加大用量。再比如，小江因皮鞋有一些小瑕疵想要退货，但是客服声称小江是因为自己的失误才导致皮鞋出现问题，不予退货。

淘宝平台表示，产品若存在质量问题，客户可以依据淘宝规则要求退货或换货。如果淘宝商家不及时处理甚至不处理客户的售后问题，是侵犯客户权益的表现。根据客户的要求，商家不仅要退换产品，还要赔偿一定的经济损失。因此，对于众淘宝商家来说，一定要重视售后问题的处理，迅速处理不拖延不仅会使企业损失降到最小，还能赢得客户的信赖。

在成交之后，淘宝客服可以持续关心客户，主动了解他们对产品的满意程度。如果客户提出意见，要及时采取措施解决问题，从而增进与客户的良好关系，并使自己的销售服务水平得到改进。那么淘宝客服应当如何及时解决售后问题呢？下面是及时解决售后问题的步骤，内容如图 12-6 所示。

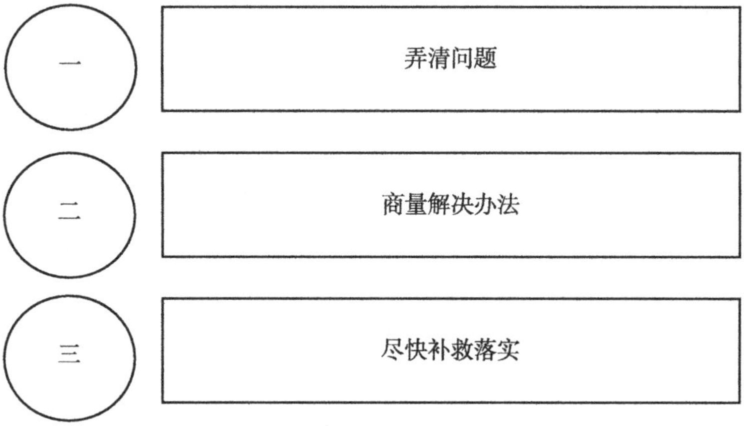

图 12-6　及时解决售后问题的步骤

首先，弄清问题。当客户提出售后问题时，淘宝客服要认真倾听，注意弄清问题的事实及本质。同时，要真诚地向其道歉。因为真诚道歉的行为不仅表明了一个勇于承担责任的态度，而且再次印证了商家诚实可信的形象，有利于强化客户的信任，缓解不满情绪。

其次，商量解决办法。你可以先询问客户对解决问题的意见，让客户感受到你处理问题的诚意和能力，然后针对问题，商讨一种双方均能接受的合理解决方案。在此过程中，一定要对客户的问题进行客观分析，找准问题，对症下药。切不可误导欺骗或想当然地提供解决方案，以免出现新的问题，导致客户更加不满意。

最后，尽快补救落实。如果与客户就解决方案达成了共识，就要立即着手采取有效的补救措施，加紧予以落实。时间耽搁得越久，客户越不能容忍，解决售后问题的困难就越大。

12.7　电话回访，提醒客户好评

如果你的产品好评率不够高，你是否有勇气主动打电话给客户，让客户给你好评？

刘璐大学毕业后开了一个淘宝店铺，两个月以来一共才卖了七单。由于客户没有及时评价等原因，店铺的信誉一直不高。刘璐非常纠结，于是想到主动联系客户，请求客户给好评的方法。

刚好一个客户已经收货两天但是迟迟没有确认收货，于是刘璐一个电话打了过去。刘璐问客户对产品的质量是否满意，客户称产品非常好。客户的回答让刘璐非常欣喜，又让客户确认收货和帮忙好评，客户答应得非常爽快。客户好评后，刘璐店铺的信誉度立刻上去了五分。

刘璐非常感动，对于客户的善解人意表示感激。刘璐还进行了反思，之前是自己在跟进客户这方面没有做好，所以客户不认可她的服务态度。刘璐表示之后会加强努力，做到最好，让客人主动给她好评。一次，一位客户对刘璐的产品很满意，因此进行了返量。刘璐立刻咨询了客户，请求客户帮忙好评。这位客户好评后，刘璐信心大增，争取以后做到更好，让客户给无数个好评。

淘宝商家在客户收到货一两天后主动打电话回访，会让客户感到贴心，客户也会愿意给出自己的意见和建议。此时，请求客户给自己好评，客户一般是不会拒绝的。经常给客户回访不仅能让客户记住你，还可以促成回购，有利于提升产品销量和服务。

第 13 章　处理中差评问题，让差评师无话可说

Chapter Thirteen

早上八点，你一如既往地来到电脑面前，开始一天的淘宝客服工作。进入店铺后台后，你点开“评价管理”，和往常一样又看到屏幕右侧多出了一朵小黑花或者小黄花，心头不免郁闷：中差评又来了。可以说，中差评是每个淘宝商家心中抹不去的痛，看到中差评总是不免出现负面情绪。然而，抱怨是没有用的，如何处理中差评，让客户删除评价或改为好评呢？本章就教大家如何处理中差评问题，最大程度上降低中差评给店铺带来的影响。

13.1　选择合适的时间点与时机联系客户

做好一个差评胜过十个好评。想象一下：中差评出现了，客户给了店铺一个负反馈。但是有反馈总是好的，这是与客户近距离接触的切入点，通过与客户沟通可以拉近与客户的关系。把握好这个情感交流的最佳时机，妥善地处理好客户提出的问题，可以让你重新赢得客户的信任。

浙江杭州是淘宝商家的云集之地，也出现了很多精英售后客服团队，他们与客户的沟通技巧非常高明，其处理中差评效率之高，令人叹为观止。当然，这与他们长期与客户的交流沟通中所练就的敏感与技巧是分不开的。下面对于这些优秀淘宝商家在中差评售后处理方面的方法思路总结了七点，内容如图 13-1 所示。

图 13-1 优秀淘宝商家在中差评售后处理方面的方法思路

1. 重视时效性

在一家杭州钻石淘宝店里，他们设置了一个专门不停地刷新交易列表的客服，一旦有客户评价立即回评，继续刷新评价列表，找到最新产生的中差评并登记相关信息，然后马上分配给相应的售后处理客服。接受任务的售后客服马上联系客户进行沟通。这家淘宝店之所以设置了专门刷新客户评价的客服，就是因为他们明白时效性的重要。

对淘宝商家来说，时效性是指在最少的时间内获悉最新的中差评信息并第一时间联系到客户。上述案例中的钻石淘宝店处理中差评的流程表面上看来繁琐又费事，然而正是这种麻烦而原始的方法成为他们最有效的中差评售后处理流程和方式。

这家钻石淘宝店的售后主管称："我们一直在不断的调整不同的处理流程和方式，但总结分析对比下来，这种流程和方式是最有效的，处理效率是最高的。"

大家可以看看该商家的成就：每天发货 8000 到 10000 件、好评率始终保持在 99.75%以上、5 人的中差评售后团队平均每天能修改 200 个以上的中差评，单人记录是每天成功处理 80 多个中差评。对于淘宝商家来说，一个优秀的中差评处理团队所起到的作用是相当重要的，非常有效地控制了店铺经营风险。

大多数淘宝商家都知道时效性的重要性，但是理解各不相同。一些商家间隔几个小时处理一次，一些商家每天处理一次，而一直在刷新评价记录保证即时处理的商家却很少。为什么说处理中差评时效性要第一呢？

处理过中差评的客服都知道，当客户给出中差评后，如果能够在第一时间获知并与客户进行联系，那么解决问题的效率就很高。时间越是往后拖延，解决客户问题的可能性就越小，而且还可能要付出更大的代价。

2. 选择合适的时间点

在与客户沟通之前，应当考虑一下哪一个时间点合适，最大程度保证客户给你一个解决问题的机会。一般来说，你可以事先了解一下客户的收货地址、淘宝购物史、给出中差评历史、评价内容等。通过客户信息可以判断出客户的行业或职业，然后对该行业或职业的作息制度有个了解，这样就能做到有的放矢，减少拒接、挂断、甚至被骂的概率。

3. 电话是沟通工具首选

电话是公认的进行中差评售后处理的沟通工具。比起文字沟通，语音沟通具有先天优势，在售后处理工作复杂的情况下，可以最快将问题解释清楚。因此，处理中差评可以基本上放弃文字沟通的选择，通过电话+沟通技巧+态度诚恳+适当补偿可以达到最理想的处理效率。

4. 客户旺旺在线是最佳时机

客户处理中差评必须要通过电脑登录淘宝，因此客户旺旺在线说明其本人就在电脑面前。此时与客户沟通，让客户修改中差评对客户来说可能只是举手之劳，这是处理中差评问题的最佳时机。

如果什么都不管不顾，看到客户差评就一个电话打过去，而客户当时不方便打开电脑，哪怕答应了事后也有可能会忘记。另外，对于频繁用电话催促客户修改差评的骚扰性沟通，我们是强烈不建议的。如果可以，你可以将这些时间精力放在其他中差评的处理上。

5. 准确判断沟通结果

为了提高中差评处理效率，客服应当在与客户沟通过程中准确做出结果判断，是否能搞定这个客户。如果判断结果是不行，就应当尽快礼貌地结束电话，以留出更多的时间精力处理剩余的中差评。

经验丰富的客服可以解决大部分中差评，但是每个人的能力不同，所面临的客户也大不相同。因此除了沟通技巧，向客户承诺一定的补偿也是必要的。一般情况下，一些淘宝商家给出补偿标准是中评 5 元，差评 10 元，还有的是赠送优惠券、承诺下次包邮或者送礼品等。

如果客户对于你给出的任何一种解决方案都不满意甚至是态度坚决不修改评价，那么你应当礼貌结束通话，并对通话过程进行分析，记录该客户的性格脾气特征或其他注意事项，以备后续联系作参考。

6. 分析中差评数据

当前的大部分淘宝商家都是通过人工表格形式来分配处理任务，因此，中差评数据分析方面基本上都是空缺。之所以要做数据分析，是因为数据分析可以发现店铺经营中的集中问题。将这些问题反馈给相关部门，让相关部门进行优化，才能从根本上保证店铺经营良性循环。当然，商家还可以借助第三方工具来解决这个问题。

7. 尚需改进或不足

在中差评处理问题上，各大淘宝商家还有一些需要改进或者不足的地方，下面将其总结为六点，供大家参考，内容如图 13-2 所示。

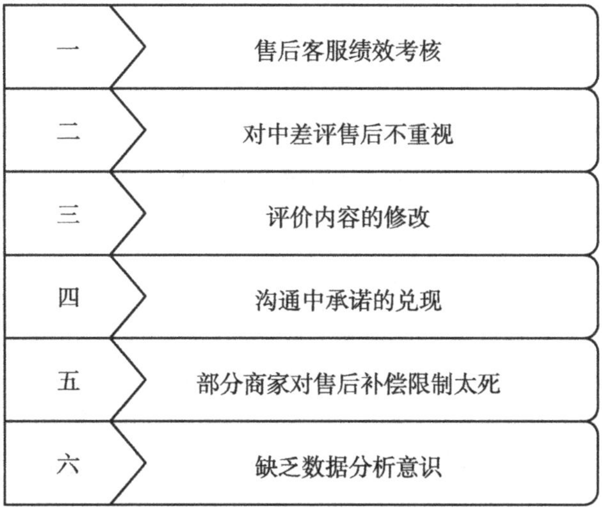

一
售后客服绩效考核
二
对中差评售后不重视
三
评价内容的修改
四
沟通中承诺的兑现
五
部分商家对售后补偿限制太死
六
缺乏数据分析意识

图 13-2　中差评处理问题上需改进或不足的地方

（1）售后客服绩效考核

大部分售后客服之前都是做销售客服的，是一些资历相对较老的员工。因为售后客服需要具备很高的沟通协调能力，对销售过程也应当非常熟悉，从这个角度讲，由销售客服转岗为售后客服就成为一种常见现象。

在售后客服的绩效考核方面，大部分淘宝商家的制度都不一样。有的是解决一个中评三元，解决一个差评 5 元，有的是以无法解决的数量为考核标准，还有的根本没有制订具体考核标准。甚至一些淘宝商家尝试奖励标准后发现支出成本太高，于是又取消，反复调整。

（2）对中差评售后不重视

一些淘宝商家并不重视中差评售后处理，认为损失几个客户对店铺的影响并不大。且不说中差评对店铺吸引新客户的负面影响，单单是中差评客户的损失就是非常大的。我们来算一下：淘宝的平均流量成本为 30 元/人；通过中差评售后处理挽回的回头客为 10 人/天；那么，每天挽回 10 个客户，每月节省的新客户成本是：30 元/人 × 10 人/天 × 30 天=9000 元。对于一个售后客服来说，每天处理 10 个中差评还是比较轻松的。

（3）评价内容的修改

有中差评处理经验的客服应该会发现，一些客户将中差评改成好评，但是评价内容并没有变。虽然影响不大，但如果这种类型的"好评"数量增多，一定会降低产品详情页的评价质量，进而对转化率起到负面作用。

（4）沟通中承诺的兑现

由于很多客户都是因为客服给出的补偿承诺才修改中差评的，所以客服一定要在后续处理工作中保证兑现承诺。一些客户本来已经将差评改为好评，但是很可能因为客服给出的承诺没有兑现从而又进行差评，这种情况对客服来说是非常可惜的。因此，客服需要注意信息同步的问题，不要将好不容易解决的问题再次搞砸。

（5）部分商家对售后补偿限制太死

大部分淘宝商家对售后补偿都有明确的规定，但是一些淘宝商家将补偿规定得非常死板，使得很多可以修改的中差评因为补偿问题难以达成共识。中差评产生的原因有很多，有一些是客户自身的原因，也有一些是商家的原因。对于商家原因导致的中差评，多付出些补偿也是正常的。因此，商家对补偿限制太死板，会影响整体处理效率。

（6）缺乏数据分析意识

一些淘宝商家认为，中差评数据分析是没有用的，自己只要做好产品、销售和服务就好了。这种想法是错误的，虽然现有的实用性辅助软件或工具非常少，难以高效完成数据分析工作，但是具有一定的数据分析意识还是必要的。有些商家依赖手工表格统计分配售后任务，实现数据统计分析，虽然付出的成本较大，但是通过数据分析发现的问题对店铺经营来说有重要意义。

需要注意的是，有时就算你费尽口舌，也无法说服客户修改中差评。那么，你应当对客户的评价做出充分的解释，以降低中差评对产品销售带来的负面影响。事实上，一些资深淘宝客户从来不会买没有一个差评的宝贝，因为 100%好评是不存在的，这意味着虚假。

13.2　认为产品是假货

收到中差评联系客户后，会发现客户给出中差评的原因五花八门，但总结起来无非有几种，质量不好、宝贝描述不符、对款式不满意、物流太慢或者是遭遇职业差评师等。本章的第 13.3 至 13.8 节为大家讲述淘宝客服在处理中差评过程中经常遇到的六种拒绝修改中差评的情况，希望能够对面对中差评束手无策的客服们有所帮助。

当你与客户沟通后，发现客户认为所购买的产品是假货，表示不修改差评，你应当怎样说?

答：先生/女士，我可以肯定我们店铺所销售的产品全部为正品。因为我们的产品都来自同一个厂家，如果产品是假货，就不会有这么多客户购买，不仅如此，众多客户都会到淘宝上去投诉我们。这样，我们的店铺一定会被淘宝封掉。您如果坚持认为产品为假货，可以打 12315 工商的电话举报，我们将会受到处罚。你拿到的产品是最新升级的，可能相比之前存在一些改变，所以让您误解以为是假货，这个还请您谅解下。我们的店铺已经运营六年了，如果卖假货怎么能开这么久，您说是吧?如果您实在不满意，可以退回来给我们，您看好么?

听完这番话，大部分客户都会将中差评修改或者是退货删除评价。需要注意的是如果退货删除评价，一定要让客户先删除评价再退款。你可以通过旺旺答应客户只要退货删除评价立刻退款，如果不退款客户可以凭借旺旺聊天记录维权。

13.3　对产品不满但不愿承担退货运费

实物与图片毕竟是不一样的，这就导致很多客户收到产品后对产品不是非常满意。然而，因为非质量问题的退货，淘宝商家一般是不会承担退货运费的，所以很多客户就直接给一个差评了事。

客户对产品不满但不愿承担退货运费而给出差评的问题是比较容易解决的，关键在于运费。此时，应该和气地和客户商量，尽量说服客户退货。如果客户被你的诚意打动，会对店铺产生不错的印象，进而有可能成为一个回头客。

说服客户退货时，首先应当让客户承担全部退货运费。你可以这样说：“我们店铺加入了七天无理由退换货服务，如果您是质量问题，我们承担来回运费给您退换货；但是您单纯对产品不满意要我们承担运费给您退换货，小本生意我们亏不起呀。我们还是希望您可以退货，毕竟比起产品全部金额损失，十元八元的运费是一个小数，您说是不是？”

如果客户拒绝了退货承担运费的提议，那么你可以继续说："因为我们的产品本身的利润不是很高，如果我们承担全部运费，老板肯定也是不同意。您看我们各退一步，每人承担一半运费可以么？"

如果客户执意不肯承担运费，商家可以让一步，承担全部运费，前提是让客户删除掉差评。

淘宝商家一般不愿意承担客户退货运费，毕竟生意没做成，反倒倒贴了运费，想想就非常难过。这时候，你应当提醒自己，机会有的是，但是这个客户一旦损失，就永远不会再回来。而且稍有不慎，你就会引起一个退款纠纷和一个影响极坏的差评，何必呢？

13.4 担心拿不到退款

一些客户同意退货删除差评，但是又害怕退货后商家不给退款，于是告诉客服要先退款再删除评价。面对这种情况，你可以说：

"先生/女士，我非常理解您的担心。但是我们都是按照淘宝规则做生意的，毕竟一旦违规经营将会受到淘宝的处罚。您要是实在不放心，我可以在旺旺上给您承诺，因为旺旺承诺了如果我们收到衣服后不给您退钱，我们店都会被淘宝封了，我们总不能因为这几十块几百块钱把整个店都赔进去吧，您说是不？"

此时，客户已经没什么好说的了，你可以接着说："还有，您把产品退给我们的时候，快递会给您一张快递单号，您也可以在网上查询产品到了哪里，什么时候签收。我们签收了不给您退钱，那您可以拿着这个快递单号去淘宝投诉我们，我们店也会被封掉。您看您就帮帮忙，帮我们把这个评价先删除掉好么？因为确实比较着急，不然也不会急着给您打电话。"

如果客户不是胡搅蛮缠的类型，那么一定会先将差评删除掉。

13.5 嫌补偿金额少

一位客户在淘宝上买了一斤碧根果，在食用过程中发现碧根果非常容易碎掉，心情非常不好，于是给商家写了一个差评称："碧根果壳非常难剥，而且果仁易碎，是不是炒过了？"

客服随后打电话给客户说："您好，您差评说我们的碧根果易碎，炒过了，对于给您带来的麻烦，我们深感抱歉。但是我们做小本生意也不容易，您看我们退给您 5 元，您将差评删除可以么？"

然而，客户表示补偿金额太少，不肯修改差评。于是，客服接着说："真的非常不好意思，因为一斤碧根果的利润本身就非常低，如果补偿给您 10 元，那我们就会赔钱，掌柜也不会答应的。您看您退让一些，我给您 7 元，您看好么？我也是给老板打工的，如果是我自己的，我肯定给您 10 元了。您看您就帮我们一个小忙吧，下次再来小店购物，我们给您一个最低会员折扣，您看好么？"

结果，客户当然是难以拒绝，将差评删除了。

13.6　对操作步骤不熟悉

如果客户在电话里已经答应删除中差评，但表示不会操作步骤，你可以这样说："非常感谢您，您看我把删除评价的步骤用短信发到您手机上，您回家上网的时候帮我们把这个评价删除了，您看好么？非常谢谢您。"

如果客户在旺旺上答应删除中差评，但表示不会删除步骤，您可以这样说："您好，我把删除评价的操作步骤发到您旺旺上了，您按照我发给您的步骤删除了就行，再不会的话我打电话教您。删除评价的步骤是：进入淘宝首页——点击我的淘宝——已买到的宝贝——左边头像下面有个评价管理——点击给他人的评价——找到您给我们评价的删除就行了。"

通过指导客户删除中差评，可以让一些借口是对操作步骤不熟悉而拒绝删除中差评的客户无法使用借口，最终将中差评删除掉。

13.7　职业差评师攻防策略

青青刚在淘宝上开了一家水果店，结果被同一个客户给了两个差评。客户第一次买水果时说青青给的水果重量不够，少了一两。于是，青青道歉后补寄了一斤水果补偿客户。客户第二次购买水果又说斤称不够，给了差评，让青青补寄二斤过去。实在无法忍受，青青选择了到淘宝维权，提交了双方的旺旺聊天记录为证，最后成功维权。

像青青这样的事情估计是遇到了职业差评师。职业差评师就是专门给淘宝商家差评，用来敲诈钱财或产品补偿的网购一族。一般来说，职业差评师的计谋很高，做得很专业，让你无缝可钻，而且每个月盈利过万，让很多人都眼红。职业差评师让众多淘宝商家犹恐避之不及。下面就对职业差评师做一个全面介绍，帮助大家能有效规避职业差评师。

首先，大家先看差评师会选择的目标，其目标具有四个特点，内容如图 13-3 所示。

图 13-3 差评师选择的目标特点

1. 信誉较低，一般在 3 钻以下

第一，差评师选择的淘宝店铺目标一般信誉不高，在 3 钻以下，因为这一群体属于淘宝店铺竞争中的弱势群体，对于中差评非常在乎。刚刚起步的淘宝店铺相对来说生存是非常不容易的，中差评对他们有着致命的影响。而信誉高的大牌商家根本不会在乎差评师的一两个差评，所以小店铺就成为了差评师的首选。

2. 中差评较少甚至没有

这一点大家都能理解，中差评较少甚至没有的淘宝商家好评率与信誉度都较高，对于中差评的在乎程度就越高。如果是中差评非常多的商家就不会在乎多一两个差评。因此，差评师的目标就是中差评少甚至没有的商家，而不会选择中差评多的商家下手。

3. 销售产品较便宜

具备以上两个特征后，差评师还会考察商家销售的产品类型。一般来说，符合差评师目标特征的产品条件是价格便宜、容易损坏、差评师手里有相同的损坏的产品。为什么要选择东西便宜的呢？由于差评师不能保证自己每次都得手，害怕遇到不屈服的商家给自己造成损失，所以会选择给自己带来损失小的较便宜的产品，比如化妆品、衣服、食品等。

为什么要选择容易损坏的产品呢？因为容易损坏的产品给差评师做差评创造了机会。他们可以说这是你在物流过程中弄坏的，然后以此要挟。

另外，还有一种情况是差评师手中有相同的产品但是已经损坏，这样他们就可以购买同样的产品，然后说你的产品是坏的，要求退换货。这种案例非常常见，一些核心的经销商就是通过这种行为将自己的损失转移给他人的。

4. 地方较远、运费较高

为什么要选择较远地区呢？主要原因是地方越远，运费越贵。在这种情况下，差评师会说你的产品损坏了，然后表示要换货，让你重新邮寄个好的给他。如果你表示同意，他就会将产品弄坏然后退给你。但是很多商家就会想了，来回的运费比产品本身还贵，还不如直接赔偿点钱给客户。于是，你就上当了！

其次，给大家讲解一下职业差评师的特点，教你轻松辨认哪些客户很有可能是职业差评师。职业差评师的 7 个特点如图 13-4 所示。

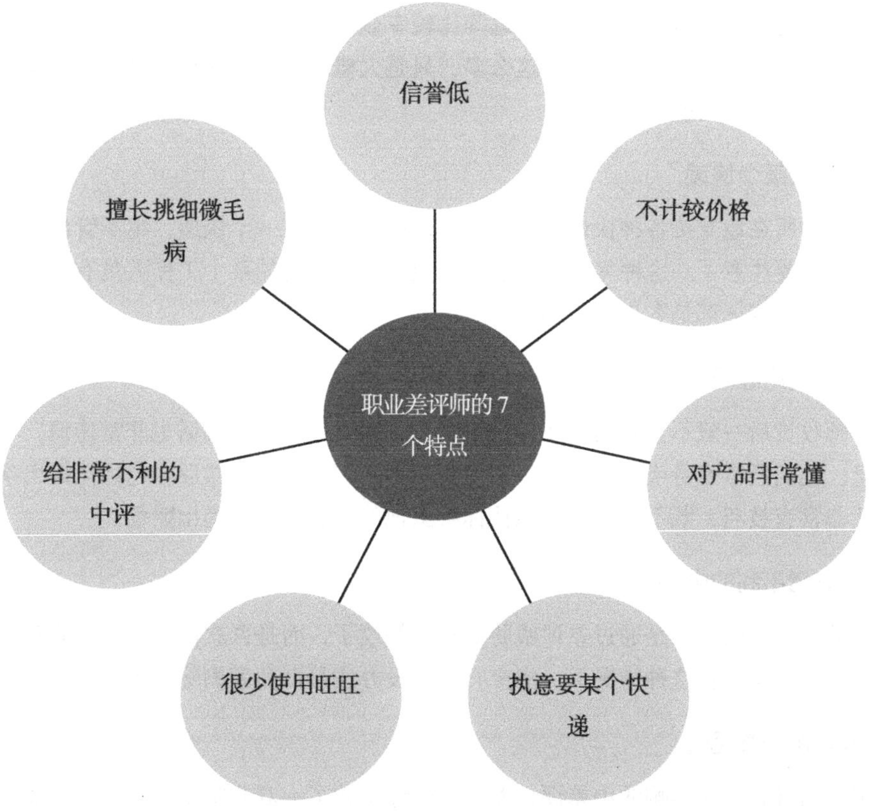

图 13-4　职业差评师的 7 个特点

1. 信誉低

首先，你需要查看一下客户的地址、购物历史、过往评价等信息。信誉不高是差评师的最大特点。另外，从客户以前购买的产品信息也可以看出一二，比如客户花 1 元钱买个面贴，运费就 10 元，这样的客户是值得怀疑的。

2. 不计较价格

差评师一般对于产品价格是不太关心的，也不会和你讲价。毕竟差评师都抱有不良目的，一块两块对他们来说都是小事。如果客户什么都不说就直接拍东西，这些客户大家要注意一下了。

3. 对产品非常懂

如果客户对你的产品问得特别详细，以玩具飞机为例，具体到型号、是否内置陀螺仪、遥控器的频率是多少，遥控距离具体多远等比较专业的信息，他都一一询问，那么这种客户就需要怀疑了。一般的客户不会懂得这么多，只是大概问问。像这样的客户极可能是同行，而且手里还有同一款的损坏产品。

4. 执意要某个快递

如果客户所在地支持各种快递，但是他就是执意要走某一个快递，也不管快慢和价格高低，那么大家要注意了。这种客户很可能是与他所指定快递的某个工作人员有特殊关系，到时产品到货时的好坏都是客户说了算。

5. 很少使用旺旺

差评师收货后一般不会和商家使用旺旺联系，就算是用旺旺说话也非常谨慎，不会透漏过多信息。他们经常隐身或者不在线，迫使商家给他们打电话，然后在电话里提出条件。差评师说话非常有技巧，既不露骨，还能让你听出他的意思，主动提出赔偿。

6. 给非常不利的中评

现在的差评师已经不是通过差评威胁商家给补偿了，而是喜欢做出对商家非常不利的中评，而且还不过激。在这种情况下，淘宝官方是没办法帮助商家删除评价的。

7. 擅长挑细微毛病

为了写出具有负面影响的中差评，差评师已经练就了一双非常苛刻的眼光。他们特别擅长挑产品的毛病，甚至一些非常细微的不算是毛病的缺陷他们都能找到，然后头头是道的列出来。

尽管差评师防不胜防，但是商家依然可以通过一些方法降低遇到差评师的概率。首先，发货前要非常仔细的检查，进行拍照，要是条件允许的情况下可以拍视频；其次，包装要非常仔细，保证做到万无一失；最后，告知客户在快递员面前验货，如果有问题，当时就拒收。如果签收成功则证明产品是没有任何问题的。另外，如果客户执意要求必须走某个快递，并且无论运费是多少，那么建议商家不要做这样的生意。下面看一个遭遇差评师的案例：

客户："我用你的化妆品已经过敏了，你看怎么办吧，我脸上都长小痘痘了。"

客服："亲，真是抱歉。这个问题能再谈谈吗？可以退货的，能不给差评吗？"

客户："不行，质量太差了，我接受不了，懒得退货。"

客服："那您要怎么解决呢？"

客户："你自己看着办，不好好解决就给你差评。"

客服："亲，你看下支付宝账户，我给你转20元了，收到了吗？"

客户："恩，看到了，好了。"

这是非常明显的遭遇职业差评师案例。首先，客户如果是过敏性皮肤，那么在购买化妆品的时候会事先咨询。毕竟客户对自己的皮肤都是非常看重的，不会随便什么化妆品都买。对这个化妆品商家来说，只要拿着聊天记录去维权，就一定能成功。

遇到职业差评师后，淘宝商家应该怎么办呢？首先，你应该尽量与他们商量，表明自己并没有赚多少钱，和他交易只是赚个信誉，自己的处境非常不好，唤起对方的同情心。如果你的技术好，让对方自愿给你修改中差评不是问题。

其次，如果对方不同意，那就将自己从他身上赚取的利润作为补偿还给他，大部分差评师会同意这种解决方法。

最后，如果对方得寸进尺，要求更大的补偿，那就先稳住对方，然后要求淘宝官方介入，并提供有力的证据。只要你证据确凿，淘宝官方会维护你的合法权益的，这样差评师的阴谋就会失败。

需要提醒大家的是，遇到职业差评师最好不要低头，否则会引来更多的差评师。淘宝商家只要积极主动提供解决方案，公正客观对待每位客户就不怕差评师找上门来。

第 14 章　处理退换货问题，最大程度降低损失

Chapter Fourteen

随着电商交易的爆炸性增长，退货也正按着 15%的年度比率增长。据统计，2015 年超过 30%的网购订单包裹被退回。按照这种趋势，因为退货而产生的网店经营成本将不断增加。因此，对于淘宝客服来说，应当处理好退货问题，尽可能通过换货解决客户问题，最大程度降低商家的损失。

14.1　提供“七天无理由退货”服务

为了维护客户的利益，淘宝制定了“七天无理由退货”这项服务。然而，很多淘宝商家对于“七天无理由退货”的服务范畴根本没有搞清楚，因此对于客户的退货申请一点办法都没有，只能被动接受。那么怎么解决这一问题呢？淘宝客服首先应当了解七天无理由退货的服务范畴。

一、客户提出“七天无理由退货”的申请条件：

1. 提出的产品需在支持“七天无理由退货”的产品种类范围内，“七天无理由退货”的产品种类可参见《七天无理由退货”服务的产品品类划分》，如图 14-1 所示。

分类	类型	商品举例
默认不支持“七天退货”	一、消费者定作的，定制类商品	个性定制、设计服务（要求属性为：定制）
	二、鲜活易腐类商品	鲜花绿植、水产肉类、新鲜蔬果、宠物
	三、在线下载或者消费者拆封的音像制品、计算机软件等数字化商品	网游、话费、数字阅读、网络服务
	四、交付的报纸、期刊、图书	订阅的报纸、期刊、图书
	五、服务性质的商品	本地生活、服务市场等，如家政服务、翻译服务等
	六、个人闲置类商品	个人闲置，一级类目为：自用闲置转让
可选支持”七天退货”（即默认支持“七天退货”，卖家可根据商品性质选择不支持“七天退货”）	一、非生活消费品，如商业用途类商品	房产、新车、网络服务器、商用物品等
	二、代购类商品	采购地为：海外及港澳台
	三、二手闲置类商品	二手商品，宝贝类型为：二手
	四、成人用品，除有包装的保险套外	成人用品
	五、贴身衣物	内裤、内衣、泳衣、袜子、打底裤等
	六、古董孤品类	古董、邮币、字画、收藏类等
	七、食品保健品类	食品（含婴幼儿食品、零食、冲饮、酒类、粮油米面、干货、调味品）、保健品（含中药、膳食营养补充剂）、宠物医疗用品等
	八、贵重珠宝饰品类	珠宝、钻石、翡翠、黄金等
	九、家具、家电类商品	家具、大家电（电视、空调、冰箱等）等
必须支持”七天退货”	除以上十五类商品外的所有品类，均须支持”七天退货”服务	服装服饰、数码产品及配件、家纺居家日用、化妆品、婴童用品（除食品）等

图 14-1　“七天无理由退货”服务的产品品类划分

2. 客户在签收产品之日起七日内（按照物流签收后的第二天零时起计算时间，满 168 小时为七天）发起申请；客户在七天内已要求商家提供“七天无理由退货”服务而被商家拒绝或者无法联系到该商家的，又或者是商家中断其经营或者服务。

3. 客户的服务申请在形式上符合相关法律法规的规定。

4. 申请金额仅以客户实际支付的产品价款为限。

5. 客户提出“七天无理由退货”服务的申请，产品需完好。

二、“七天无理由退货”服务的申请流程：

1. 在满足上述申请条件的前提下，客户可在“我的淘宝——已买到的宝贝”页面通过“退款/退货”或者“申请售后”通道向发起“七天无理由退货”服务的申请。

2. 在收到客户“七天无理由退货”服务申请之后，淘宝有权根据协调情况要求交易双方提供必要的证明，并且确认以及判定。

3. 当淘宝根据相关规范判定客户“七天无理由退货”服务申请成立后，有权通知支付宝公司自商家的支付账户直接扣除相应金额款项先行赔付给客户。

PS：非产品质量问题的商家包邮产品，由双方分别承担发货运费。

三、商家义务及违规处理：

1. 商家发布的产品属于支持“七天无理由退货”服务范围内的，就必须提供售后服务，并且严格遵守。
2. 若客户向商家提出“七天无理由退货”，卖家须积极响应，并且主动协商，根据淘宝要求提供相关证明，以期双方自愿友好的达成退货退款协议。
3. 当淘宝判定商家未履行其“七天无理由退货”服务的，即视为卖家违规，淘宝有权给予卖家相应的处罚。
4. 如果客户提出“七天无理由退货”的申请的时候，交易还没成功，商家就必须要做好售后的服务，在商家拒绝履行“七天无理由退货”承诺的情况下，淘宝有完全的权利按照协议约定和淘宝规则对其进行处理。
5. 如果客户提出“七天无理由退货”的申请发生于客户已点击“确认收货”交易成功付款完毕之后，或发生于货款因支付宝服务付款流程中的到期强制打款规定而被强制打款后，在商家拒绝履行“七天无理由退货”的承诺的情况下，淘宝有完全的权利依其独立判断使用保证金强制卖家履行其“七天无理由退货”的承诺。
6. 商家需在收到客户退回产品之日起七日内退款给客户，未按时退款的，淘宝有权直接操作退款给客户。

以上就是关于“七天无理由退货”服务的一些简单介绍，希望淘宝客服们好好研究，并在遇到问题时能够灵活运用。

14.2 处理运费争议：谁过错，谁承担

在淘宝交易中，关于运费争议问题可谓是屡见不鲜，尤其是当客户收货后发生退货时。对客户来说，退货的运费如果由自己承担，那么就会给自己造成损失。对淘宝商家来说，发货时已经承担了运费，客户退货的运费如果还由自己承担，那么自己的损失更大。为了明晰运费承担问题，减少运费纠纷，淘宝客服需要研究《淘宝规则》，以“谁过错，谁承担”的原则解决运费纠纷。下面看《淘宝规则》中，对运费争议问题的处理规定。

交易中的运费争议，根据“谁过错，谁承担”的原则处理，但买卖双方协商一致的除外。如果交易存在约定不清的情形，淘宝无法确定是谁的责任，交易做退货退款处理，发货运费由商家承担，退货运费由客户承担。

1. 约定运费的争议

运费由客户承担的，商家应当按照实际发生的金额向客户收取运费。

（1）若客户支付的运费高于实际发生的运费的，超出部分做退款处理。

（2）如果实际发生的运费与产品描述的运费不一致，或者产品描述中对运费做出两个以上的不同描述的，商家应当通过阿里旺旺向客户进行说明，并征得客户的同意。若未与客户清晰约定而出现争议的，淘宝以有利于客户的描述进行运费的处理。

2. 发货涉及的运费争议

如果商家违反发货要求（发货问题的争议处理），导致客户未收到货、拒绝签收产品或者签收后退回产品的，交易做退款处理，运费需要由商家承担。

3. 签收涉及的运费争议

（1）客户依据签收规范（签收问题的争议处理）拒绝签收产品或者退回产品的，交易做退款处理，运费需要由商家承担。

（2）若商家按照约定发货后，收货人有收货的义务。收货人无正当理由拒绝签收产品，且商家能够有效举证证实的，相关运费损失，承担方式如表 14-1 所示。

表 14-1　收货人无正当理由拒绝签收产品情况下的运费承担方式

产品/场景	产品包邮情况	客户	卖家	淘宝处理原则	备注
支持“七天无理由退货”服务的产品	包邮	客户需要享受“七天无理由退货”服务/拒收	/	发货运费需要商家承担，客户只需要承担退货运费	若客户对商家发货运费价格有异议，商家需要配合提供相关运费证明（如带有价格的发货底单等有效收费证明）
	非包邮			由客户承担来回运费	
支持退货承诺的产品	包邮	客户可按商家退货承诺的天数，享受退货服务/拒收	/	发货运费需要商家承担，退货运费的承担以退货承诺设置为准	
	非包邮		/	发货运费及退货运费的承担原则，以退货承诺设置的为准	

续表

产品/场景	产品包邮情况	客户	卖家	淘宝处理原则	备注
非“七天无理由退货”产品/非退货承诺产品	包邮/非包邮	客户拒收（仅产生单程运费）	商家需要有效举证证实客户无理由拒收货物	举证有效，由客户承担发货运费	/
		客户拒收（产生双程运费）		举证有效，由客户承担来回运费	
		客户因为自己的个人原因(如不喜欢/不合适）需要退货退款	商家同意客户无理由退货的要求	由客户承担来回运费	

（3）收货人拒绝签收产品后，商家应当及时联系承运人取回产品，若商家怠于取回产品而产生额外的运费、保管费等费用，则需要由商家自行承担。

（4）若因客户填写的收货地址和（或）收货人信息不准确，或者未经商家同意自行要求变更收货地址或收货人信息，导致商家发货后无法送达的，运费由客户承担。

4. 退换货涉及的运费争议

（1）买卖双方达成退款协议，但未按退货运费进行约定的，需要由商家承担与其发货相同货运方式的运费。

（2）产品在换货或维修过程中需要寄送且未约定运费承担方式的，由此产生的运费需由商家承担。

（3）商家未在规定时间内提供退货地址，或者提供退货地址错误导致客户无法退货或操作退回产品后无法送达的，或者客户根据协议约定操作退货后，商家无正当理由拒绝签收产品的，交易做退款处理，退货运费由商家承担。若商家需要取回产品的，应当与客户另行协商或通过其他途径解决，淘宝不予处理。

（4）淘宝争议处理期间，商家同意退货，但客户在未和商家确认的情况下，使用了到付方式退货，商家需要先支付运费签收货物；由于客户到付而产生的多余的运费，商家可以要求客户承担。

（5）客户根据协议约定或淘宝做出的处理结果操作退货时，应当使用与商家发货时相同的运输方式发货。除非得到商家的明确同意，客户不得使用到付方式支付运费。退货后，商家有收货的义务。

（6）淘宝处理争议期间，商家同意退货或换货，但对运费的承担提出明确异议的，客户应当先行退货，商家签收产品后，由淘宝根据本规范对运费承担做出处理。

5. 物流涉及的运费争议

未经客户明确同意，若商家使用到付方式委托承运人发货的，客户有权拒绝签收产品；客户签收产品的，到付运费超出约定运费的部分由商家承担。

6. 产品涉及的运费争议

（1）如果客户提供有效凭证证实收到产品有问题或是因为商家的某项服务、承诺未履行而导致的退货退款，运费需要由商家承担；

（2）商家所售产品为闲置产品的，客户收到的产品与商家在发布时描述不符的，或商家没有如实披露产品的瑕疵或历史维修情况的，交易做退货退款处理，运费由商家承担。

（3）支持“七天无理由退货”或支持退货承诺的产品，运费争议处理方法如表 14-2 所示。

表 14-2　支持“七天无理由退货”或退货承诺产品运费处理

<table>
<tr><th>场景</th><th>客户</th><th>是否包邮</th><th>商家</th><th>淘宝处理原则</th></tr>
<tr><td rowspan="2">支持“七天无理由退货”服务的产品</td><td rowspan="2">客户需要享受“七天无理由退货”服务/拒收</td><td>包邮</td><td rowspan="2">/</td><td>发货运费需要商家承担，客户只需要承担退货运费</td></tr>
<tr><td>非包邮</td><td>由客户承担来回运费</td></tr>
<tr><td rowspan="2">支持退货承诺的产品</td><td rowspan="2">客户可按商家退货承诺的天数，享受退货服务/拒收</td><td>包邮</td><td>/</td><td>发货运费需要商家承担，退货运费的承担以退货承诺设置的为准</td></tr>
<tr><td>非包邮</td><td>/</td><td>发货运费及退货运费的承担原则，以退货承诺设置的为</td></tr>
<tr><td rowspan="3">非“七天无理由退货”产品/非退货承诺产品</td><td rowspan="2">客户拒收</td><td>仅产生单程运费</td><td rowspan="2">商家需要有效举证证实客户无理由拒收货物</td><td>举证有效，由客户承担单程运费</td></tr>
<tr><td>产生双程运费</td><td>举证有效，由客户承担来回运费</td></tr>
<tr><td>客户因为个人原因（如不喜欢/不合适）需要退货退款</td><td>包邮/非包邮</td><td>商家同意客户无理由退货的要求</td><td>由客户承担来回运费，但若客户对商家发货运费价格有异议，商家需要配合提供相关运费证明（如带有价格的发货底单等有效收费证明）</td></tr>
</table>

为了有效避免淘宝交易过程中出现运费问题的争议，淘宝客服应当做到以下三点：第一，对产品进行如实描述，让客户对产品有清晰了解后再购买；第二，发货前做好质量检查，降低发生质量问题的概率；第三，对于产品的运输方式以及价格应当在交易前告诉客户并取得客户的同意。

14.3 指导客户进行退换货操作

遇到客户退货对于淘宝客服来说是非常窝火的事情，然而，客户就是上帝，即便客户要退货，淘宝客服也应当以最快的时间为客户解决问题。如果能够积极主动解决客户的退货问题，让客户满意，不仅可以挽回客户的心，让客户下一次光临。还能最大程度上降低店铺的损失。下面看一个淘宝睡衣店客服处理退货问题的案例。

客服：亲，您好！在的，欢迎光临“XXXX 旗舰店”。我是客服小阳，很高兴能为您服务，有什么可以为您效劳的？如果需要推荐尺码请告诉我您的身高体重，本店默认发圆通快递，如需发其他快递请注明。

客户：这可是 100%纯棉花的？我要贴身穿，不能有化纤。

客服：是的，纯棉的。

客户：纯棉的等于 100%纯棉花的，没有化纤成分，可对？

客服：是的。

客户：005 款也是全棉睡衣？

客服：对，而且是上衣和裤子两件套。

客户：也都是全棉的？

客服：是的。

客户：谢谢，就买它了。

客服：恩恩，好的。

客户：款已付，请发货！

客服：好的。

客户：你好。

客服：亲，您好！在的呢。

客户：睡衣收到，不是全棉的。

客服：是纯棉的。

客户：标签上都说不是100%棉的，手感也不像全棉。

客服：估计吊牌贴错了，衣服是纯棉的。

客户：吊牌肯定不会错的，不是全棉的，能退货吗？

客服：没有穿洗过可以退的。

客户：刚收到，拆开了，试穿了一下，感觉不舒服就脱下检查了，一切完整完好。

客服：好的，退货流程：麻烦亲申请的退款选择：退货退款，理由选择：其他或者尺码拍错/不喜欢/效果差。麻烦在纸条上写上以下内容：我们的店铺名称：XXXX、订单编号、旺旺名、具体退货原因。麻烦纸条放在明显的地方，谢谢！请您按照全包装原样退回，拒收到付件，谢谢您的配合！我们的地址：XX 市 XX 路 XX 街 XX 号，收件人：杨小姐，手机号：183XXXXXXXX（切记：按照退货流程来办理，收到后没有纸条无法处理，谢谢！）

客户：好的，现在怎么做？去找刚才那个快递吗？

客服：您寄什么快递都可以。

客户：运费要多少钱？谁支付？

客服：您承担寄给我们的运费，我们承担寄给您的运费，大概 8 到 10 元左右。

客户：听说淘宝都有运费险的，可有保险支付运费吗？

客服：不好意思，我们店里的运费险是客户自己花钱买的。

客户：运费险多少钱？下次要办一个。

客服：提交订单的时候勾选的，下次您可以注意下，1 元左右。

客户：还是投保好一点，才 1 元。由于衣服是贴身穿的，否则就将就了，麻烦你了。

客服：没关系，希望下次有机会为您服务。

客户：好的，再见。

当客户因为各种原因要求退货的时候，客服应当怎么处理呢？下面讲三个处理客户退货问题的技巧，内容如图 14-2 所示。

一	冷静沟通，解释问题
二	鼓励客户退货改成换货
三	指导客户退货

图 14.2 处理客户退货问题的技巧

1. 冷静沟通，解释问题

当客户收货后表达出退货意向，客服首先要保持冷静，与客户沟通，询问客户想要退货的原因是什么。一般来说，客户要求退货的原因只有几种。以衣服为例，一是衣服尺寸大小不合适、二是衣服颜色有色差、三是客户预期太高，产品让客户产生落差、四是衣服有质量问题。

如果客户想要退货的原因不是产品质量问题，那么客服需要向客户解释清楚产生问题的原因。如果是描述不够准确，那么可以在之后改进；如果是客户自身的问题，那么可以提醒一下客户，看有没有打消客户退货意向的可能。如果客户依然坚决要求退换货，那么没有必要勉强。

2. 鼓励客户退货改成换货

如果客户因为质量问题或尺寸大小不合适等问题想要退货，客服可以鼓励客户改成换货，然后给予客户一些优惠。无论是什么原因导致客户试图退货，客服要尽量和客户协商解决，尽量推荐客户了解店铺内其他同类产品。很多客户都乐于接受换货，尤其是在尺寸大小不合适的情况下。

3. 指导客户退货

对于坚持要退货的客户，客服需要根据“谁过错，谁承担”的原则声明退货运费承担方，然后指导客户进行退货操作。客户进行退货的操作流程为：打开我的淘宝—已买到的宝贝，找到要退货的宝贝，然后点击其对应的“退货/退款”按钮，然后填写一份表单，就可以等待商家处理。商家同意客户退货之后，客服需要将商家详细地址发给客户，让客户按照地址把收到的产品寄回去。

客服们需要注意的是，如果客户接受换货，在发货之前一定要确保产品的型号、颜色以及质量问题，以免造成客户再次要求退货的情况。

解决退货问题时，客服一定要保持良好的服务态度，耐心回答客户的各种疑问，这样的服务才有可能换来客户的谅解，赢得良好的信誉。

14.4 延迟发货退款案例

在接下来的第 14.4 至 14.10 节中，我们以淘宝商家小宁、客户小光为例讲解七种不同的退款案例情况。

小光在“双十一”购物狂欢节这天下单购买了一部苹果 6S 手机，全额 5500 元，因为使用了店铺红包 100 元，所以实付现金 5400 元。然而，商家小宁迟迟没有点击发货，于是小光在 11 月 20 号申请了退款，后续在 21 号发起了投诉（违背发货时间承诺）。小宁知道延迟发货是自己的不对，为了避免扣分影响店铺，主动在小光发起投诉后，赔付了 30 元（产品实付现金 5%，最高不超过 30 元，最低不低于 1 元）。

遇到上述情况，淘宝商家一般都知道是自己的过错，于是主动赔付。然而，很多时候，商家并不是像案例中的小宁一样违背发货时间承诺。这时，商家可以提供相关页面提示的凭证，比如客服与客户在阿里旺旺约定了发货时间，提供旺旺聊天记录截图或者举证号等。

如果是因为物流第三方原因使得货物没有物流跟踪信息导致客户退款的，商家需要提供物流公章凭证。同时淘宝网也开启了最专业的人工客服为淘宝商家解答疑问，商家只需要按照如下流程进行咨询：卖家中心→客户服务→投诉管理→我收到的投诉→查看详情→人工云客服，如图 14-3 所示。

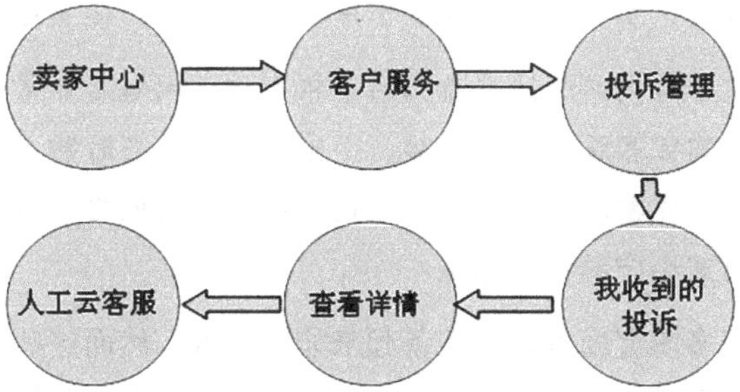

图 14-3 商家咨询淘宝人工客服的流程

14.5 七天无理由退货案例

小宁的淘宝店铺加入了七天无理由退换货服务，小光在“双十一”当天当下拍下手机后，小宁在 12 号发货了。四天之后，小光收到了自己期盼许久的土豪金苹果 6S 手机，但是不太满意，就向商家小宁申请了退货。小宁表示可以退款，但是希望小光承担发货运费，小光不同意。后来小宁看了淘宝关于发货的规则，了解自己加入七天无理由退换货服务后并且包邮后，客户退货时无需承担自己发货的运费，自己更不能强制从客户的退款中扣除。于是，小宁收到货后主动并及时地把订单全额退给了小光。

现在很多淘宝商家都加入了七天无理由退换货服务，但是每次退货时双方总会因为客户是因为个人原因退货，还是因为商家产品质量问题或者描述不符等原因退货。在这里，给淘宝客服提出建议：

首先，当客户反映产品有问题，想要退货时，需要与客户进行旺旺沟通，然后将旺旺沟通信息记录保存或者截图，方便后期取证。

其次，如果是服装类产品，客户称大小不合适要退货，客服需要主动告诉客户，店里的衣服都是实物拍摄，而且量取都是标准的，然后咨询客户平时穿着的尺码。如果发现是客户自身原因导致的“大小不合适”，客服需要向客户解释清楚，然后让客户按照“七天无理由退换货”退货，并承担运费。

14.6 质量问题退货案例

小光终于收到了自己期待已久的土豪金苹果 6S 手机，但是仔细研究后，感觉手机质量有问题，非常像是改装过的，于是就和商家小宁申请退货退款，退货原因是质量问题。

小宁认为小光单凭个人判断就认定自己的手机有质量问题是非常不合理的，于是果断拒绝了小光的退货要求。淘宝客服小二介入后，小宁提供了他当时购买手机的发票作为申诉凭证。客服小二审核小宁的发票真实有效，小光也没有提供其他更加有效的图片等凭证，因此客服小二最后支持了商家小宁的维权意见。

对于进货凭证，很多淘宝商家表示准备起来非常辛苦，然而这些凭证对于维护商家权益是非常有效的。如果商家进货只有进货单，没有开具发票或者相关授权证明，那么面对客户的问题就无计可施。

淘宝网只是一个电商交易平台，其客服小二是没有资格直接鉴定产品是否有问题的，因此在商家与客户发生交易纠纷时，还是需要进货来源凭证帮助客服小二在各个途径上进行核实。这样，客服小二才能通过凭证认定产品来自正规途径，给出客户有理有据的解释。在这里，提醒各大淘宝商家在进货的时候，尽可能地向供应商要相关进货凭证。如果是代购类产品，可以要求商场代购小票等。

14.7　店铺红包售后退款案例

小光在小宁家买了一副 88 元的耳机，使用了一张 8 元红包，总共付款 80 元。小光收到货后还没有仔细看就先确认了收货，把款付给了小宁。第二天，小光试用后觉得耳机音效不好，就联系小宁退货。小宁旺旺同意后直接给了退货地址，小光便发了回去。

在退货后，小光发起了售后退款，原因选择了“未收到货，要求退款”。小宁核实了快递，耳机已经收到，于是主动退款给小光。由于小光使用了 8 元店铺红包，但是红包已经过期作废，所以退还小光共 80 元。

在延迟发货退款案例一节中，我们提到过店铺红包。无论是售中退款还是交易成功后的售后退款，任何类型的退款，商家都只是退还客户实付现金。在售后的退款中，淘宝只会在保证金中扣除实付现金，不会扣除店铺红包。

14.8　产品优惠券退款案例

小光在小宁家买了一个 108 元的充电宝，使用了一张满 100 减 10 元的产品优惠券。然而，等了十多天，小光还是一直没有收到货，实在等不下去，于是想要退款。由于之前没有申请退款，15 天过后交易已经自动确认付款了，所以小光便发起了售后退款，原因是未收到货。小宁核实快递之后，发现丢件了，于是主动退款给小光。因为小光使用了产品优惠券，但是优惠券已经过期作废，所以退还小光共 98 元。

与店铺红包类似，产品优惠券在退款时也是不需要退还给客户的。由于客户在购买产品时直接减掉了优惠券金额，商家可以直接看到客户实付价格是多少，所以在处理交易退款的时候，按照平时的退款流程处理就没有问题。

14.9　支付宝红包退款案例

小光在小宁家买了一个手机壳，使用了“双十一”当天秒杀到的支付宝红包 16 元，手机壳价格为 32 元，还需要支付运费 8 元。下单后，小宁在“双十一”当天就发货了，小光在

14 号收到手机壳后，立即确认收货。

结果，小光第二天在安装手机壳的时候，发现稍微有点小，于是申请售后退货退款。由于商家加入了“七天无理由退换货”服务，按照淘宝规则，发货以及退货的运费都由客户承担，于是小宁最后退给小光 32 元现金。

一些商家可能会有疑问，支付宝红包不是与店铺红包一样，后续只退给客户实付现金就可以了么？其实并非如此，由于支付宝红包是淘宝官方发放的现金红包，所以退款与店铺红包是不同的。在售后退款过程中，除了客户选择“未收到货物”售后退款，并且同意商家退还支付宝红包外加实付现金的情况外，其他任何方式的售后退款类型，商家都需要以现金的形式退还客户支付宝红包以及实付现金金额。

14.10 免单产品退款案例

小光非常幸运的在“双十一”当天抽到了一个免单机会，但是小光并不是很喜欢这个产品。尽管如此，系统自动选择购物车里的免单产品进行付款了，小光只能接受这个产品，毕竟是免费的。小宁按期发货，小光很快收到了衣服。试穿后，小光发现衣服风格并不适合自己，于是向小宁申请了七天无理由退货。

小宁非常疑惑：客户对免单产品发起的退货退款，钱是自己支付吗？毕竟当时客户是没有付款的。事实上，类似小宁的担心很多商家都会有，或者向小光一样的客户也会问商家：我申请退款，钱退到了哪里？

在这里，向大家普及一下淘宝免单产品的知识。能获得免单机会的客户真的非常幸运，这种付款方式的实质是淘宝网出钱为客户买单，等于给了客户一个产品等金额的支付宝现金红包。因此，客户后续申请退款，退货后，钱会以现金的形式退还到客户的支付宝里，并不会从商家那里扣除额外的钱。

第 15 章　处理客户投诉，挽回客户的心

Chapter Fifteen

淘宝商家对于客户的投诉应该都不陌生，很多时候你辛辛苦苦地为客户服务，最后却换来一个投诉，这对于一些小店铺可以说是一件非常痛心的事。特别是那些蛮横不讲理的客户，很多时候，这些负面案例会影响店铺转化，辛辛苦苦做上来的店铺信誉却被这些投诉搞坏了。本章大家一起看怎么处理客户的投诉，既能挽回客户的心，还能提升店铺的口碑。

15.1　第一时间联系客户

淘宝商家必须重视客户的投诉，投诉处理的好坏直接影响到店铺的信誉以及销售。发现客户投诉后，淘宝客服应当立即放下手头上的工作，第一时间联系客户，这样客户就会有被重视的感觉，还有可能放下心中的偏见，愿意给你一个解释的机会。如果收到客户投诉后，过了几天，你才打电话给他，不论沟通结果如何客户都不会满意，而且，处理投诉的时间拖得越久，将事情处理好的代价越高。

想象一下，你和朋友去饭店吃饭，点完菜以后等了一个多小时才上菜，你心中会有何感受？速度体现了态度，是服务的关键。一旦处理效率不够高，服务再周到也不会得到好评。处理客户投诉也一样，一旦解决问题的时间被拖延，不论结果如何客户都不会满意，而且拖得越久处理的代价越高昂。

汽车投诉网一直致力于为车主、厂商协调投诉信息，作为一个第三方平台为双方的矛盾提供一个缓冲的机会，从而寻求问题的友好解决。但同时，网站投诉的顺利解决也需要厂商与网站的配合才能顺利完成。那到底汽车投诉网需要厂商的哪些配合呢？小编通过以下一个

成功维权的案例来略作分析。

广州的钱先生于2016年10月初在长安铃木天猫旗舰店购得一辆自动豪华炫动版新奥拓。然而，钱先生购车之后不久就发现，车子在正常行驶的情况下，仪表盘会时不时地突然熄灭，怠速、车速指示归零，所有故障灯亮起，几秒钟后又会自动恢复正常。

随着这种情况变得愈加严重，尤其是在晚上高速公路上，突然灯光全无会严重影响行车安全。为了维护自己的权益，钱先生致电长安铃木线下4S店，向其投诉，希望可以得到厂家的帮助。接到投诉后，长安铃木4S店的工作人员第一时间把投诉转给新奥拓汽车相关的厂家工作人员进行处理。并且新奥拓汽车处理投诉的效率也相当之高，很快就把投诉完满解决了。

新奥拓汽车在接到投诉之后，相关部门高度重视，立即安排了市场工作人员进行积极协调，并通知相关4S店负责人亲自打电话询问有关情况，全程跟踪处理直到问题解决，而4S店也正是这样做的。

对此，钱先生非常满意，不仅肯定了长安铃木的售后服务，称赞4S店的服务态度无可挑剔！厂家为钱先生的车辆更换了碳刷调节器，还免费修好了玻璃升降、安全气囊灯常亮等老问题。

很多商家遭遇客户投诉后喜欢先把事情查清楚再决定用什么态度对待客户，这是完全没必要的。让客户满意是商家长久经营下去的必要条件，客户出现不满，你应当第一时间站出来与客户沟通。对客户进行抚慰而且要快，态度一定要诚恳和谦恭。调查工作是必要的，但目的不是明确责任在谁，而是找出解决问题的有效方案。

15.2 了解投诉原因是产品还是服务

找出客户投诉的真正原因是圆满解决客户投诉的关键所在。看客户是因为质量问题投诉还是期望值落差而产生了不满，或是对淘宝客服的服务态度有所不满。只有找到了客户投诉的确切原因，才好对症下药。下面是客户投诉淘宝商家的五种原因，内容如图15-1所示。

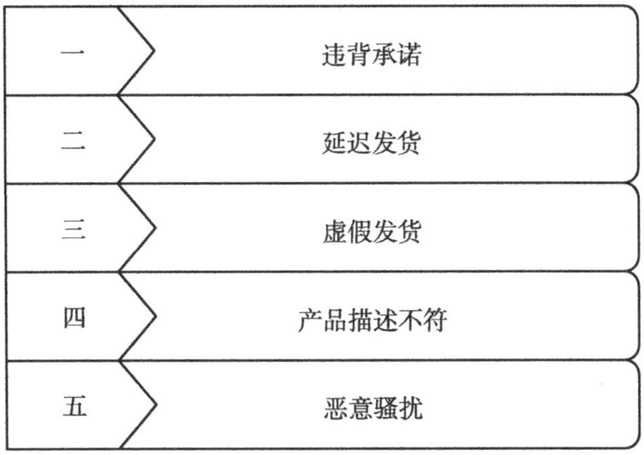

图 15-1　客户投诉淘宝商家的五种原因

1. 违背承诺

违背承诺是指商家未按照承诺向客户提供以下服务，妨害客户服务满意权益的行为，分为以下十二种情况。

（1）商家应该承担因消费者保障服务产生的退货退款等售后保障责任但商家拒绝承担。

（2）商家应该承担七天无理由退换货、假货赔三、数码维修、闪电发货赔付等售后保障责任但商家拒绝承担。

（3）商家参与试用中心的活动，但却在客户报名完成后拒绝向客户发送已承诺提供的试用商品。

（4）加入闪电发货的商家出售虚拟产品的未在一小时内完成发货，或出售实物产品的未在二十四小时内发货。

（5）天猫商家拒绝提供或者拒绝按照承诺的方式提供发票。

（6）客户选择支付宝担保交易但商家拒绝使用，而是要求与客户在天猫外进行交易。

（7）加入货到付款或信用卡付款服务的商家拒绝提供此服务。

（8）发布拍卖产品的商家拒绝按照客户拍下的价格成交或者拒绝提供包邮服务。

（9）加入聚划算的商家中途退出或未在七天内按已审核的报名信息所载内容完成发货。

（10）加入淘宝游戏交易平台的商家未在客户付款后三十分钟内提供商品。

（11）加入淘宝官方活动的商家未按照活动要求提供服务。

（12）商家未履行其与客户所达成交易的补充或变更约定且该约定与规则的强制性规定

无冲突。

2. 延迟发货

延迟发货是指除定制、预售及适用特定运送方式的产品外，商家在客户付款后明确表示缺货或实际未在七十二小时内发货，妨害客户高效购物权益的行为。买卖双方另有约定的除外。

3. 虚假发货

商家在淘宝网上点击了发货，使得系统显示的交易状态变成“卖家已发货”，而货物实际上没有发出的情况称之为虚假发货。

4. 产品描述不符

描述不符是指客户收到的产品与达成交易时商家对产品的描述不相符，商家未对产品瑕疵、保质期、附带品等必须说明的信息进行披露妨害客户权益的行为。描述不符包括以下三种情形。

（1）商家对产品材质、成分等信息的描述与客户收到的产品严重不符或导致客户无法正常使用。

（2）商家没有对产品瑕疵等信息进行披露或对产品的描述与客户收到的产品不相符且影响客户正常使用。

（3）商家没有对产品瑕疵等信息进行披露或对产品的描述与客户收到的产品不相符但未对客户正常使用造成实质性影响。

5. 恶意骚扰

恶意骚扰是指商家在交易中或交易后采取恶劣手段骚扰客户妨害客户服务满意权益的行为。

以上五种客户投诉类型是淘宝上经常见到的客户投诉种类，有的淘宝客服会因为客户的怒气而惧怕，其实完全没有必要。处理客户投诉不仅仅是一个淘宝店危机公关处理能力的表现，同样也是一次提高服务严谨度、警示店员的机会。因此，商家要了解客户投诉的确切原因，就算不能得到客户的谅解，也可以以此为戒，避免以后出现类似问题。

15.3 耐心倾听客户抱怨

客户对产品或者服务有了不满，向你抱怨总比闷在心里，再也不来你的店铺购物好。对淘宝客服来说，如果能耐心倾听客户的抱怨，就能发现自身存在的问题。而且，一个客户抱怨可以感染一群客户，客户的不满就和广告宣传一样，严重影响了商家的声誉和产品的形象，使销售工作的深入与消费市场的拓展难以进行。

日本著名跨国公司“松下电器”的创始人松下幸之助认为，不仅不要厌烦客户的抱怨，反而要表示欢迎，因为这是企业自我提升的良机。他曾告诫下属，要感谢那些投诉他们的客户，有一些客户用了产品不太满意，又怕麻烦或者不好意思来投诉，但心里却对企业进行了否定。因此，一定要热情礼貌地对待有抱怨的客户，耐心听他们的抱怨，并尽量使他们满意而归。

松下幸之助还亲身经历了一件关于客户抱怨的事。有位东京大学的教授抱怨说他们所使用的松下公司的产品经常发生故障，松下幸之助知道后立即派这种产品的最高负责人去学校了解情况，厂方耐心听完他们的抱怨，然后又给出合理的解释，最后妥善地处理了产品问题。研究人员这才消了怒气，但对他们的服务很满意。后来他们还为松下公司介绍了其他用户。

下面再看一个与松下幸之助一样，巧妙解决客户抱怨的案例。

张昭阳是一家医疗器械旗舰店的淘宝客服，其客户多半是老年人。有一次，张昭阳给半年前买器械的客户梁先生打电话回访使用情况，没想到梁先生脾气十分暴躁，在接到张昭阳电话之后就开始抱怨不断，喋喋不休。

梁先生：“我儿子为我买了这个机器之后我本来很开心，起初用起来也很舒服，但 4 个月之后，机器开始出现故障。时好时坏，反复无常，用起来很不省心。你们公司居然卖给客户这样的东西，当初承诺得那么好，都是骗人的。”

张昭阳：“哦，机器出现问题是正常的，您找过我们公司的维修部吗？这样的情况我们会上门免费为您维修的。”

梁先生：“当然有。维修人员来也一样，总是这个样子。你们的维修人员还说什么我的使用方法不对，破坏了它的程序什么的，真是没素质，竟然还把责任推到我的身上。我之前用得很好，只是时间久了这样，这显然是你们的质量问题。”

张昭阳：“嗯，如果我们的工作人员表现得不太好，请您见谅。我在这里替公司向您道歉。那梁先生，我想问一下您平时使用的时候是按照说明书来使用的吗？”

梁先生：“哪需要什么说明书，这么简单的东西谁都会用，根本不需要什么说明书。”

张昭阳：“梁先生，其实您可以看一下说明书的。说明书是每台机器必备，不仅讲了一些大家都知道的操作方法，还说明了每一台机器的个性问题。有些机器如果不按照说明书来操作，寿命就会减短，您这台机器可能就是这一问题。”

梁先生："那怎么办？我一直都是这样用的。"

张昭阳"梁先生，您看这样啊，我们公司现在有一个活动，这些医疗器械凡是售出半年以内的，都可以参加以旧换新活动。新产品呢，在价格上比旧产品要贵些，但是功能又新增了，而且对于新产品我们公司实行的是终生保修制，您如果再遇到什么问题可以随时打电话找我们。您只需要在旧机器价钱的 80%的基础上再补齐新机器的钱就可以了。这样，无论是从经济还是使用舒适度来说，对您都是极好的。您看您对这个活动有兴趣吗？"

梁先生："这还可以，你们得把新机器运到家里来。我需要试用一段时间，再不能出现上次的情况了。"

张昭阳："这是自然，您看下午方便吗？我们的外勤人员会把机器给您送过去，然后撤走旧机器。"

梁先生："那好，就下午过来吧。"

案例中的淘宝销售客服张昭阳在面对客户梁先生的抱怨时，并没有与他针锋相对的争论不休，而是耐心倾听，让客户把怨气都发泄出来，了解了问题所在之后再去解决问题。张昭阳从客户在意的问题着手，适当合理地推销自己的另一款产品。这样既能解决客户的问题，又能促成一笔新交易，一举两得。

美国 IRAP 公司研究表明，不抱怨的客户只有 9%会再上门；抱怨的客户有 15%会再上门；解决抱怨的话，则有 54%的客户会再上门；如果抱怨可以迅速解决，则有 82%的客户会再上门。

那么，如何回应客户的抱怨呢？淘宝客服可以采取一些"缓兵之计"在感情上亲近客户，将客户稳定后再解决实际问题，避免发生争执。倾听客户抱怨的方法如图 15-2 所示。

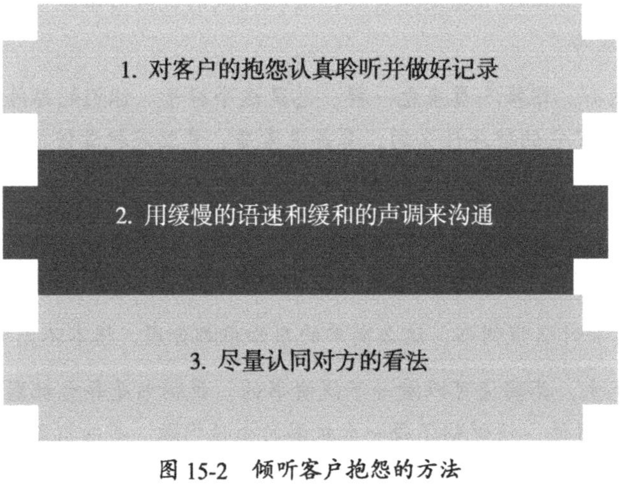
1. 对客户的抱怨认真聆听并做好记录
2. 用缓慢的语速和缓和的声调来沟通
3. 尽量认同对方的看法

图 15-2　倾听客户抱怨的方法

1. 对客户的抱怨认真聆听并做好记录

人在冲动的状态下，会使大脑神经极度兴奋，心跳加速。有人浑身颤抖，呼吸急促，有人甚至甩手跺脚，蹦蹦跳跳，用这样的方式来发泄心中闷气。在这种情况下，淘宝客服要尽量少说话，让客户慢慢诉说抱怨，自己只是耐心倾听，并仔细做好记录。

客户在抱怨的时候，特别需要一个聆听者，想把不满情绪尽情宣泄出来。在这个时候，淘宝客服就需要充当一个"情感垃圾桶"的角色，让客户慢慢诉说，直到其心情平静下来。客户在抱怨的过程中可能情绪激动，信息量较多，甚至有些条理不清晰，淘宝客服要及时把客户的这些抱怨记录下来，然后进一步了解客户的相关信息，以求更好地处理问题。

对客户的抱怨做记录，可以发现自身问题，并针对这一问题寻找解决方案。另外，做好客户抱怨记录可以为下一步妥善的处理抱怨做准备。

2. 用缓慢的语速和缓和的声调来沟通

若是能以缓慢的语速和缓和的声调来与客户沟通，就能在一定程度上降低客户的激动情绪。要做到这一点非常不易，淘宝客服如果没有养成用坚强的意志力来管理自己情绪的习惯，是无法沉着应付的。尤其面对那些难堪的话，便立即怒气冲天、勃然大怒的客服更是难以解决问题，更不能取得客户的原谅。

3. 尽量认同对方的看法

客户抱怨证明你在某些方面做得不尽如人意。此时，你需要尽量认同客户的观点和看法，适当地对客户的意见表示肯定，并感谢对方给你提出的宝贵建议。这样客户就能感受到你的真诚，才有兴趣进行下一个环节，否则你就有可能失去这个客户了。

总之，当客户对产品和服务产生抱怨时，多半是因为自己的需求没有得到满足，然后会通过情绪、语言和行动表达出来。一旦客户心中有了不满，并且还无处发泄的话，那么这些怨气就会一直积压在客户心里，反复刺激客户，久而久之，这种消极心理就容易造成客户对商家的不信任。因此，对待客户的抱怨千万不能掉以轻心。

如果淘宝客服将处理客户的抱怨当成是训练修养的极佳场所，克制自己的情绪去忍受不愉快的事情，那么一定能成为一个自控力极高，让人钦佩的优秀客服。

15.4 向客户致歉，平息客户愤怒

倾听客户的抱怨时，不管是什么原因，你都需要适时向客户真诚道歉，缓解一下客户的

情绪。当客户的愤怒平息后，你就可以与之探讨切实可行的解决方案。需要注意的是，道歉时间应当尽可能适当的延长，试着慢下来，直到客户接受你的道歉时，事情就很容易处理了。

出现问题后，客户有情绪也是应当的，本就应该得到重视和合理的解决。因此，你在道歉时利用同理心更容易让客户接受，比如说："杨先生，对不起，给您添麻烦了。我非常理解您此时的感受，再次向您表示真诚的歉意。"

在客户的世界里，无论对错，他们的情绪与要求是非常真实的。对客户来说，你只有理解他们，进入他们的世界里，才有可能从他们的角度解决问题。

有些商家可能不习惯向客户道歉，觉得这是在承认自己有错。其实，"对不起""非常抱歉"并不意味着你犯了错，这主要体现了对客户不愉快经历的遗憾和同情，有利于缓解客户的愤怒情绪。同时，商家还可以运用以下三种方法引导客户思绪，缓解客户愤怒，如图 15-3 所示。

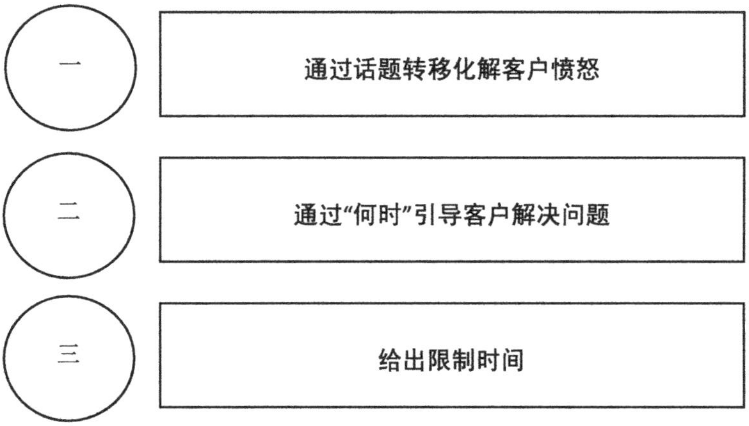

图 15-3　引导客户思绪，化解客户愤怒的三种方法

1. 通过转移话题化解客户愤怒

如果客户的情绪非常激动，始终在按照他的思路不断地发火、指责时，可以抓住客户所说的内容转移客户的关注点，缓和气氛。

比如，客户说"你们的售后服务太差了，做事拖泥带水，都多少天了，也没有从根本上解决我的问题。已经把我的日子彻底搅乱了，对你们来说，这是工作，可我上有老下有小，我还要生活啊！"这时，你就可以说："我理解您，不知您的孩子几岁啦？"客户："嗯……

四岁多一点。”

2. 通过“何时”引导客户解决问题

如果客户正在气头上，迟迟无法说清楚自己的问题，进入不了“解决问题”的状况，你首先要做的就是将客户的火气慢慢减下来，将他的思维引向“解决问题”。

询问“何时”就是一种冲淡客户负面抱怨的方法，例如，客户说：“你们根本就不负责任，要不然也不会导致今天这样的局面!”你可以回应说：“对于您所说的问题，我感到非常抱歉。不过我有一个疑问，您是从什么时候开始感到我们的服务没能及时替您解决问题的呢？”而大多数错误回复都是这样的：“我们怎么不负责任了？今天这样的局面和我们有什么关系？”这样的回答只会让客户更加愤怒。

3. 给出限制时间

有时候你已经尝试使用很多方法去平息客户的愤怒，但是客户的情绪依然无法稳定下来，对你横加指责。这时，你可以转为采用较坚定的态度给客户一个限制时间，比如说：“杨先生，我非常真诚地想要解决您的问题，但是您如果一直这样情绪激动，我们根本没有办法好好交谈。或许我们应该另外找个时间再谈，您说呢？”

要想处理好客户的投诉，首先要处理好客户的情绪，这种说法一点儿都不夸张。当客户从表达自己的愤怒转向关注问题的解决时，客服应体贴地表示乐于提供帮助。在这种情况下，只要给客户一个满意的解决方案，客户就不会再继续刁难。

15.5　解释问题出现原因以及改正方法

解释问题出现原因以及与客户协商解决方案是处理客户投诉的重要环节。解释问题阶段对客服的要求有以下六个。

第一、不与客户争辩，不为自己的错误找借口；

第二、注意解释问题时使用的语调，不要给客户受到轻视冷漠或不耐烦的感觉；

第三、换位思考、易地而处，从客户的角度出发，做合理的解释或澄清；

第四、不要推卸责任，不得在客户面前评论店里其他同事的不是；

第五、在没有彻底了解清楚客户投诉的问题时，不将问题反映到相关人员处，避免出现“车轮战”的局面；

第六、如果确实是商家自己的原因，注意管理客户的期望，同时提出解决问题的办法。

在提出解决方案阶段对客服的要求有以下三个。

第一、按照投诉类别和情况，提出相应解决问题的具体措施；

第二、向客户说明解决问题所需要的时间及其原因。如果客户不认可或拒绝接受解决方案，要与客户沟通，寻找一个双方都可以接受的方案；

第三、及时将需要处理掉的投诉记录传递给相关人员处理。

在与客户协商解决方案的过程中，客服应当注意不要轻易作出无法实现的承诺。由于一些问题比较复杂或特殊，客服若是无法给客户明确的答案，应当诚实地告诉客户，你会尽力寻找解决方法，但是需要一些时间，然后约定一个给客户回话的时间。需要注意的是，一定要确保在约定时间内给客户回话，即便到时候你还没有解决问题，也要向客户解释问题进展，并再次约定答复时间。大部分客户都是通情达理的，不会为难真诚对待他的人。

15.6 切忌恼怒、与客户争辩

在处理客户投诉时，你可能会遇到一些蛮横不讲理的客户。他们抓住一个问题就会揪着不放，一些易怒的客服很有可能会被他们激怒，从而与客户争辩起来，最后闹得面红耳赤。如果你与客户为一个问题争辩起来，最后你赢了，取得了争执的胜利，可是你却永远地失去了这个客户。当你顺从客户的意思，不与他争执时，你输掉的仅仅是这场争执，但赢得了这个客户。

面对客户的责难，你最好的方法就是顺从，千万不能与他们进行正面冲突。如果你试图改变客户的想法，最终的结果可能是一无所得。下面看一个客服与客户争辩的案例。

客户："这次网购非常失败，建议大家都不要买他家的东西。坐垫不仅有毛刺，家里的宝宝使用了一段时间，坐垫居然裂了。真心坑人的商家，请不要打电话给我，伤不起。"

客服回道："我家的宝贝从来没有出现过这种问题，别的客户都满意，就你不一样。你是多么难伺候呀，坐垫还能裂开，应该是你人为的吧。让 50 元改好评的第一次见，宝贝一共才 60 多块钱。不过，你的目的是不会达到了。你家宝宝长大了怎么看你，你到时候怎么面对宝宝？呵呵，遇见你这样的客户我真是倒八辈子的霉了。"

客户："你家东西本来就是垃圾，还不让人说了，什么时候让你给钱了，把我向你要钱的证据拿出来再说行不。东西早扔掉了，图个方便，也好让大家看看你们家都是些什么货色。

真不知道你是从哪里找了这么多托儿，不过东西怎样大家买来看看就知道了。重要的事情说三遍，垃圾，垃圾，垃圾。”

试想，如果商家与客户这样恶语相向，除了让其他客户见识到你对客户的恶劣态度，还有什么？下面，我们看两个真实案例，对比客服对待客户的两种态度。

例一：客户评价：“从来没有遇到过素质这么低的客服，在淘宝混几年了第一次遇到。问她我适合购买什么尺寸，对我爱答不理就算了，还说我‘自己没有眼睛啊，自己看’。虽然说衣服非常漂亮，但我还是非常生气，坚决给差评了，不要打电话骚扰我！死都不会理你的。”

错误示范：“我们的客服都是经过精挑细选，然后通过了专业培训的。由于我们每天要应付很多客户，偶尔性子急了因此也是情有可原，一点小误会没必要给差评吧。如果您非要给我们差评，您是不是在生活中有点误会就与对方打架呀？”

正确示范：“亲，对于给您带来的困扰，我们表示深深的歉意。真的真的很对不起，您大人不记小人过，不要与她计较。客服是新来的，没有多少经验，给您造成了心理阴影，真的很不好意思。我们已经对客服做出了批评，扣掉她 200 元的工资，让她写了深刻检查，客服也知道自己错了，明确表示一定吸取教训，改正错误，还希望亲能谅解她一次。您的评价是对我们服务质量的一次提醒和督促，我们会继续改进各项服务指标。请相信我们，会给广大客户提供更加优质的服务，谢谢啦。”

一般来说，客服的服务态度都是非常柔和尊敬的。但有时候客服的某一句话或某个语气会让客户非常生气。俗话说，说者无心听者有意。客服的一句失误就可能让客户产生记恨，从而在收货后对产品做出差评。面对客户的愤怒，即便客服没有意识到自己的错误，也要站在客户的角度去理解客户的心情，这样更容易让客户接受。同时，也会增加对你店铺的好感。

例二：客户评价：“物流真的非常差劲，比蜗牛还慢，我等的花儿都谢了！本来是买来在我女友生日那天送给她的，结果在我女友生日过去两天才到。我女友非常生气，差点和我分手。真是倒霉，坚决给你差评！”

因为物流得到差评让很多商家感到非常委屈，毕竟物流是商家无法控制的。面对客户的抱怨，商家首先要冷静下来，与客户耐心地解释你的难处，并送上最真诚的歉意。如果能够给客户送上一些小礼物或者优惠券作为补偿，也有助于得到客户的原谅。

错误示范：难道你不知道快递运输存在不稳定因素吗？这个是常识问题！女友生日你怎么不早买，这难道不是你考虑不周？本店已经明确表示不接受限时订单和加急件，再说了四天还慢啊，将近一千里地呢。你去饭店吃饭还要等等时间呢，去公共厕所还得排队呢！这点耐心都没有，真不知道你要怎么活下去。

正确示范：亲，对不起哦，这确实是我们的责任。我们也没有想到快递那边会出现临时延迟，请转达我对您女友的歉意。您的差评给我们提了个醒，我们会继续完善物流服务，给大家提供更愉快的购物环境。这次给您造成这么大的困扰，真是不知道怎么办才好，请给我们一次改进的机会，我们会给您做出补偿以表达我们真诚的歉意。如果还有什么问题，请及时联系我们，一定为您提供满意的服务，谢谢亲。”

相信客户肯定是对于第二种回答更加能接受。在处理售后问题时，无论责任在哪一方，商家都应当用热情的心态去对待每一位客户。可以说，只有让客户感受到自己就是上帝，你的服务才达到了标准。也只有这样，你的店铺才能增加信誉，客户也会开心。

15.7 提供多元化补偿措施

向客户解释问题出现原因并与客户协商出解决方案后还没有结束，因为你已经让客户产生了不满情绪，解决问题仅仅是将客户与你之间的裂缝抹平，还没有使客户重新满意。为了让客户对你重拾信心，你应当给客户一些额外的补偿，不管是补偿金钱、赠送礼品还是下次购买时可享受优惠。

对客户来说，他们之所以抱怨和投诉是因为他们购买了你的产品或服务后没有达到预期效果，因此最后的解决方案包括更换产品、退货或正式道歉等都在客户的预期内。有些客户投诉你可能只是为了一个合理的解释以及你的一个道歉。但如果你可以给客户多一点的补偿，让客户得到额外的收获，他们会感受到你的诚意，撤销投诉，还有可能会成为你的忠实客户。

因此，在解决问题后，你应该这样对客户说：“无论怎样，我们都要说是我们没有做好才导致出现这种情况，再次真诚的向您道歉！真的对不起，给您带来了不便。那么请您考虑以下，我们能适当给您些补偿吗？”

对于给客户的补偿，每个店铺都有自己的规定。一些商家都会给客服一定授权，以灵活处理此类问题。客服在向客户提供补偿时应当注意为客户提供多元化选择，多元化补偿措施给客户提供选择会让客户感到受尊重，同时，客户选择接受的补偿措施在实施的时候也会得到客户更多的认可和配合。

需要提醒商家的是，处理完客户投诉后，一定要改进工作，以避免今后发生类似的问题。一些商家一旦受到投诉，首先想到的就是通过给客户补偿息事宁人，或者只有受到投诉才会给客户应得的利益，这样的商家并没有从根本上处理好客户的投诉，最终会失去更多的客户。